LIVRE D'OR

Fabrice Jouhaud et Gérard Ejnès préface Jean-Michel Larqué

FOOTBALL 2012

ORIGINE DES DOCUMENTS PHOTOGRAPHIQUES

AFP : pp. 10-11, 36-43, 46/4, 46/5, 50-55, 63B, 70-73, 76-79, 80/1, 80/2, 80/3, 81, 84, 86B, 87HG, 87D, 89-90, 91BD, 92-93, 131, 133/1, 133/2, 133/3, 137, 144/3, 145, 148, 150/1, 151/5, 152/1, 152/3, 153
Presse Sports : pp. 4, 8, 13-35, 46/1, 46/2, 46/3, 47, 56-62, 63H, 64-69, 74-75, 80/4, 83, 85, 86H, 87BG, 91BG, 91H, 94-130, 132, 133/4, 133/5, 135, 138-143, 144/1, 144/2, 144/4, 144/5, 147, 150/2, 150/3, 150/4, 150/5, 151/1, 151/2, 151/3, 151/4, 152/3
Bernard Bakalian : p. 160

Première de couverture :
(De g. à dr.) : Andres Iniesta (Espagne), Younès Belhanda (Montpellier), Javier Pastore (Paris Saint-Germain) : **AFP**

Quatrième de couverture :
Karim Benzema (Madrid) et Yohan Cabaye (équipe de France) : **AFP**
Photo de Gérard Ejnès : **Presse Sports**
Photo de Fabrice Jouhaud : **Presse Sports**

Directeur de collection : Renaud de Laborderie
Réalisation : GRAPH'M
Direction artistique et couverture : Philippe Caubit

ISBN : 978-2-263-06017-5
Code éditeur : S06017
Dépôt légal : août 2012

Imprimé en France par Loire Offset Titoulet

Retrouvez-nous sur www.solar.fr

Solar | un département **place des éditeurs**

place des éditeurs

LIVRE D'OR

Fabrice Jouhaud et Gérard Ejnès préface Jean-Michel Larqué

FOOTBALL 2012

SOLAR EDITIONS

Thierry, le souvenir d'un grand gamin

Les gens avaient de lui la vision d'un commentateur sportif. Pour moi, il était évidemment tout autre chose. Mon ami depuis 45 ans. Il se faisait une joie de couvrir l'Euro avec moi, d'inventer au présent un passé recomposé. Le rêve s'est transformé en cauchemar.

Thierry Roland avait dix ans de plus que moi mais je ne pouvais pas m'empêcher de le regarder comme un gamin. Un grand gamin un peu capricieux, qui disait parfois des bêtises de gamin et qui ne s'en rendait pas compte. Il était d'une naïveté incroyable. C'est aussi ce qui faisait son charme. Il me manque terriblement. J'imagine que l'équipe de France n'aurait pas vraiment répondu à ses attentes comme elle n'a pas répondu à toutes les miennes durant cet Euro dominé par une magnifique équipe d'Espagne. Sur un plan sportif, je dirais que l'équipe de France est en très légère amélioration. Certes, son groupe qualificatif à la phase finale n'était pas très relevé, mais au moins avait-elle son destin en main lors du match décisif contre la Bosnie, ce qui n'a pas toujours été le cas. Quant à la phase finale, elle est à peine acceptable. Le groupe dont elle est sortie n'était pas un groupe de la mort. Le chantier de la défense centrale reste en plan tout comme celui de la complémentarité du milieu de terrain. Le point positif, c'est le retour de Ribéry à un très bon niveau. Cette rédemption fait d'autant plus regretter le comportement inadmissible de certains joueurs. Attention toutefois à l'amalgame intellectuel malhonnête. Il s'agit de comportements individuels qui ne doivent pas rejaillir sur l'ensemble du groupe. J'ajoute que je regrette le départ de Laurent Blanc.

Dans notre championnat, je compare le triomphe de Montpellier à celui de Lens en 1998 qui précédait la longue domination lyonnaise. Il s'agit là du résultat d'un changement de cap assez radical avec une véritable prise en compte du centre de formation. Montpellier a souvent eu à souffrir par le passé de recrutements qui ne lui ressemblaient pas. Ces transferts sulfureux et médiatiques non seulement n'apportaient pas grand-chose sur le plan sportif mais ils brouillaient souvent l'identité d'un club transformé en armée mexicaine. Il faut souligner le rôle essentiel dans cette évolution de Laurent Nicollin, le président délégué, qui a beaucoup de respect pour son papa dont il arrive à calmer les ardeurs. Laurent travaille, et beaucoup, dans l'intérêt du club. Le tournant se situe lors du mercato d'hiver, quand tout le monde imaginait l'arrivée de plusieurs éléments pour compenser le départ des joueurs africains à la Coupe d'Afrique. Quand Loulou Nicollin a dit : « On ne prendra personne », je ne l'ai pas cru. Il a tenu parole et c'est peut-être là, en protégeant son groupe, qu'il a gagné le titre.

Un mot enfin sur Chelsea et sur Didier Drogba. Bien sûr, la Ligue espagnole s'est pris les pieds dans le calendrier en fixant un clasico entre les matches aller et retour des demi-finales de Ligue des champions, ce qui est une vraie folie. Mais cela n'enlève rien à la performance du club anglais pourtant empêtré dans les difficultés en championnat jusqu'à licencier son entraîneur. On peut donc gagner la C1 avec un entraîneur intérimaire. Et bien sûr avec un Drogba, formidable compétiteur que les grands matches subliment quand ils pèsent tant à d'autres stars, Zlatan Ibrahimovic par exemple. Ce qu'a réalisé Didier à son âge, à ce niveau-là et après avoir traversé des moments très difficiles, est exceptionnel.

Ce triomphe-là au moins, Thierry l'a vu. Et il l'a adoré.

Jean-Michel Larqué

FOOTBALL

SOMMAIRE 2012

INTERNATIONAL

FRANCE

EUROPE

UEFA
EUROPA
LEAGUE
W9
W9

Un homme normal

La mort ne discrimine pas. Elle emporte avec brutalité, les déprimés et les pusillanimes comme les amoureux de la vie et les assoiffés du bonheur. Thierry Roland faisait partie de ces dernières catégories. Ce n'est pas parce qu'il se croyait indispensable qu'il avait choisi, en véritable saltimbanque, de prolonger sa carrière jusqu'au-delà du raisonnable. Il savait très bien que c'était le match, et uniquement le match, qui fédérait les téléspectateurs par millions. La voix qui décrivait ce que tout le monde voyait n'était qu'une valeur ajoutée, une sacrée valeur le concernant, car sa voix était une foi.

Son désir d'éternité était ailleurs. Dans un immense et fol attachement pour la balle ronde et son petit monde qu'il connaissait par cœur, c'est le mot. Dans le compagnonnage que son statut lui autorisait puisqu'il était une vedette, une pièce maîtresse, une sorte de meneur de jeu à sa façon et, en ces lieux inaccessibles pour le vulgaire quidam, le représentant naturel de la foultitude des fans.

Thierry Roland n'était pas, ou n'était plus, un journaliste. Non, journaliste, c'est autre chose. Il ne faisait pas l'opinion. Il la reflétait. Il était un commentateur, un narrateur, un conteur, un acteur. Il était une survivance d'un autre temps où l'amitié et la fidélité, ses deux étendards, comptaient plus que tout. Le rapprochement est facile. Chapatte, Couderc, Roland. Des souvenirs d'enfance. D'une époque où il n'y avait pas le choix. La chaîne était unique. La notoriété assurée.

Zinedine Zidane l'a dit très simplement : « Entendre sa voix quand j'étais enfant, ça voulait dire que c'était le moment du foot. » Moment magique, moment sacré, moment de grâce pour l'homme des grands frissons.

« C'était un enfant », dit de lui Nicolas de Tavernost, son dernier patron sur M6. « Un archétype de Français moyen », ajoute Philippe Bouvard, qui en avait fait une grosse tête.

Assumant très bien ces deux états, il s'autorisait tout à l'antenne. Et on lui autorisait tout. Parce que c'était lui. Parce qu'il était le porte-parole d'une majorité certes silencieuse, mais majoritaire, ce qui comptait plus que tout. Il clamait spontanément ce que beaucoup clamaient tout aussi haut et fort dans la même seconde, mais sans avoir évidemment d'autre audience que celle d'un salon ou d'un Bar des Sports. Alors, on le disait aussi populiste, misogyne, raciste. Il le fut parfois. Ce qui ne signifie pas qu'il l'était vraiment. L'être humain est complexe. Y compris celui-là qui était pourtant tellement simple, tellement normal. Normal et célèbre. Un dualisme désormais impossible à ressusciter. Le monde a changé.

« À côté de moi, j'avais un gamin qui pleurait », raconte Frank Lebœuf qui commenta avec lui en 2008 un France-Roumanie dont Thierry pouvait croire qu'il s'agissait de son dernier match bleu à l'antenne. C'est parce que ce jour-là, lui qui aimait tant rire pleurait sur lui-même et sur des gourmandises qu'il pensait disparues à jamais, que ceux qui le pleurent aujourd'hui ont raison de le faire.

Gérard Ejnès
(paru dans France Football *du 19 juin 2012)*

INTERNA

ESPAGNE, ITALIE SUÈD PORTUGAL FINLANDE RO FRANCE UK

L'Espagne de Xavi, Iniesta, Casillas réussit ce que nul n'avait jusque-là réalisé : le fabuleux triplé Euro – Coupe du monde – Euro. En finale, la Roja terrasse 4-0 l'Italie emmenée par un Pirlo exceptionnel. Côté français, le bilan est mi-figue mi-raisin : l'objectif des quarts de finale est atteint mais à part ça…

De gauche à droite : Balotelli (Italie), Iniesta (Espagne), Cabaye (France), Ronaldo (Portugal).

adidas
6
7
PORTUGAL/ESPANHA
27/06/2012
RESPECT

MATCHES ÉLIMINATOIRES EURO 2012
ALBANIE-FRANCE, ROUMANIE-FRANCE, FRANCE-ALBANIE, FRANCE-BOSNIE

MATCHES AMICAUX
FRANCE-CHILI, FRANCE-ÉTATS-UNIS, FRANCE-BELGIQUE, ALLEMAGNE-FRANCE, FRANCE-ISLANDE, FRANCE-SERBIE, FRANCE-ESTONIE

LE PARADOXE BLEU

Lancés à la conquête de l'Euro, les Bleus de Laurent Blanc se montrent à la fois peu convaincants dans le jeu et invincibles.

Du coup, c'est un match amical gagné en Allemagne qui fera naître les plus grands espoirs et leur permettra de débarquer en Ukraine lestés d'une certaine confiance. La saison bleue commence par un solde de tout compte. Le 4 août, généralement réservé à l'abolition des privilèges, le président de la Fédération, Noël Le Graët, conclut le long feuilleton du licenciement de Raymond Domenech à hauteur de 975 000 euros. On a connu des échecs catastrophiques qui rapportaient moins.

En tout cas Laurent Blanc est-il débarrassé de ce sparadrap. Pour se lancer à l'assaut de la Pologne et de l'Ukraine, pays hôtes de l'Euro 2012, il passe par la fameuse case match amical du mois d'août si complexe d'analyse.

Sa liste des 23 est sans surprise (Mexès blessé et Rami suspendu pour les rencontres officielles à venir en sont absents). L'avertissement envoyé à Samir Nasri l'est beaucoup moins : « J'espère qu'il sera performant en équipe de France, ce qui n'a pas été le cas ces trois derniers matches. »

À Montpellier, « patrie » de Blanc, pour affronter le Chili, Nasri est titulaire. Et terne. Le match nul est logique (1-1). Rémy ouvre le score de la tête sur un service de Benzema (19e), Cordova égalise d'une reprise en lucarne (76e) après qu'un but a été injustement refusé à Gameiro (73e). « J'ai passé une bonne soirée, je suis satisfait du contenu », dit Blanc qui ne lâche pourtant pas son os : « Samir doit faire mieux. Il en a les capacités. J'attends beaucoup plus de lui. » « J'aimerais mieux que le sélectionneur me dise certaines choses entre quatre z'yeux », répliquera le nouveau pensionnaire de Manchester City.

MALOUDA FAIT LA GUEULE

Pour l'enchaînement de deux matches cruciaux en Albanie et en Roumanie, le très discuté Ribéry et Valbuena sont de retour. Et Blanc sert au joueur du Bayern le même genre de soupe qu'à Nasri : « S'il retrouve son meilleur niveau il redeviendra un joueur important. Mais si je ne l'appelle pas, comment voulez-vous que je sache s'il a retrouvé son meilleur niveau ? » Blanc dit encore : « On joue notre vie dans les quatre matches qui viennent. »

En Albanie, Benzema, déterminé, convoite le ballon que lui glisse Samir Nasri.

Benzema au cœur du combat entre les Albanais Cana et Teli.

Bonne nouvelle, les Bleus n'ont plus peur de leur ombre. «À part le défi physique que l'Albanie va nous imposer, je ne vois pas de quoi on pourrait avoir peur», lance Rémy. C'est l'occasion de rappeler qu'à cette date, la France n'a perdu qu'un seul de ses vingt-sept derniers matches officiels à l'extérieur. Et de préciser aussi que l'Albanie n'a perdu qu'un seul de ses douze derniers matches à domicile.

C'est l'heure d'y aller comme un seul homme. Enfin presque. Titularisé à droite pour laisser le flanc gauche à Ribéry, Malouda traîne un peu les pieds: «Honnêtement, j'ai vécu beaucoup de choses en équipe de France. C'est dans la continuité, rien ne change. C'est une option qu'a prise le coach, mais vous pouvez constater que j'ai fait toute ma carrière à gauche.» Au moins, c'est dit. «Les joueurs peuvent avoir des revendications, réplique Blanc. Faisons de bons résultats et vous verrez que tout rentrera dans l'ordre.»

Avec une charnière défensive centrale Abidal-Kaboul et un quatuor offensif impressionnant, composé de Nasri, Malouda, Benzema et Ribéry, la France va obtenir un bon résultat (2-1). Mais la manière n'y est pas tout à fait, alors que l'entame a laissé espérer le contraire. Benzema ouvre le score d'une frappe du droit mal maîtrisée par le gardien Ujkani (11e) et M'Vila creuse l'écart d'une reprise sans contrôle du droit sur un centre de Benzema (18e). La promenade de santé attendue n'arrivera jamais. Bogdani réduit le score dès la reprise (46e) et Lloris et Abidal doivent conjuguer leurs efforts pour annihiler une énorme occasion adverse (59e). La seconde période est pénible pour les Bleus.

Une fois de plus, Nasri a déçu, qui reconnaît que son équipe a traversé «quelques turbulences, quelques secousses, mais qu'elle a aussi pas mal secoué les Albanais».

«On ne peut pas être complètement exceptionnels à chaque fois, mais c'est la victoire qu'on voulait», explique Benzema, tandis que Lloris voit déjà plus loin: «Contre la Roumanie il faudra plus de simplicité et un peu plus d'efforts aussi.»

Hélas, à Bucarest, si le stade est flambant neuf, la pelouse, ou plutôt l'infâme étendue verte qui en tient lieu, est lamentable. C'est par mottes entières qu'elle s'arrache sous les crampons des joueurs sans cesse ralentis dans leur élan. Au bout d'un match affreux et quasiment sans occasions, le partage des points (0-0) est logique.

«SAMIR PEUT APPORTER BEAUCOUP PLUS. IL EN A LE TALENT», INSISTE BLANC.

Conséquence de ce semi-faux pas, la victoire de la Bosnie sur la Biélorussie (1-0) dessine une «finale» de groupe contre les Bosniaques à Saint-Denis au mois d'octobre. Blanc est forcément déçu: «Un nul, c'est le minimum que l'on pouvait prendre. J'aurais aimé voir ce match sur une bonne pelouse.» Tout le monde aurait aimé.

PEUR BLEUE SUR SAINT-DENIS

C'est donc à domicile, contre l'Albanie puis la Bosnie, que les Bleus bouclent leur parcours. La première étape est limpide. Elle doit satisfaire Zinedine Zidane qui avait dit avant la rencontre: «Parfois, je me suis aussi ennuyé à regarder les Bleus, mais il n'y a pas que du mauvais.»
Devant 65 000 supporters et avec le Lyonnais Gomis titulaire à la pointe de l'attaque pour la première fois, les Bleus ne lambinent pas. Malouda ouvre le score d'une reprise du gauche sur un centre de Rémy (11e) ; un tir de Rémy est détourné du talon dans son propre but par Ujkani (38e) et Réveillère, lancé par Martin, inscrit dans un angle fermé son premier but international (66e, 3-0). Pour que la joie demeure, le public saluera d'une ola le revenant Djibril Cissé, de retour parmi les Bleus (80e).

Comme prévu, la Bosnie a battu le Luxembourg (5-0). Un résultat nul suffira quatre jours plus tard face aux hommes de Laurent Blanc pour composter leur ticket pour la phase finale. Mais le coach prévient: «La stratégie sera de gagner comme on a l'habitude de le faire. Il faudra l'acquérir avec des matches comme celui contre la Bosnie. J'espère que c'est l'équipe qui produira le plus de jeu qui gagnera, parce que nous avons l'intention de jouer.» «Je n'ai pas une équipe pour subir et la rencontre ne se terminera pas par un 0-0», prévient, quant à lui, l'entraîneur bosnien Safet Susic.
Dans un Stade de France bondé de 80 000 spectateurs, parmi lesquels 15 000 Bosniens qui mettent l'ambiance, la France peut compter sur le retour d'Abidal, mais n'aligne qu'un seul véritable attaquant, Rémy. Ce sont pourtant les visiteurs qui s'emparent du ballon et font tourner les Bleus en bourriques. Lulic (5e) et Dzeko (24e) se créent deux énormes occasions.

«ON A UNE BONNE MAÎTRISE DU JEU MAIS ON MANQUE D'EXPÉRIENCE.»

Titularisé en Roumanie pour fluidifier le jeu, Martin a souffert comme ses coéquipiers sur une pelouse en piteux état.

Deux pieds hauts pour un ballon: Martin opposé à Dembélé pendant France-Belgique.

Quand Rémy semble pouvoir les imiter en filant seul vers le but adverse, il oublie le ballon en route (9e). Et c'est logiquement la Bosnie qui prend les devants sur une superbe frappe enroulée de Dzeko (40e). Les Bleus sont alors barragistes.

En seconde période, Ménez tente d'impulser la révolte par de grandes envolées. Martin effectue une bonne rentrée en lieu et place de Malouda qui vient d'honorer sa 72e sélection, devenant ainsi l'égal de Platini. Le gardien Begovic détourne sur sa barre un coup franc de Nasri (72e). Et c'est l'arbitre écossais qui délivre les Bleus en leur accordant un penalty peu évident pour une poussée de Spahic sur Nasri, lequel transforme lui-même la sanction (78e).

Laurent Blanc est soulagé: «On s'était préparés à un match difficile. Nous n'avons pas été déçus à ce niveau-là. Nous n'avons pas joué les 45 premières minutes. À la mi-temps, je leur ai dit que s'ils voulaient aller en barrages il n'y avait qu'à continuer comme ça. Je suis abasourdi par le déchet technique qu'on a pu avoir en première période. La suite a été meilleure.»

Elle a suffi en tout cas pour rendre euphorique Noël Le Graët: «Je tire un coup de chapeau à Blanc. L'objectif est atteint. On a une équipe très forte techniquement, qui vit et joue bien ensemble.»

BELGIQUE MORNE PLAINE

Les deux matches amicaux qui suivent l'obligent à réviser un peu son jugement. Ils sont par bien des aspects décourageants. Dans sa liste des 22 appelés à affronter à Saint-Denis les États-Unis puis la Belgique, Blanc a inclus pour la première fois l'attaquant Olivier Giroud qui éclot à Montpellier. Le sélectionneur parle de «deux matches importants pour améliorer notre niveau. Il faut mettre l'accent sur notre propre jeu, sur nos qualités et nos faiblesses, et mettre en place certains principes de base».

Contre les États-Unis, devant 70 000 personnes, et avec une défense remaniée, au sein de laquelle Mathieu de Valence et Koscielny d'Arsenal effectuent leurs débuts, la copie rendue est bien pâle. L'association en pointe de Benzema et Gameiro est un échec. À l'heure de jeu, Giroud remplace le Parisien. Il tire quatre fois et rate une balle de 2-0 dans le temps additionnel, car entre-temps, sur un service de Martin, Rémy, qui a remplacé Ribéry (64e), a inscrit l'unique but du match (72e) d'une frappe croisée du droit à ras de terre (1-0). «Si on avait effectué de meilleurs choix on aurait pu marquer plus, regrette Blanc. Quelques gestes ratés m'ont énervé.» Le buteur du jour a le droit de verser dans la joie: «J'ai connu des périodes plus difficiles dans ma carrière. On engrange de la confiance dans l'optique de l'Euro.»

Avant de défier la Belgique de Eden Hazard, Blanc hausse le ton. Sa cible? Deux joueurs majeurs: «Il faudrait arrêter de penser que le poste d'ailier ou de milieu gauche est uniquement réservé à Malouda ou à Ribéry. S'ils veulent l'occuper, il va falloir qu'ils soient performants.»

Le message est clair. Les Bleus doivent se remuer et s'améliorer. C'est pourtant sous les sifflets des 55 000 spectateurs qu'ils quittent le Stade de France après un piteux match nul (0-0). Ce n'est pas tant le score qui fait débat – car outre Hazard, les Diables rouges ont aligné Kompany (Manchester City), Vermaelen (Arsenal) et Van Buyten (Bayern) – mais la manière.

Sans âme et sans ressort, les Français n'ont rien montré, offrant une bouillie de match. Lloris a même dû leur sauver la mise sur une double occasion à bout portant de Mirallas (75e).

Blanc ne peut nier l'évidence: «On aime voir des buts. Quand on assiste à un 0-0 sans occasions, on s'ennuie un peu. Comme contre les États-Unis on n'a pas su effectuer les bons choix. Techniquement, on doit être meilleurs.» Les joueurs phares se défendent comme ils peuvent et sans convaincre, car il est difficile de nier les évidences. «Offensivement c'était mieux que contre les États-Unis, dit Ribéry. On a pris plus de plaisir.» «On a envie de marquer trois ou quatre buts à chaque match mais quelle équipe parvient à le faire?» interroge Benzema.

COUP DE FORCE EN ALLEMAGNE

La France a montré si peu de chose qu'elle ne peut pas s'offusquer de se retrouver dans le chapeau 4, celui des «petits», lors du tirage au sort de la phase finale. Elle s'en sort plutôt bien. Elle évite l'Espagne, l'Allemagne et les Pays-Bas, les trois favoris, héritant de l'Angleterre, de l'Ukraine et de la Suède.

Dans la perspective de ce grand rendez-vous, le match amical en Allemagne de la fin février a évidemment valeur de test. Pour planter le décor, rien ne vaut une petite piqûre du docteur Platini: «Les joueurs de l'équipe de France sont moyens à l'exception de deux ou trois bons joueurs comme Ribéry ou Benzema.»

Ce jour-là, à Brême, Benzema, blessé, est absent et Ribéry le Munichois, pourtant très motivé, est victime après quelques minutes de jeu d'une béquille à la cuisse qui va le handicaper puis le contraindre à ne pas reprendre le jeu en seconde période. Avec sa défense centrale Rami-Mexès, Giroud le meilleur buteur de Ligue 1 en pointe et Lloris, tout juste désigné capitaine pour l'Euro, elle entre sans complexe dans la rencontre et rivalise largement avec son prestigieux adversaire. Giroud ouvre le score en reprenant du gauche un centre de Debuchy (21e). «Après mon but j'aurais bien fait trois fois le tour du terrain, mais je me suis souvenu que c'était un match amical», racontera l'heureux buteur. Malouda double la mise à bout portant sur un nouveau centre de Debuchy (69e). Et quand Cacau réduit le score (90e+1), les saucisses sont cuites depuis un bout de temps. Les Bleus n'ont tremblé que cinq minutes quand Lloris a sauvé son camp devant Reus (30e) puis Klose (33e), avant de regarder une frappe de Badstuber finir sa course sur le poteau (34e).

POURTANT, LA FRANCE SUSCITE ENFIN UN VÉRITABLE ESPOIR.

L'équipe de Laurent Blanc tient enfin son match référence et il arrive au meilleur moment. «On a réussi à hausser notre niveau de jeu, se réjouit le sélectionneur. L'esprit collectif a été remarquable. Debuchy et Giroud ont marqué des points. Battre les Allemands chez eux, ça peut compter pour les joueurs.»

«La France a une super équipe qui figurera parmi les favoris à l'Euro au même titre que l'Espagne et l'Allemagne.» Le compliment est signé Joachim Löw, l'entraîneur allemand.

«On a pris conscience qu'on pouvait rivaliser avec une équipe du standing de l'Allemagne», se réjouit Mexès. C'est donc plein d'espoirs que, trois mois plus tard, 23 Bleus (sans Éric Abidal qui a subi une greffe du foie le 10 avril, ni Bacary Sagna, victime d'une nouvelle fracture du péroné le 5 mai) lancent la campagne de l'Euro en disputant trois ultimes matches amicaux.

Debuchy-Giroud: satisfactions du match Allemagne-France.

LE CONTRAT DE LA DISCORDE

«Si je dois rester, il faudra que mon contrat soit prolongé avant l'Euro», déclare Laurent Blanc après la qualification pour la phase finale de l'Euro. Avant le match amical du 15 novembre contre la Belgique, il se fend même d'une petite colère face aux réticences de Noël Le Graët à prolonger d'ores et déjà sa mission à la tête des Bleus: «En cinq mois il faudrait trouver de grands joueurs, faire un grand jeu, gagner tous nos matches et bientôt, j'en suis certain, gagner l'Euro! Si on n'est pas d'accord sur le timing des négociations à venir, on se séparera. C'est la vie.» Le Graët mettra presque trois mois à lui répondre, le 16 janvier: «Se qualifier c'est important, mais c'est de moins en moins dur. Gérer un groupe en phase finale c'est l'heure de vérité. L'équipe de France doit faire mieux.» Le bras de fer durera plusieurs mois attisant toutes les rumeurs quant à l'avenir du sélectionneur.

FACE AUX ISLANDAIS, À VALENCIENNES, LES BLEUS ÉVOLUENT D'ABORD TOUT À L'ENVERS.

L'ÉNIGME GOURCUFF

Dans la liste à deux temps communiquée par Laurent Blanc (les Français de l'étranger puis ceux de Ligue 1), figurent 26 noms. Blessé, Rémy ne se rétablira pas à temps. Le Montpelliérain Yanga-Mbiwa vient pour faire nombre. Il ne connaîtra pas la phase finale.
Mais la surprise vient de la présence du Lyonnais Gourcuff, au bout d'une saison terriblement décevante. Le voilà transformé en «chouchou» de Blanc. Un sobriquet qui disparaîtra en même temps que lui, quand après un match d'une grande médiocrité contre l'Islande (3/10 dans *L'Équipe*), le sélectionneur, rattrapé par le bon sens, le renverra dans ses foyers.
La défense type alignée au coup d'envoi (à l'exception de Lloris remplacé par Mandanda) vole en éclats et cède deux fois face à Bjarnason (27e) et Sigthorsson (34e).
Les Français frappent à tout va (33 tirs), ne cadrent qu'à quatre reprises, mais pour trois réussites signées Debuchy (52e), Ribéry (87e) et Rami (89e), les deux dernières sur des offrandes de Giroud entré à l'heure de jeu.
«En première mi-temps, nous avons très mal défendu, reconnaît Blanc. En seconde période, la philosophie était la même mais avec d'autres joueurs, d'autres caractéristiques. La confiance vient avec la victoire.»
Elle s'accroît cinq jours plus tard à Reims quand les Bleus – avec sept changements dans le onze initial par rapport à l'Islande – exécutent la Serbie en un quart d'heure grâce à Ribéry, qui reprend un ballon repoussé par le gardien Brkic (11e), et Malouda d'une magnifique frappe de 20 mètres en lucarne (15e). La suite sera moins clinquante, voire un peu longuette en seconde mi-temps mais la progression est évidente. Seul point noir, l'entorse de la cheville de M'Vila qui le privera à coup sûr de l'entame de l'Euro.

Ribéry en grande forme contre l'Islande.

Tout sourit à Benzema contre l'Estonie.

« Notre première mi-temps doit rester une référence dans la créativité », souligne Malouda. Blanc se dit « optimiste et satisfait ».

Bizarrement, il le sera presque moins après un ultime et large succès (4-0) sur l'Estonie. Au Mans, Ribéry marque de nouveau (24ᵉ), avant un doublé de Benzema (37ᵉ et 47ᵉ) et un but tardif de Ménez (90ᵉ+1). C'est la plus large victoire de l'ère Blanc et son 21ᵉ match consécutif sans défaite. Il égale Jacques Santini (2003-2004) et se positionne à neuf longueurs des trente victoires d'affilée des Bleus de Jacquet (1994-1996).

Un bémol pourtant, les errements de sa défense centrale en début de rencontre. « Je ne suis pas satisfait du secteur défensif, lâche le coach. C'était pourtant un match très, très facile... Il faut être beaucoup plus rigoureux. »

La feuille de route est tracée. À l'évidence, cette équipe de France penche vers l'avant. Reste à savoir si, ainsi construite, elle va se fracasser en Ukraine ou fondre sur ses rivales.

23 BLEUS POUR L'EURO

GARDIENS :
- Cédric Carrasso (Bordeaux, 30 ans),
- Hugo Lloris (Lyon, 25 ans),
- Steve Mandanda (Marseille, 27 ans).

DÉFENSEURS :
- Gaël Clichy (Manchester City, 26 ans),
- Mathieu Debuchy (Lille, 26 ans),
- Patrice Evra (Manchester United, 31 ans),
- Laurent Koscielny (Arsenal, 26 ans),
- Philippe Mexès (AC Milan, 30 ans),
- Adil Rami (Valence, 26 ans),
- Anthony Réveillère (Lyon, 32 ans).

MILIEUX :
- Yohan Cabaye (Newcastle, 26 ans),
- Florent Malouda (Chelsea, 31 ans),
- Marvin Martin (Sochaux, 24 ans),
- Blaise Matuidi (Paris SG, 25 ans),
- Yann M'Vila (Rennes, 21 ans),
- Samir Nasri (Manchester City, 24 ans),
- Alou Diarra (Marseille, 30 ans).

ATTAQUANTS :
- Hatem Ben Arfa (Newcastle, 25 ans),
- Karim Benzema (Real Madrid, 24 ans),
- Olivier Giroud (Montpellier, 25 ans),
- Jérémy Ménez (Paris SG, 25 ans),
- Franck Ribéry (Bayern Munich, 29 ans),
- Mathieu Valbuena (Marseille, 27 ans).

RONALDO MONTE EN PUISSANCE

L'élimination des Pays-Bas, et à un degré moindre celle de la Russie, sont les deux surprises d'un premier tour marqué par la déroute des pays organisateurs et la performance exceptionnelle de Cristiano Ronaldo contre les Hollandais.

GROUPE A

LA GRÈCE ÉVITE LA CRISE

La dramaturgie d'un match d'ouverture est unique. Surtout lorsqu'un pays organisateur monte au front. C'est le cas de la Pologne, 62e au classement mondial et moins bien classé des seize pays en lice.

Affronter la Grèce la rassure. Les Grecs ont réalisé un hold-up au Portugal en 2004 quand ils se sont emparés du trophée. Mais en 2012, qui dit Grèce dit désolation. Sauf en matière de football. Les Grecs sont invaincus en compétition officielle depuis deux ans. Ils vont le rester encore un match.

Pourtant, la Pologne du Sochalien Perquis et du Bordelais Obraniak se voit belle quand l'attaquant de Dortmund Lewandowski ouvre le score (17e) avant que le défenseur grec Papastathopoulos ne se fasse très sévèrement expulser (44e).

Mais la seconde période est grecque. Salpingidis égalise (51e), le gardien polonais d'Arsenal Szczesny voit rouge (68e) en concédant un penalty que Karagounis rate, et le score nul (1-1) ne réjouit personne. « J'avais dit que nous gagnerions, je ne suis donc pas satisfait », déclare l'entraîneur grec Fernando Santos. Et Perquis se désole : « Notre seconde mi-temps, c'est du gâchis. »

Contre les Tchèques, les Russes ne gâchent pas. Ils s'imposent largement (4-1). Dzagoev réussit un doublé et le gardien tchèque de Chelsea Pietr Cech se « troue » comme jamais. L'entraîneur hollandais de la Russie Dirk Advocaat jubile : « Nous aurions pu marquer d'autres buts. Mais c'est à la fin qu'on lève le trophée. Pas maintenant. »

Pour l'instant, les Russes ne lèvent rien, car ils sont freinés par la Pologne (1-1). Blaszczykowski (57e) répond à Dzagoev (37e). Les Polonais ont été les plus dangereux (9 tirs à 3), mais sûrement moins que leurs

Opposé à la Grèce en match d'ouverture, le Polonais Lewandowski ouvre le score d'une tête rageuse.

supporters et ceux des Russes qui se sont affrontés violemment dans les rues de Varsovie.

À Wroclaw, six minutes suffisent aux Tchèques pour faire plier des Grecs généralement plus pugnaces. Jiracek (2e) et Pilar (6e) créent un écart irréversible. Gekos (53e) se contente de réduire le score dans un match marqué par sa pauvreté en tirs, quinze seulement, le pire total dans un match de l'Euro depuis 1980. « Nous savions que les Grecs étaient des bulldogs, nous avons réussi à les prendre à la gorge » se réjouit Pilar.

Russes et Polonais paraissent les mieux placés pour aller de l'avant. Il n'en sera rien. À Wroclaw toujours, le Tchèque Jiracek inscrit l'unique but du match contre la Pologne (1-0, 72e). Ce soir-là, Cech sort les bons arrêts. L'entraîneur polonais Franciszek Smuda est accablé : « Nous étions trop sûrs de notre victoire. On ne peut pas dire que les joueurs n'étaient pas motivés. Ils l'étaient sans doute trop. »

L'entraîneur tchèque Michal Bilek est sur un nuage : « Quand, à la mi-temps, j'ai vu le score de l'autre match, j'ai dit à mes joueurs d'être patients et de bien négocier les occasions. »

Le score de l'autre match est en effet renversant. Du haut de ses 35 ans, le vétéran Karagounis, l'un des trois rescapés du titre 2004, profite d'une énorme erreur défensive russe pour inscrire le seul but du match (1-0, 45e+2). Il racontera : « Nos adversaires dormaient un peu. J'ai chipé la balle. J'ai marqué. »

Quant à Advocaat, il se fait le défenseur d'une cause perdue : « On a bien joué, on est allé de l'avant. Ça n'a pas marché. C'est dur de dire pourquoi. J'ai du respect pour les Grecs, mais nous jouons mieux. »

Mieux, mais moins longtemps car ce sont bel et bien ces étonnants Grecs qui défieront l'Allemagne en quarts de finale.

GROUPE B

DES PAYS-BAS SI BAS

On l'appelle le groupe de la mort. Il va forcément laisser un gros sur le tapis. En plus du Danemark, que l'on condamne a priori sans autre forme de procès, et qui fait pourtant claquer le premier coup de tonnerre sur l'Euro. Une frappe croisée du gauche de Krohn-Dehli (24e) expédie les Pays-Bas dans les cordes. Pourtant, ceux-ci ont tiré trente-deux fois au but, un record, contre huit fois seulement aux Danois.

Robben n'en revient pas : « Que les Danois gagnent ce match cela tient du miracle. Quand ils vont se mettre au lit ils vont se demander comment ils ont pu y parvenir. » En attendant ce sont les Orange qui sont dans de

À l'origine d'un penalty et expulsé : Szczesny, la double peine.

Plus rapide que le Néerlandais De Jong, Moutinho inspire le jeu portugais.

À gauche. La Mannschaft unie par le succès obtenu contre les Pays-Bas.
À droite. Quoique devancé par Heitinga (Hollande), Hummels, le défenseur allemand brille en ce début d'Euro.

sales draps. L'entraîneur danois Morten Olsen évoque «cette pointe de chance qu'un petit doit avoir face à une grande nation du foot».
Quand deux grandes nations s'affrontent, il n'est plus question de chance mais d'efficacité. Un solide coup de tête de Gomez sur un centre de Khedira (72e) permet à l'Allemagne de faire chuter le Portugal (1-0). Au moment où Gomez marque, Klose attend depuis trente secondes sur la touche de pouvoir le remplacer. Il patientera finalement huit minutes. Deux fois les Portugais ont touché du bois et ils ont multiplié les occasions d'égaliser. «Nous ne méritions pas de perdre», clame Ronaldo qui est lancé dans un bras de fer indirect contre Lionel Messi pour la conquête du Ballon d'Or. L'entraîneur allemand Joachim Low fait une analyse maison: «Nous nous sommes montrés très disciplinés.»
Ce sont maintenant les Pays-Bas qui défient l'Allemagne dans un affrontement traditionnellement tendu. Ces deux pays-là ne s'aiment pas beaucoup. C'est la cinquième fois qu'ils s'affrontent dans une phase finale de la compétition, encore un record.
Il faut à peine plus d'une demi-heure à Mario Gomez pour régler le problème. Servi deux fois par Schweinsteiger, il ouvre le score du droit après un superbe contrôle orienté en mouvement (24e) et double la mise d'un coup de canon croisé dans le petit filet opposé (33e). La messe est dite en dépit de la réduction du score de Van Persie (73e). «Les Allemands s'en sont sortis assez facilement», concède Robben. Quant à Low, il lance un cri du cœur: «Gomez, c'est la grande classe.» Cristiano Ronaldo aussi, mais il a un peu de mal à l'étaler sous le maillot national. Contre le Danemark, il perd deux face-à-face avec le gardien adverse alors que les siens mènent 2-1 grâce à une tête de Pepe sur corner (24e) et une reprise en force sous la barre de Postiga (36e) contre un coup de tête à bout portant de Bendtner (41e). Alors, quand Bendtner égalise (80e), Ronaldo est dans ses petits souliers. Le remplaçant Varela le sort du pétrin. Il inscrit le but vainqueur d'une jolie frappe en force (87e) trois minutes après son entrée en jeu.
«Vous me connaissez, j'aurais aimé marquer, explique Ronaldo, mais j'ai donné le maximum. Les buts vont arriver.»
Ils arrivent en effet, au cœur d'une véritable démonstration de la star du Real qui marque deux fois, tire deux fois sur le poteau et frappe douze fois au but, record historique de l'Euro battu, contre les Pays-Bas, ce qui lui vaudra un joli 9/10 dans *L'Équipe*.

Ce sont pourtant les Hollandais qui avaient ouvert le score par Van der Vart (11e). Ce n'était qu'un feu de paille. Ronaldo gagne son tête-à-tête avec Stekelenburg (28e) et reprend en force un centre de Nani (2-1, 74e).

« Les joueurs qui font habituellement la différence n'avaient pas la forme optimale », constate dépité le coach batave Bert van Marwijk.

Ce sont donc les Portugais qui accompagnent l'Allemagne en quarts. Cependant, les Allemands ont tremblé face aux Danois. Ils ont certes ouvert le score par Podolski (16e), qui fête ce soir-là sa 100e sélection à 27 ans seulement, mais Krohn-Dehli a égalisé (24e). Si les Danois marquent, l'Allemagne sera éliminée. Poulsen tire sur le poteau (51e) et l'arbitre oublie d'accorder un penalty à Bendtner séché par Badstuber (74e), avant le but victorieux du défenseur allemand Bender (2-1, 80e).

Paradoxe, la bande à Low sort triomphante de son groupe tout en ayant frôlé la chute. L'entraîneur évoque un « match très difficile » mais peut voir plus loin. Plus que jamais, les Allemands sont favoris du tournoi. Avec les Espagnols, bien sûr.

MAIS IL EST OÙ LE BISCOTTO ?

Panique dans la délégation italienne après les deux premiers matches, quand on s'aperçoit que, quel que soit le résultat contre l'Eire, un résultat nul 2-2 entre l'Espagne et la Croatie qualifierait à coup sûr ces deux nations. Les Italiens surnomment « biscotto » ce genre d'arrangement tacite. L'entraîneur Prandelli veut se rassurer : « L'Espagne est une équipe qui cherche toujours le jeu et le spectacle. Vous pensez qu'elle se préoccupe de ce genre de combine ? »

Le gardien Gianluigi Buffon va beaucoup plus loin sur sa page Facebook. « Mamma mia, écrit-il. Ça fait deux jours qu'on parle seulement et exclusivement de biscotto. Comme si on avait déjà gagné le match contre l'Eire. Comme si les autres n'avaient pas le droit de se sentir offensés par de telles insinuations qui n'appartiennent qu'à nous. Comme si les coupables étaient toujours les autres. Comme si les responsabilités ne nous revenaient jamais. »

À l'arrivée on ne verra pas l'ombre d'un biscotto.

Pirlo, le «cerveau» de la Squadra Azzurra toujours d'attaque.

GROUPE C

OPTION LATIN

Les favoris ? L'Espagne et l'Italie. Les qualifiés ? L'Espagne et l'Italie. Mais les faits sont plus complexes que leurs conséquences. Quand les deux nations majeures s'affrontent pour leur premier match, la Croatie a déjà pris les devants en écartant facilement (3-1) l'Irlande du doyen Giovanni Trapattoni (73 ans). Les Croates ont ouvert le score trois minutes après le début du match par Mandzukic et l'ont clos trois minutes après le repos, quand le gardien irlandais Given a détourné de l'arrière du crâne une tête de Mandzukic repoussée par le poteau.
Comme aucun des deux Latins ne veut céder, ils se séparent sur un match nul logique (1-1). Balotelli aurait pu ouvrir le score mais « le génie », comme il se définit lui-même, gâche par dilettantisme une énorme occasion (50e). Ce qui incite son entraîneur Cesare Prandelli à le remplacer (56e) par Di Natale, lequel ne perd pas de temps pour marquer (60e). Fabregas ne traîne pas non plus pour égaliser (64e). Les Espagnols ont joué sans véritable attaquant. Les entrées tardives de Torres – qui perd deux duels face à Buffon – et Navas les boostent mais sans résultat concret. « Tout n'est pas à jeter », plaide Iniesta le maître à jouer, qui se plaint d'un terrain « désastreux ». Dans la foulée, l'Italie pense avoir réussi le plus dur contre la Croatie quand Pirlo transforme un coup franc (39e). Mais la frappe poteau rentrant de Mandzukic (72e) la ramène sur terre (1-1). « Quand on est supérieur à ce point et qu'on ne tue pas un match on s'expose », regrette le « Parisien » Thiago Motta. « On a trop reculé. On a été punis », renchérit Pirlo.
Contre l'Eire, l'Espagne ne recule jamais, bien au contraire. Le but inscrit dès la 4e minute par Torres la soulage. « Ce but rapide a balayé tous nos plans tactiques », dira Trapattoni. Silva (48e), Torres (70e) et Fabregas (88e) donnent au score (4-0) une allure écrasante. Un match nul contre la Croatie suffit désormais au tenant du titre pour monter en quarts. Son entraîneur Vicente Del Bosque prévient : « Nous jouerons pour gagner. Nous n'allons pas calculer. » Tandis que l'affaire du « biscotto » affole la péninsule, les Espagnols tiennent leur promesse. Seul petit souci, la Croatie est un adversaire coriace qui accepte volontiers de se laisser dominer (72 % de possession de balle pour l'Espagne) pour mieux contrer. Rakitic de la tête (59e) et Perisic d'une jolie volée (79e), qui butent sur Casillas, sont à deux doigts de réussir ce coup de Jarnac qui sortirait l'Espagne de l'épreuve car l'Italie, sans surprise, se défait au même moment de l'Irlande grâce à Cassano (35e) et à Balotelli, auteur d'une somptueuse reprise de volée en retourné (2-0, 90e). Navas soulage finalement les siens en reprenant à bout portant (88e) un centre de Iniesta (1-0).
Une égalisation croate éliminerait alors l'Italie. Mais elle ne viendra jamais. « Dans le dernier quart d'heure, d'un point de vue émotionnel c'était difficile à vivre », reconnaîtra Prandelli. Au coup de sifflet final, les Italiens attendent angoissés sur la pelouse la confirmation du succès espagnol avant d'exulter. « Nous avons souffert, reconnaît Del Bosque. Mais notre philosophie et notre style sont bons. Nous avons la chance d'avoir un joueur comme Iniesta ; nous sommes aussi contents d'avoir Casillas. »
L'équipe d'Espagne appelée à défier la France est donc une équipe assise sur sa confiance et ses certitudes. Les Bleus, eux, ne peuvent pas en dire autant.

Malgré les apparences, Ramos et l'Espagne maîtrisent leur sujet contre l'Eire.

GROUPE D
France -Angleterre : 1-1
France-Ukraine : 2-0
France-Suède : 0-2

Le premier tour des Bleus UNE BRUYANTE QUALIFICATION

Rassurée par ses matches de préparation et sa série de vingt et une rencontres sans défaite, l'équipe de France arrive en Ukraine pleine d'espoirs et d'envie. Hormis quelques supporters qui n'en sont pas vraiment, mais émargent davantage chez les inconditionnels du nationalisme et de la bêtise, personne n'exige de ces Bleus-là de ramener le titre de champion d'Europe.

Depuis 2006, l'équipe de France n'a jamais passé un tour de phase finale. Le minimum serait donc d'y parvenir. Plus qu'un résultat incroyable, cette équipe en reconstruction se doit de montrer du plaisir et d'en procurer. Symbole d'une culture de la victoire qui ne mène à rien sinon à tout sacrifier pour le succès, à tout justifier pour cause de gloire, la France est attendue ailleurs qu'en haut du tableau. Et son capitaine, Hugo Lloris, ne souligne pas autre chose au moment d'entrer dans le tournoi face à l'Angleterre, le 11 juin à Donetsk : « On n'est pas dans le calcul. On veut juste profiter de ce moment et quitter cette compétition avec le moins de regrets possibles. » Le discours de Laurent Blanc, le sélectionneur, ne diffère guère : « Jouez libérés, ne vous mettez pas de pression excessive avec les objectifs. Passons déjà le premier tour et on sait alors qu'on ne se sentira pas ridicules. »
Le ridicule, la France l'a porté à un niveau stratosphérique en 2010 lors d'une Coupe du monde marquée par les clans, la rupture d'une partie du groupe avec Raymond Domenech et l'altercation violente entre ce dernier et Nicolas Anelka en pleine mi-temps d'un match qui n'était pas encore perdu. Mais la Fédération, à grand renfort de communication, d'opérations marketing, assure que cela était un épiphénomène réglé depuis, que tout est désormais sous contrôle et qu'il ne faut pas exagérer non plus... Pourtant, dès le premier match, une remontée acide survient. Alors que les Bleus sont menés depuis la demi-heure de jeu (but de Lescott, de la tête, 30e), Samir Nasri égalise à la suite d'un beau mouvement initié par Evra et Ribéry (39e, 1-1).

« SI NOUS AVONS DE GRANDS JOUEURS, IL VA FALLOIR QU'ILS LE DÉMONTRENT. »

Sa première réaction est de se tourner vers la tribune de presse et de hurler plusieurs fois : « Ferme ta gueule ! Ferme ta bouche ! » Cet instantané poétique s'adresse à un journaliste, coupable aux yeux du joueur de Manchester City, de l'avoir égratigné par quelques écrits. « C'est une réaction d'humeur », reconnaîtra le buteur du jour. Une mauvaise humeur qui dérange l'intérieur du groupe. Ceux qui étaient en

Nasri, buteur
et déjà au cœur
de la polémique.

Face à l'Ukraine, l'orage précède la déferlante bleue

SE LÂCHER, CE N'EST PAS FAIRE N'IMPORTE QUOI, C'EST SAVOIR PRENDRE SES RESPONSABILITÉS ET DÉPASSER SON RÔLE.

Afrique du Sud, à commencer par Ribéry et Diarra, goûtent peu cette attitude qui les replonge dans un climat délétère. Laurent Blanc, qui ne veut pas donner l'impression de trancher un conflit en faveur des médias, renvoie presse et Nasri dos à dos. « Vous êtes des grands garçons, vous pouvez vous parler », estime le sélectionneur.

Cette petite affaire, que tous les médias s'empressent de reprendre pour en livrer des kilomètres d'exégèse, éclipserait presque la déception de ne pas avoir battu les Anglais. « Paradoxalement, leur but nous a permis d'entrer enfin dans la partie », relève Laurent Blanc. « C'est frustrant de ne pas gagner quand on a autant le ballon (65 % de possession), note Diarra. C'est énervant car on était très ambitieux avant ce match. » Du coup, face à l'Ukraine, vainqueur de la Suède lors du premier match, la France n'a déjà plus de droit à l'erreur si elle veut conserver ses chances d'accéder aux quarts de finale. Laurent Blanc décide de titulariser Jérémy Ménez à la place de Samir Nasri. « Ce n'est pas une sanction, il s'agit simplement d'améliorer l'équipe », explique le sélectionneur. Trop proches les uns des autres face à l'Angleterre, Nasri, Benzema et Ribéry n'ont pas réussi à libérer suffisamment d'espaces pour déclencher une percussion en profondeur. Avec Ménez, clairement scotché sur le côté, Blanc espère étirer la défense ukrainienne et y créer des brèches. « Je vais demander aux joueurs de se lâcher, dit Blanc. On ne peut pas rééditer les trente premières minutes produites face à l'Angleterre. Se lâcher, ce n'est pas faire n'importe quoi, c'est savoir prendre ses responsabilités et dépasser son rôle. Si tout le monde se contente de son petit geste, ça ne peut pas suffire. Si nous avons de grands joueurs, il va falloir qu'ils le démontrent car il faut gagner ce match. »

L'ORAGE S'ABAT SUR L'UKRAINE

Ce match manque de ne pas se dérouler. Alors que les hymnes retentissent, ils sont salués par un orage très violent. Et, à la 5e minute, l'arbitre renvoie tout le monde à l'abri, aux vestiaires. « Quand *La Marseillaise* a été coupée, ça nous a fait peur », raconte Lloris. L'interruption dure en définitive près d'une heure. « Ça a été très long, raconte Philippe Mexès. J'ai l'impression que le match a duré trois heures. » Finalement, alors que tout semble indiquer que la partie ne reprendra pas, le drainage du stade de Donetsk fait merveille. Les trombes d'eau ne l'ont pas rendu boueux, bien au contraire. « On a eu peur de reprendre sur une pelouse peu favorable, mais les conditions étaient bonnes et nous avons pu mettre notre jeu en place », se réjouira Laurent Blanc.

La seule occasion ukrainienne est au crédit d'Andreï Chevtchenko (34e). De l'autre côté, Piatov a dû s'interposer sur des frappes de Ménez (26e, 29e, 48e) et Mexès (39e). Finalement, Ménez, en repiquant à l'intérieur, parvient à s'ouvrir le chemin du but et ouvre le score (53e, 0-1). Trois minutes plus tard, une remise de Benzema permet à Cabaye de déclencher une frappe gagnante de l'entrée de la surface (56e, 0-2). L'ancien Lillois touchera même le poteau à la 65e. « Cela fait six ans que la France n'a pas gagné un match en phase finale et c'est très important de tourner cette page », résume le milieu des Bleus. « On veut réussir quelque chose de grand dans cet Euro », s'enthousiasme son compère Yann M'Vila. Désormais, même une défaite par un but d'écart suffirait à l'équipe de France pour accéder aux quarts de finale. « Mais les Suédois ont un grand joueur, Ibrahimovic, qu'il nous faudra surveiller de près », prévient Blanc.

Effectivement... Quatre jours plus tard, l'attaquant du Milan AC ouvre la marque (54e, 1-0) d'un ciseau superbe. Et son compère Larsson finit le travail à la dernière minute (2-0). Les quasi-inexistants traversent cette partie à la manière d'ectoplasmes. « On n'a pas été bons, on portait trop la balle, on ne jouait pas vite », constate Benzema. Olivier Giroud évoque « beaucoup de colère dans le vestiaire ». Alou Diarra y recadre Samir Nasri. Laurent Blanc, lui, s'étonne de voir Hatem Ben Arfa déjà penché sur son téléphone. Le ton monte suffisamment pour que Franck Ribéry intervienne, avec Diarra, pour éviter que ne ressurgissent ce que Florent Malouda qualifiera de « vieux démons ». « Ce sont des tensions normales après une défaite et on s'est refroidis avec une bonne douche froide », commente Laurent Blanc. Le sélectionneur essaie de dédramatiser, mais le vestiaire est mal à l'aise. Les Bleus sont en quarts de finale et l'objectif est atteint. Pour autant, quelques attitudes agacent et avant d'affronter le champion en titre, l'Espagne, les fissures sèment le doute sur la capacité de cette équipe à rebondir.

« ON N'A PAS ÉTÉ BONS, ON PORTAIT TROP LA BALLE, ON NE JOUAIT PAS VITE. »

Lloris, capitaine abandonné et ultime rempart face au Suédois et ex-Nantais, Wilhelmsson.

Quart de finale : France-Espagne 0-2

LES BLEUS ÉLIMINÉS UNE SORTIE ECTOPLASMIQUE

Le défi est immense : tenter d'éliminer le champion d'Europe et du monde. L'Espagne, dominatrice sur le football mondial depuis quatre ans, référence absolue portée par l'excellence de ses deux clubs majeurs, Barcelone et le Real.

Puisque l'objectif minimal d'un quart de finale est atteint pour les Bleus, rien ne devrait les perturber à l'instant de partir à l'assaut de cette montagne. Pourtant, les simagrées dans le vestiaire, après Suède-France (2-0), l'attitude étrange d'une poignée de joueurs ont occupé l'espace et le temps au point de ne pas vraiment donner au rendez-vous un air de fête. Décidément, cette équipe de France ne sait rien de la légèreté, du plaisir. Elle singe l'idée du haut niveau, jamais capable de l'atteindre, elle se ment à elle-même et donc, elle ment aux autres. «Il a fallu passer du temps pour apaiser tout cela, reconnaît alors Laurent Blanc. Pour ramener le calme, il faut t'impliquer. Cela nous a retardés. Des difficultés, on en a un peu trop à mon goût, on sait qu'il subsiste un traumatisme dans les vestiaires et on peut avoir peur de revivre une période difficile.»

On pressent que l'équipe de France s'avance tête basse vers son bourreau. Sans vraiment suivre le conseil de l'entraîneur croate, Slaven Bilic, dont la sélection a fait trembler l'Espagne au premier tour (0-1). « Soyez concentrés, mais n'ayez pas peur, dit l'ancien demi-finaliste de la Coupe du monde. Contre les Espagnols, le terrain peut te paraître beaucoup plus grand. L'idée, c'est de ralentir l'élaboration de leur attaque, pas de chercher l'interception. » Laurent Blanc est conscient qu'il va falloir « s'adapter » et convaincu « qu'il y a un coup à jouer ».

La France ne le jouera pas vraiment. Sans conviction, elle accepte la domination et le jeu de passes des Espagnols. Elle recule toujours, n'avance jamais. Et, dès la 19e minute, cède : un débordement de Jordi Alba qui élimine Mathieu Debuchy et centre vers Xabi Alonso dont la tête est imparable pour Lloris (1-0, 19e). Cabaye réussira un joli coup franc (32e) que Casillas ira chercher dans sa lucarne. Seul tir cadré des Bleus en quatre-vingt-dix minutes. Et lorsque Réveillère commet une faute sur Pedro dans la surface dans les arrêts de jeu, on sait déjà que le penalty, transformé par Xabi Alonso (2-0, 90e+1), est anecdotique. Les Bleus sont priés de retourner chez eux. Sans émotion, sans révolte.

Et ils continuent à se voiler la face. « C'est bien, on progresse », se réjouit Karim Benzema. « On n'a pas été ridicules et on n'a pas à rougir de notre défaite ni de notre Euro. » Sans doute, sans doute. Mais le bilan, deux défaites, un nul et un seul succès, n'est pas exceptionnel non plus. Les Bleus semblent alors oublier qu'ils avaient évoqué aussi la victoire finale. Vantards et un peu couards, ils ont ce talent de tourner les faits pour ne jamais en être responsables. Samir Nasri le démontrera de nouveau en insultant un journaliste plusieurs fois dans les mêmes termes que Nicolas Anelka, deux ans auparavant avec Raymond Domenech. Mais c'est une autre anecdote. Elle n'a rien d'un symbole car elle ne fait que refléter la réalité brute : la médiocrité qui gouverne ce groupe.

ET BLANC S'EN VA...

Sans doute pour cette raison, mais aussi parce qu'il ne se sent pas prêt à accepter les souhaits de Noël Le Graët, Laurent Blanc envisage déjà de ne pas repartir en campagne. Le Graët souhaite qu'il se sépare d'une partie de son staff, coûteux pour la FFF. Il veut aussi que le sélectionneur prenne officiellement ses distances avec son agent, Jean-Pierre Bernès. Tout cela, Blanc l'interprète comme un manque de confiance, voire une défiance avérée. Si son groupe lui avait montré davantage de professionnalisme, démontré davantage de confiance, il aurait peut-être eu la force, mais le contexte ne le pousse pas à rempiler. Son passage s'achève donc sur un Euro réussi sportivement (quart de finale) mais raté dans l'esprit. Le verre est à moitié vide, à moitié plein. À chacun de se forger une opinion sur la moitié la plus importante.

VANTARDS ET UN PEU COUARDS, ILS ONT CE TALENT DE TOURNER LES FAITS POUR NE JAMAIS EN ÊTRE RESPONSABLES.

En haut. Debuchy au sol, Alba passeur décisif : la France au tapis. En bas. Le staff bleu sous tension pendant les hymnes.

Quarts et demi-finales

LE GRAND DÉFI DE L'ITALIE

Si l'Espagne était attendue en finale, l'Italie est un invité surprise. Ses performances en quarts et en demi-finales la transforment même en favorite face à un tenant du titre qui est apparu très timoré.

PORTUGAL-RÉP. TCHÈQUE 1-0
(QUART DE FINALE)

RONALDO LA CLASSE

L'entraîneur tchèque Michal Bilek a prévenu : « Nous allons jouer défensivement. » Ce jour-là, il tient sa promesse. Ses joueurs tirent deux fois au but en tout et pour tout, contre vingt fois aux Portugais. En football, cela n'empêche pas forcément de commettre un hold-up. Sauf lorsque Cristiano Ronaldo se trouve en face.
Remis en confiance par sa formidable prestation contre les Pays-Bas, le monstre du Real Madrid monte en puissance. Il tire deux fois sur les poteaux, sur un formidable enchaînement contrôle frappe (45e+1), puis sur coup franc (49e), avant d'inscrire l'unique but de la rencontre en reprenant au second poteau, d'une tête plongeante piquée, un centre de Moutinho (79e). Le gardien tchèque Cech a retardé au maximum l'échéance. Celle-ci était inéluctable.
Ronaldo est trop fort. En quatre matches de phase finale, il a déjà tiré trente fois au but, battant le record établi par le Russe Pavlyuchenko en 2008. Et son tournoi n'est pas terminé. Avec six buts inscrits sur deux phases finales, il n'est plus qu'à un but de l'Anglais Shearer et à trois du recordman Michel Platini (tous inscrits en 1984).
« Mon objectif n'est pas d'être sacré meilleur buteur mais d'aller le plus loin possible, de remporter le titre, rien d'autre », affirme Ronaldo, et son nez ne bouge qu'un petit peu car ce n'est qu'un demi-mensonge. Il sait que derrière un éventuel nouveau but décisif, derrière un éventuel titre, rôde l'ombre lumineuse d'un éventuel second Ballon d'Or.

Ronaldo, trois pas d'élan pour le tireur d'élite.

À l'origine du 4e but allemand, Klose toujours d'attaque.

ALLEMAGNE-GRÈCE 4-2
(QUART DE FINALE)

L'ORDRE RÈGNE EN EUROPE

Forcément, l'affiche fleure la vraie vie et celle-ci n'est pas du tout drôle pour la Grèce et pour les Grecs qui tiennent souvent la puissante Allemagne pour responsable de la dégradation sans fin de leur économie. Mais là, il ne s'agit que de football et l'entraîneur portugais de la Grèce, Fernando Santos, tient à le rappeler: «Nous devons laisser de côté la question de notre relation économique avec l'Allemagne. On ne doit pas y chercher notre motivation. C'est un problème politique qui n'a rien à voir avec le football.» Alors, Santos parle du jeu: «Si on ne fait que défendre, ça va être difficile car l'Allemagne va avancer, avancer, avancer encore.» Et c'est exactement ce qui se passe. Le défenseur grec Papastothopoulos dira après coup: «Nous avons joué contre une grande équipe. Nous l'avons compris dès la première minute.» Il en restait 89 à souffrir sans pouvoir espérer faire la révolution.
C'est un miracle si la Grèce résiste 39 minutes. Avant l'ouverture du score du capitaine allemand Lahm d'un joli tir du droit enveloppé, le petit prodige de Mönchengladbach, Reus, 23 ans, que Dortmund vient d'acquérir, rate trois très grosses occasions et Özil une quatrième encore plus énorme. Des ratés qui, sur la touche, ont considérablement agacé l'entraîneur Joachim Löw.
Mais c'est un plus grand miracle encore d'assister à l'égalisation grecque sur un coup de tête de Samaras mal contrôlé par le gardien Neuer sur ce qui sera la seule occasion du match pour les joueurs de Santos (55e).
Le boomerang va causer des dégâts. En un quart d'heure, l'Allemagne marque trois fois. Khedira reprend de volée sous la barre un centre de Boateng (61e); Klose, servi par Özil, profite d'une sortie ratée du gardien Sifakis pour inscrire de la tête son 64e but en sélection (68e); Reus trouve enfin le cadre en reprenant à l'entrée de la surface un ballon repoussé par Sifakis sur une frappe de Klose (74e). Le penalty transformé par Salpingidis pour une main de Boateng (89e) n'est qu'un baume inutile sur une blessure mortelle (4-2). Dans la tribune, la chancelière allemande Angela Merkel exulte.
«Si on m'avait dit qu'on marquerait deux buts et qu'on serait quand même éliminés...» soupire Santos, qui n'a pas l'habitude de voir sa défense exploser en vol. Mais avec 76 % de possession de balle et vingt-six tirs pour les Allemands comment pouvait-il en aller autrement? «L'équipe a été fantastique, jubile Löw. Pour la quatrième fois d'affilée, elle est dans le dernier carré d'une phase finale. Personne n'aurait misé sur un tel résultat après l'Euro 2004.» (L'Allemagne avait été sortie dès la phase de groupe sans remporter la moindre victoire.)
Le mot de la fin revient à Özil: «Madame Merkel nous a trouvés très bons. Elle a raison.»

ITALIE-ANGLETERRE 0-0, 5-3 AUX TIRS AU BUT (QUART DE FINALE)

EN DÉPIT DE BALOTELLI

«Porter le maillot de l'Italie m'a toujours ému», a affirmé Mario Balotelli avant la rencontre. Il faut croire que la forte tête de la Squadra gère mal ses émotions. Durant cette rencontre de haute volée, Balotelli est à la fois omniprésent et jamais décisif. Il s'illustre donc surtout par ses ratés. Quand il part seul vers le but de Hart, son coéquipier à Manchester City, il le fait en dilettante ce qui permet à Terry de revenir le contrer (25e). À la mi-temps, sur le chemin des vestiaires, son équipier De Rossi lui passe un fameux savon. Sans effet. En seconde période, Balotelli bute sur Hart (52e) avant de manquer le cadre sur un joli ciseau retourné (60e). Durant la prolongation, il chipe le ballon à Pirlo, maître ès coup franc, pour expédier le ballon largement au-dessus (100e). Balançant entre lymphatisme et excès d'engagement, il agace autant qu'il épate.
Malgré tout, l'Italie étend sa domination sur la rencontre. Son 68 % de possession de balle ne relève pas trop de ses habitudes. Et les trente-six tirs à neuf en sa faveur attestent que quelque chose a changé au pays des forteresses défensives.
L'Italie joue et joue bien. De Rossi touche du bois d'entrée (3e). Diamanti l'imitera à l'autre bout de la rencontre (100e). Buffon réalise un arrêt réflexe sensationnel sur une tête de Johnson (5e). Le gardien italien n'aura plus vraiment besoin de sortir le grand jeu. Avec un formidable Pirlo à la baguette, les Italiens sont maîtres du terrain. Les Anglais se défendent bec et ongles, mais pour eux la prolongation tourne au calvaire. «À cet instant nous étions dépassés physiquement, reconnaîtra leur entraîneur Roy Hodgson. J'ai alors pensé qu'il serait peut-être mieux qu'ils marquent un but afin que nous n'allions pas aux tirs au but.»
Un vœu presque accompli quand Nocerino propulse enfin le ballon de la tête au fond des filets de Hart (115e). Mais il est hors jeu de quelques centimètres.
Les Anglais gagnent ainsi le droit de jouer leur sort à pile ou face dans la séance des tirs au but dans un scénario écrit d'avance. Cinq fois sur cinq, depuis 1990, ils ont été sortis de la phase finale d'un tournoi majeur à l'issue de ce cruel exercice. La sixième est sur le feu. L'échec de Montolivo n'y change rien. Young et Cole se ratent tandis que Balotelli évite la honte, que Pirlo réussit une «Panenka» de haute volée et que Diamanti porte le coup de grâce.
L'Italie n'a pas volé sa place en demi-finale. C'est la huitième fois sur dix qu'elle franchit le cap d'un quart de finale de tournoi majeur. On ne peut plus appeler cela un hasard.

Le bourreau
et sa victime:
Hart, le gardien
anglais, défait
par la magistrale
«Panenka»
de Pirlo.

L'équilibre parfait de Ronaldo au moment de la frappe.

ESPAGNE-PORTUGAL 0-0, 4-2 AUX TIRS AU BUT (DEMI-FINALE)

QUAND L'ESPAGNE ENDORT

À quoi joue l'Espagne? C'est la grande question après la purge de son quart de finale contre les Bleus (2-0). «On essaie toujours d'avoir beaucoup de possession du ballon et on sait qu'un match dure quatre-vingt-dix minutes et qu'il faut le laisser se décanter, explique l'attaquant David Silva. Mais cela ne veut pas dire qu'on ne va pas attaquer. Il faut juste trouver le bon moment.» Contre le Portugal, dans une lutte fratricide entre Ibères, les Espagnols ne vont jamais vraiment trouver ce bon moment.

Au moins vont-ils remplir le contrat fixé par leur entraîneur Del Bosque: «Nous allons essayer de désactiver Ronaldo.» Au bout de beaucoup d'ennui, la bombe portugaise manque pourtant de leur exploser à la figure. On joue la dernière minute du temps réglementaire quand Meireles impulse un contre ravageur. Sa passe à Ronaldo, lancé comme une flèche, manque peut-être un poil de profondeur. La star du Real ne cadre pas sa frappe. Jusqu'à cet instant le gardien portugais Rui Patricio a eu un seul arrêt à effectuer. Et son homologue espagnol Casillas... aucun. Ce match est une bouillie indigeste. L'Espagne ne s'est créé que deux occasions que Arbeloa (9e) et Iniesta (29e) ont gâchées en frappant au-dessus.

La prolongation est de trop pour le Portugal qui n'en peut plus. Mais il reste en vie car Rui Patricio effectue deux grands arrêts face à Iniesta (104e) et Navas (111e). Les tirs au but vont trancher. «Une loterie», estimera Casillas. Ronaldo a choisi de tirer en dernier. Il n'en aura pas l'occasion. Quand sonne ce qui aurait dû être son heure, la messe est déjà dite. Encore marqué par son échec dans cet exercice en Ligue des champions contre le Bayern, Ramos le Madrilène réussit une audacieuse «Panenka». «Il nous avait dit qu'il allait tirer comme ça mais c'est encore pire de le savoir», racontera son équipier Negredo. Et Fabregas décroche la finale d'un heureux poteau rentrant.

«L'Espagne a mérité cette finale», reconnaît Bento l'entraîneur portugais.

«Nous étions légèrement plus frais et légèrement meilleurs dans la prolongation, explique Del Bosque. On a eu du mal à développer notre jeu et à combiner parce que le Portugal était bien organisé.»

Quel que soit le nom de son futur adversaire en finale, cette Espagne ennuyeuse a perdu son statut de favori.

ITALIE-ALLEMAGNE 2-1
(DEMI-FINALE)

BALOTELLI AU PARADIS

C'est une équipe d'Italie en ruine que Cesare Prandelli a récupérée après le Mondial 2010 (élimination au premier tour sans un seul succès). Il a axé sa reconstruction sur un nouveau credo : « Dans le foot d'aujourd'hui, les équipes qui font la différence sont celles qui défendent haut et qui ont le courage de jouer. Certains de mes joueurs sont en train de se rendre compte qu'ils ont des aptitudes extraordinaires. »
Le coach allemand Joachim Löw trace la feuille de route des siens : « Il faudra imposer notre rythme et notre jeu. » Ses joueurs n'y parviendront pas plus d'un quart d'heure. Le temps pour Pirlo de repousser sur sa ligne une tête de Hummels (5e). Puis Mario Balotelli redeviendra Super Mario et les assommera. L'attaquant de Manchester City dévie d'abord de la tête dans le but de Neuer un centre de Cassano au premier poteau (20e). Puis il exécute le portier allemand d'une frappe de 20 mètres sous la barre sur un service de Montolivo (36e). Marchisio rate deux balles de double break (67e et 75e) et ce n'est que dans le temps additionnel qu'Özil réduit le score sur penalty (90e+2). Les derniers rushes allemands sont aussi vains qu'impressionnants.
Prandelli est sur son nuage : « On rêve, mais quand on rêve on rêve en grand. Et nous ne sommes qu'au début du rêve pour l'instant. »
Forcément, Löw est descendu du sien : « Les deux buts étaient évitables. C'est difficile de remonter deux buts contre une aussi bonne équipe. » Son capitaine Lahm est dépité : « C'est très dur, lâche-t-il. On a fait des fautes idiotes. Notre équipe a le potentiel pour faire mieux que ça. On n'a pas été assez malins. »
Tandis que Buffon souffle de soulagement (« Si les Allemands étaient revenus à 2-2 on aurait perdu 10-2 après la prolongation »), Balotelli, comme à son habitude, ne dit pas un mot. Son entraîneur parle pour lui : « Un entraîneur devient un grand entraîneur s'il a de grands joueurs. Ils peuvent te faire gagner des matches si tu es patient avec eux. » Balotelli n'a que 21 ans. Il mérite bien toutes les patiences.

LA LOI DES SÉRIES

En éliminant l'Allemagne, l'Italie atteint pour la neuvième fois de son histoire une finale en tournoi majeur (6 Mondiaux et 3 Euros). Et c'est avec confiance qu'elle s'apprête à défier l'Espagne. Les deux pays se sont affrontés à sept reprises en match éliminatoire d'une grande compétition et jamais les Espagnols ne se sont imposés (4 victoires et 3 nuls pour les Italiens), même s'ils se sont extirpés victorieusement de la dernière levée, en quart de finale de l'Euro 2008, grâce aux tirs au but (0-0, 4-2). Quant à l'Allemagne, elle rate la finale d'un grand événement pour la huitième fois consécutive. C'est la pire série de sa glorieuse histoire.

Balotelli: « Qui c'est le plus fort ? »

Finale: Espagne - Italie 4-0

INCROYABLE ESPAGNE

Le 10 juin, déjà, l'Espagne et l'Italie s'étaient affrontées pour l'ouverture du groupe C. Trois semaines plus tard, elles remettent ça, mais en finale. Étrange rendez-vous auquel les Espagnols étaient attendus, mais pas forcément les Italiens.

Depuis leur titre de champion du monde en 2006, ils épousent une courbe déclinante parallèle à celle de la France. Ils sont entrés dans ce championnat d'Europe dans la foulée d'un nouveau scandale de matches potentiellement truqués en Serie A. Bref, personne ne s'attendait à retrouver la Squadra Azzurra à Kiev.

Pourtant, elle serait presque favorite. Son style, son match totalement réussi face à l'Allemagne en demi-finale y sont pour beaucoup. Et l'Espagne, qui a parfois économisé son génie commence à lasser. L'attrait de l'inédit est italien, alors il est question d'éternité, de renouveau permanent, d'esprit divin aussi. Le divin ne s'invitera pas aux côtés de l'Italie, il se manifestera en face. Brillante, l'Espagne est implacable, accélérant et broyant tout sur son passage. L'Italie ne fait pas allégeance, elle tente sa chance, elle s'essaie à l'offensive, mais la vague revient toujours plus vite, alors elle finit par craquer. Lancé par Iniesta, Fabregas entre dans la surface et efface Chiellini avant de centrer en retrait vers David Silva, lancé derrière Barzagli, qui place une tête décroisée fatale à Buffon (14ᵉ, 1-0). C'est le premier tir cadré des Espagnols, comme une preuve que leur beauté est surtout fatale. Juste avant le repos, Jordi Alba, révélation de cette équipe, se retrouve seul face à Buffon (41ᵉ, 2-0). Le sort de cette finale a basculé. La sortie de Chiellini, sur blessure, en première période, limite les options de Cesare Prandelli, contraint de prendre beaucoup de risques. Di Natale est ainsi lancé à la place de Cassano. L'objectif est clair : gagner en percussion. Et pour éviter de tout déséquilibrer, le technicien remplace Montolivo, son milieu offensif par Thiago Motta, plus défensif (57ᵉ). Sauf que le Parisien se blesse à la cuisse quatre minutes après, laissant ses partenaires achever la rencontre à dix.

Trente minutes en infériorité numérique face à cette Espagne-là, c'est un cauchemar. Et si le champion du monde sembla lever un peu le pied, il ne lâcha pas son emprise. Et inscrivit deux buts dans les dix dernières minutes. D'abord par Torres, suite à une interception de Xavi (84ᵉ, 3-0). Puis par son coéquipier à Chelsea, Mata (88ᵉ, 4-0). La démonstration collective espagnole est totale. Son

triplé Euro 2008-Coupe du monde 2010-Euro 2012 est historique. L'Allemagne de l'Ouest de Franz Beckenbauer avait échoué dans cette incroyable quête. Personne, depuis, ne s'en était approché. Et la liste des exploits de cette formation ne s'arrête pas là. Vicente Del Bosque devient ainsi le premier entraîneur à avoir remporté la Ligue des champions (avec le Real Madrid), l'Euro et la Coupe du monde.
« L'Italie a eu de la malchance ce soir avec ses blessures, commente avec beaucoup de classe le technicien ibère. La blessure de Thiago Motta a changé beaucoup de choses. Les trois changements opérés par l'Italie nous ont aidés en quelque sorte. C'est pour cela que le score est si lourd. C'est un énorme succès pour le football espagnol. Cette génération est exceptionnelle avec des joueurs qui savent jouer ensemble et ont appris à développer un certain jeu. »
Les Italiens n'ont d'autre choix que de reconnaître la supériorité de leur adversaire. « On accepte plus sereinement de perdre contre l'Espagne, explique le capitaine, Gianluigi Buffon. On a joué contre une équipe d'une valeur inestimable. » « Nous avons placé la barre très haut », enchaîne son homologue, Iker Casillas.
Incroyable Espagne qui a joué sans attaquant véritable, Torres démarrant sur le banc alors que Fabregas occupait la pointe. Incroyable Espagne qui jamais ne rend le ballon à l'adversaire. Incroyable Espagne qui percute si vite que le retard de l'adversaire devient alors irrémédiable. Incroyable Espagne qui se passe d'un leader emblématique, d'un individu au-dessus de la masse pour privilégier le collectif. Incroyable Espagne qui conjugue ses talents sans jamais les opposer, les additionne plus qu'elle ne les soustrait. Incroyable Espagne qui porte si haut l'esprit de ce jeu universel qu'est le football.

À gauche. Cette équipe d'Espagne est invincible. À droite. Iniesta, balle au pied et tête haute.

LE CARNET DE NOTES

ESPAGNE 19/20

Le triplé historique, la finale parfaite, la maîtrise absolue des événements. Jamais l'Espagne ne s'affole, jamais elle ne semble perdre son jeu ou le contrôle d'une rencontre. Même bousculée, comme face à l'Italie ou la Croatie au premier tour, elle n'est jamais déstabilisée et finit par déséquilibrer son adversaire. Impressionnant.

PORTUGAL 16/20

Après de laborieux débuts face au Danemark et à l'Allemagne, le Portugal a progressé constamment dans le sillage de Cristiano Ronaldo qui s'est amélioré de match en match. Derrière l'Espagne, le Portugal s'affirme avec l'Italie et l'Allemagne comme l'autre nation majeure du continent.

RÉP. TCHÈQUE 14/20

Mal partie après avoir été étrillée par la Russie lors du premier match (1-4), inquiète de la prestation de son gardien, Petr Cech, qui semblait alors très fatigué par son éprouvante saison avec Chelsea, la République tchèque a réagi en dominant la Grèce, puis la Pologne. Un parcours plus qu'honorable, qui s'est achevé face au Portugal et Cristiano Ronaldo.

ANGLETERRE 13/20

Sans grande ambition officiellement, l'Angleterre a passé le premier tour en dominant son groupe sans y perdre le moindre match. Elle n'a pas perdu non plus en quart de finale puisque le score d'Angleterre-Italie est de 0-0. Les tirs au but lui ont été fatals. Depuis 1966, toujours aucune finale de phase finale pour l'Angleterre.

ITALIE 17/20

Éliminée au premier tour de la dernière Coupe du monde, l'Italie s'est reconstruite patiemment. Une philosophie de jeu clairement portée vers l'avant et incarnée par Cesare Prandelli, le sélectionneur. Des leaders incontestés comme Buffon ou Pirlo. Et l'émergence de Mario Balotelli, qui a brillé contre l'Allemagne en demi-finale et démontré qu'il pouvait être le grand attaquant dont les Italiens ont besoin.

ALLEMAGNE 15/20

Son jeu est souvent très agréable, son organisation collective permet l'expression d'une qualité de très haut niveau avec laquelle seule l'Espagne est en mesure de rivaliser. Mais l'Allemagne a des soucis en défense et l'Euro raté de Holger Badstuber en témoigne. Sa puissance offensive lui a permis d'accéder aux demi-finales. Mais bloquée par l'Italie, elle a alors affiché cruellement ses manques défensifs. Depuis qu'elle séduit, l'Allemagne ne gagne plus de grand tournoi (dernier succès à l'Euro 1996). Mais elle reste sur tout de même quatre demi-finales d'affilée (2006, 2008, 2010, 2012)…

GRÈCE 14/20

Championne d'Europe en 2004, la Grèce est arrivée en Pologne sur fond de crise économique grave et de déprime nationale. Et voilà qu'elle a créé la surprise en sortant la Russie de la course. Une affaire de différence de buts qui a propulsé les Grecs en quart face aux Allemands. Ils y ont perdu (2-4) en inquiétant un des favoris. Pas mal.

FRANCE 12/20

Objectif atteint pour les Bleus avec ce premier quart de finale dans une phase finale de grand tournoi international depuis la Coupe du monde 2006 en Allemagne. Mais avec un seul succès et deux défaites en quatre rencontres, le bilan n'est pas extraordinaire, mais pas catastrophique non plus. Le manque de caractère affiché par les Bleus lors de leur revers face à la Suède, puis en quart contre l'Espagne, gâche le tableau. Dommage.

DANEMARK
11/20

Promis à l'enfer dès le tirage au sort, le Danemark était la victime désignée du « groupe de la mort ». Son succès, d'entrée, face aux Pays-Bas (1-0), envoya un message qui faillit être confirmé contre le Portugal, qui s'imposa de justesse. Les Danois se permirent même de malmener l'Allemagne lors du troisième match (1-2). Jamais ridicules, pas si loin de passer en quarts, ils méritent la moyenne.

CROATIE
10/20

Tenir en échec un finaliste (l'Italie, 1-1), perdre de justesse face à l'autre (l'Espagne, 0-1), c'est une performance qui mérite le respect. Les Croates de Slaven Bilic ont espéré la qualification pour le deuxième tour jusqu'au dernier moment. Leur Euro est une réussite collective.

SUÈDE
8/20

Il ne suffit pas de disposer d'un grand joueur pour obtenir une grande équipe. Mais ça aide. Initialement dominée par l'Ukraine, la Suède n'a pas pu se relancer et a été éliminée dès la deuxième rencontre par l'Angleterre. Mais elle n'a pas pris ses vacances tout de suite, prenant soin de battre la France (2-0) lors du dernier match de poule avec un Ibrahimovic étincelant. Sans lui, c'est une formation physique, puissante mais peu emballante.

UKRAINE
7/20

Au moins le parcours de l'Ukraine aura-t-il permis à Andreï Chevtchenko de terminer sa carrière internationale d'une merveilleuse manière. Deux buts face à la Suède auront marqué le tournoi du Ballon d'Or ukrainien. Logiquement, le pays organisateur s'est ensuite incliné face à la France et à l'Angleterre… Son parcours fut honnête, rien de plus.

RUSSIE
5/20

Annoncée comme un favori potentiel dès sa victoire (4-1) sur la République tchèque, la Russie s'est ensuite délitée, enfermée dans un jeu sans relief. Le sélectionneur néerlandais, Dick Advocaat, n'a pas réussi à monter un collectif satisfaisant avec des joueurs qui n'ont pas tenu la distance, physiquement, des trois matches de poule.

POLOGNE
5/20

Le pays organisateur attendait beaucoup de cette compétition à domicile. Avec ses stars du championnat allemand, Blaszczykowski et Lewandowski (Borussia Dortmund), la Pologne n'a pourtant pas résisté aux Grecs qui lui ont chipé une place abordable en quarts de finale. Deux nuls et seulement deux buts, c'est décevant pour la sélction des « Français » Obraniak et Perquis.

IRLANDE
3/20

Neuf buts encaissés, un seul marqué, trois défaites et donc zéro point. Oui, bien sûr, les supporters irlandais chantent même quand leur équipe perd. C'est ce qui vaut à l'Eire quelques points…

PAYS-BAS
2/20

Finaliste de la dernière Coupe du monde face à l'Espagne, s'appuyant sur Van Persie (meilleur buteur du championnat anglais) et Huntelaar (meilleur buteur du championnat allemand), l'équipe néerlandaise figurait parmi les trois prétendants majeurs avec l'Espagne et l'Allemagne. Surprise par le Danemark, elle n'a pas résisté aux Allemands ni aux Portugais. Trois défaites et la démission du sélectionneur Bert van Marwijk dès le retour au pays.

UP

5

GIANLUIGI BUFFON
ITALIE

LE LEADER

Longtemps, il a semblé invincible. Décisif lors du quart de finale, que l'Italie traversa à l'issue des tirs au but, il fut également extrêmement vigilant et décourageant en demi-finale contre l'Allemagne. Leader inspiré, il est à 34 ans le symbole d'une Squadra Azzurra éternelle, capable de se relever de ses échecs et d'affronter tous les tourments.

4

JORDI ALBA
ESPAGNE

LA RÉVÉLATION

Le moins connu des Espagnols car évoluant à Valence… Mais dès la saison 2012-2013, il sera à Barcelone qui l'a recruté contre 15 millions d'euros. Arrière gauche très technique, il a montré des dispositions offensives étonnantes et une technique qui lui permet d'être très souvent un danger aux avant-postes. Buteur en finale où sa prestation fut remarquable.

3

SAMI KHEDIRA
ALLEMAGNE

LA MATURITÉ

Depuis qu'il évolue au Real Madrid, l'ancien milieu de terrain du VfB Stuttgart a gagné en maturité et en agressivité. À 25 ans, il a réalisé un championnat d'Europe d'une remarquable constance. Solide et efficace quand l'Allemagne déroulait son jeu (buteur face à la Grèce, en quarts de finale), il a aussi tenu la maison quand ça devenait plus compliqué. Il fut le seul à ne pas passer à travers sa prestation en demi-finale face à l'Italie.

2

CRISTIANO RONALDO
PORTUGAL

LE MEILLEUR

Le tournoi a mal démarré pour lui avec des défaites face au Danemark et à l'Allemagne au cours desquelles il sembla impuissant. Mais il inscrivit les deux buts du succès portugais face aux Pays-Bas (2-1), puis celui de la victoire en quart de finale face à la République tchèque (1-0). Dans la foulée de sa saison madrilène, il a confirmé qu'il était le meilleur joueur européen actuel.

1

ANDRES INIESTA
ESPAGNE

LA PLAQUE TOURNANTE

Créativité avec ou sans ballon, présence physique, justesse technique : à 28 ans, Andres Iniesta s'est imposé comme le symbole de la toute-puissance espagnole. Il est à l'Espagne ce que Pirlo est à l'Italie : une plaque tournante, un repère rassurant et un poison pour l'adversaire.

DOWN

5

KARIM BENZEMA
FRANCE

LE RENDEZ-VOUS MANQUÉ

Titulaire au Real Madrid, l'attaquant français n'a pas inscrit le moindre but en quatre matches. Pas toujours bien servi, souvent mal entouré par Nasri notamment qui lui marchait sur les pieds, il n'a pas beaucoup existé. Contrairement à des joueurs comme Zlatan Ibrahimovic ou Cristiano Ronaldo, il ne s'est pas hissé à hauteur de l'événement pour faire la différence.

4

POLOGNE
LA DOUCHE FROIDE

Pays organisateur comptant dans ses rangs deux « Français », Damien Perquis et Ludovic Obraniak, la Pologne n'a pas réussi son Euro sportivement. Individuellement, Robert Lewandowski, l'attaquant du Borussia Dortmund, a caché brièvement le marasme d'une équipe au réel potentiel, mue par l'ambition logique d'accéder aux quarts de finale, mais qui s'est contentée de prestations stéréotypées n'ayant jamais vraiment enflammé son public.

3

ANDREÏ ARCHAVINE
RUSSIE

LA CHUTE

On a mieux compris pourquoi Arsène Wenger l'avait laissé retourner au Zenit Saint-Pétersbourg en janvier 2012. L'ancien attaquant d'Arsenal a brillé lors du premier match contre la République tchèque, puis s'est éteint. Une traversée de la compétition finalement anonyme et très décevante pour un joueur considéré il y a quatre ans comme une merveille.

2

HOLGER BADSTUBER
ALLEMAGNE

LE MAILLON FAIBLE

Défenseur du Bayern Munich, finaliste de la Ligue des champions, il a souvent été en difficulté durant ce championnat d'Europe où son compère de Dortmund, Mats Hummels, est apparu bien plus à l'aise. Lourd, emprunté, Badstuber a connu quelques défaillances face aux Grecs, en quart de finale et aussi contre l'Italie, en demi-finale. Une des raisons de la nouvelle fragilité allemande…

1

PAYS-BAS
LE BIDE

Traditionnellement plombés par leurs guerres d'egos, les Néerlandais ont une nouvelle fois démontré leur incapacité à se comporter en équipe. Finalistes de la Coupe du monde 2010, capables de développer un jeu qui en faisait les favoris de ce tournoi au même titre quasiment que l'Espagne et l'Allemagne, ils ont connu trois défaites dès le premier tour. Van Persie et Huntelaar n'ont pu masquer leurs mésententes, Van Bommel fut un capitaine contesté. Un fiasco absolu.

CAN

MAGNIFIQUE ZAMBIE

La finale de la Coupe d'Afrique des Nations se dispute sans l'Égypte. C'est une première depuis six ans puisque les Pharaons sont triple tenants du titre (2006, 2008, 2010), mais ne se sont pas qualifiés pour cette édition organisée au Gabon.

L'absence de la nation la plus crainte du continent ouvre des perspectives dont la Côte d'Ivoire entend profiter. Les Éléphants de Didier Drogba sont d'ailleurs les favoris de l'ultime match qui les oppose, au stade de l'Amitié de Libreville, à la surprenante Zambie.

La star zambienne, c'est son entraîneur, le Français Hervé Renard, qui a mené sa formation magistralement à travers la compétition. Pour les Chipolopolos, ce rendez-vous de Libreville est chargé d'émotion et de souvenirs. Car en 1993, alors que la sélection se rendait au Sénégal pour une rencontre de qualification, son avion s'écrasa. Trente morts, dont dix-huit joueurs. « Quand l'avion est tombé, j'étais jeune, mais je me souviens que le pays est devenu soudain silencieux », raconte le capitaine Chris Katongo.

Pour la Côte d'Ivoire, c'est d'une quête de vingt ans dont il s'agit. Titrée en 1992, elle espère enfin un titre pour sa génération dorée. C'est surtout la dernière chance de Didier Drogba. « S'il passe à côté de la CAN, ce sera une grosse tache dans sa carrière, dit son ami et manager Thierno Seydi. Il a la hantise de ne pas gagner avec cette équipe car tout le monde s'accorde sur la qualité de ces joueurs depuis tant d'années… » À bientôt 34 ans, alors que se profile pour lui une fin de carrière lucrative en Chine, le capitaine ivoirien sent bien que sa dernière opportunité se présente à Libreville. « Plus les années passent, plus je me rapproche de la fin, dit-il. Cette finale a une saveur différente de celle de 2006 car on a pris des gifles depuis. À l'époque, on était des innocents novices… »

Pendant cette finale, Drogba a l'occasion d'être héroïque. À la 70e minute d'une rencontre très fermée, il tente un penalty obtenu par Gervinho mais le manque. L'affaire se conclut d'ailleurs aux tirs au but. Dans cette série, Drogba ne faillit pas. Mais Gervinho frappe au-dessus et donne l'opportunité à Sunzu de créer la sensation. Le Zambien trouve la lucarne et la Zambie est championne d'Afrique. « On y a cru, raconte Hervé Renard. Le foot, ça se joue au mental. Depuis le début de la compétition, on a été exceptionnels psychologiquement. Est-ce parce qu'on voulait revenir au Gabon pour commémorer la catastrophe de 1993 ? Il y a cette force intérieure qui nous a poussés alors que nous n'avons pas de joueurs évoluant dans des clubs de haut niveau. »

Emmanuel Mayuka, buteur des Young Boys de Berne, en championnat de Suisse, remercie le technicien français : « J'adore cet entraîneur, il m'a poussé à donner plus car j'étais parfois paresseux. » La surprise est de taille. Le Sénégal, le Maroc étaient attendus et voilà qu'ils n'atteignaient même pas les quarts de finale. La Zambie, qui a tout de même sorti le Ghana en demi-finale (1-0), a exploité merveilleusement les failles de ses adversaires sans jamais se désunir. Son succès est un exploit colossal. Un moment d'histoire du football africain.

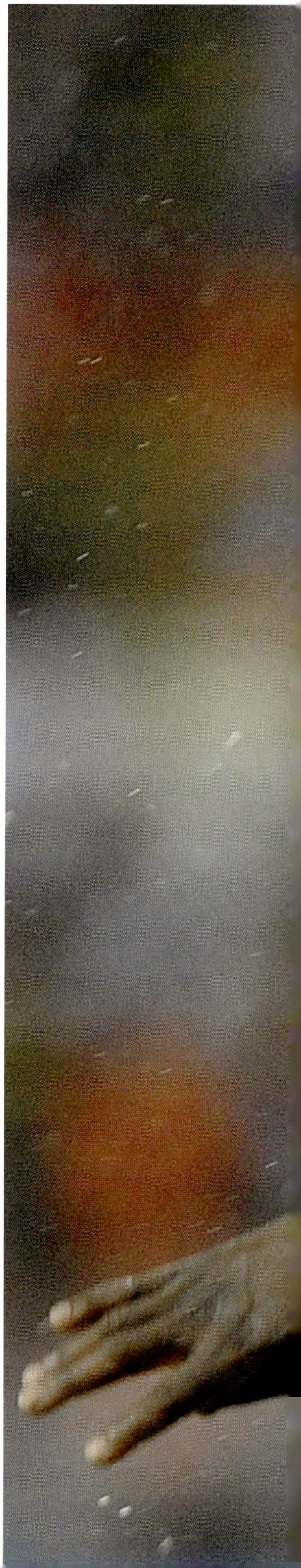

L'attaquant zambien
Emmanuel Mayuka :
un contrôle de
la poitrine en
pleine extension.

FRA

AJACCIO BORDEAU
BREST ÉVIAN LILLE
LORIENT LYON
MARSEILLE MON
NANCYNICE PA
RENNES SAINT-
SOCHAUX TOU
VALENCIENNES
QUEVILLY GA

Promis au PSG, le titre de champion revient finalement à Montpellier récompensé pour son jeu collectif mais porté par ses individualités Giroud, Yanga-Mbiwa ou Belhanda. Décevant en L1, l'OM se console avec une 3ᵉ Coupe de la Ligue de rang tandis que Quevilly frôle l'exploit, en finale de Coupe de France, face à Lyon.

De gauche à droite : Sirigu (PSG), Belhanda (Montpellier), Mavuba (Lille), Pastore (Paris).

OLIVIER PANTALONI
LE SAUVEUR

Avec 9 points au bout de dix-sept journées, personne n'aurait misé un centime d'euro sur le maintien en Ligue 1 d'Ajaccio le promu. Sauf son entraîneur Olivier Pantaloni qui continuait à affirmer que son équipe avait le niveau. Son gardien remplaçant, l'expérimenté Thierry Debès, a raconté dans *France Football* : « Olivier n'a jamais cédé à la panique. Aujourd'hui après deux défaites, les entraîneurs ne font que crier. Lui non. » C'est donc dans le calme qu'il a remis sa formation sur les bons rails, ceux du jeu, car c'est en jouant qu'Ajaccio s'est sauvé. Grâce à lui, mais il ne le reconnaîtra jamais car Pantaloni (45 ans) est un timide, un taiseux et surtout un vrai modeste.

P.-EMERICK AUBAMEYANG
LA RÉVÉLATION

À 23 ans (il les a eus en juin 2012), le fils de l'ancien défenseur de Laval, du Havre et de l'équipe du Gabon (82 sélections), dont il fut capitaine, Pierre Aubame, n'avait jamais marqué plus de deux buts lors de ses précédentes saisons en Ligue 1 sous le maillot de Lille, Monaco ou Saint-Étienne, club qu'il a rejoint en 2010. Ses seize réalisations (dont un triplé contre Lorient) sont la preuve d'une éclosion et d'une arrivée à maturité. Très présent dans le jeu, très efficace devant le but, l'international gabonais (24 sélections, 8 buts) n'a pas été loin de ramener les Verts dans le giron européen. Désormais, une belle carrière s'ouvre devant lui car les vrais buteurs ne sont pas légion.

FRANCIS GILLOT
L'INNOVATEUR

Tout le monde a été surpris quand, à l'intersaison, il a quitté Sochaux pour rejoindre des Girondins de Bordeaux encore traumatisés par l'épisode Tigana. À 52 ans, cet entraîneur au franc-parler prenait un fameux risque. C'est ce que semblèrent confirmer les tâtonnements de la première moitié de saison. Après quinze journées, Bordeaux était quatorzième. Gillot profita de la trêve d'hiver pour recruter le défenseur brésilien Mariano et le décisif milieu de Lille Obraniak, le tout pour moins de 5 millions d'euros. Il misa ensuite sur une défense à cinq qui stabilisa et relança l'équipe, laquelle glana 38 points lors des matches retour (23 à l'aller) et arracha sa place pour la Ligue Europa lors de la dernière journée. Une belle réussite.

EDEN HAZARD
UN MOZART

Avec 20 buts et 15 passes décisives, le petit prodige belge ne s'est pas moqué du LOSC pour sa dernière saison dans le Nord. Seul Marco Simone avait fait mieux dans l'histoire de la Ligue 1 (21 buts, 15 passes décisives sous le maillot de Monaco en 1999-2000). S'il n'a pas étincelé en Ligue des champions, il a en tout cas confirmé son exceptionnelle saison précédente conclue par un doublé pour le club nordiste. Extraordinaire technicien, surdoué dans l'art du dribble long ou court, il a été sacré sans surprise par ses pairs et le journal *L'Équipe* meilleur joueur de Ligue 1. Il lui a simplement manqué un titre pour devancer dans notre classement l'éclatant Giroud.

OLIVIER GIROUD
LA FUSÉE

À 25 ans, le Mario Gomez français est devenu une star de la Ligue 1 en attendant mieux. Avec 21 buts, titre de co-meilleur buteur à la clé, et 9 passes décisives, il présente un remarquable carnet de notes individuel qui lui a permis d'intégrer l'équipe de France, dont il semblait tellement loin en début de saison, et d'attirer les regards de quelques grands clubs. Si c'est par son collectif que Montpellier a creusé la différence, il est quasiment certain que sans son homme de pointe il n'aurait jamais pu mener à bien son incroyable conquête. Dans cette éclosion tranquillement programmée, il ne faut évidemment pas oublier le rôle joué par Younes Belhanda, son parfait complément.

DOWN

5

YANN M'VILA
LE COUP DE MOU

Certes, on peut considérer qu'à 21 ans on ne peut pas tout faire et tout bien faire. Mais sa saison précédente avait laissé espérer qu'il franchirait un palier dont profiterait le Stade Rennais. Ce ne fut pas le cas puisque le club a raté la qualification pour la Ligue Europa qu'il convoitait. Toujours sur la brèche et sans doute assez vite émoussé physiquement, le grand ratisseur, très irrégulier dans ses performances, a d'autant plus reculé en 2011-2012 que quelques embrouilles avec les supporters et une fumeuse affaire de violence d'ordre privé, assortie d'une garde à vue de 24 heures, ont enlaidi le tableau. Espérons que c'est pour mieux sauter.

4

MARVIN MARTIN
LA DÉSILLUSION

Grande révélation de la saison précédente avec Sochaux qu'il avait conduit jusqu'à la Ligue Europa, puis avec les Bleus qu'il avait illuminés lors de fameux débuts en Ukraine, il s'imaginait sans doute alors un avenir loin du Doubs dans un club plus huppé. Retenu par son président, il a parfois donné l'impression d'une certaine forme de démotivation qui fit même longtemps croire qu'ajoutée à d'autres «démissions» plus criardes (Maïga, Anin), elle allait provoquer la descente en enfer de son club de cœur. Heureusement, il n'en fut rien, mais on ne peut pas dire que cette saison 2011-2012 a beaucoup œuvré pour sa progression et sa réputation.

3

LES GOURCUFF
PROFILS BAS

Difficile de dissocier le père Christian, entraîneur de Lorient, qui a évité la relégation pour un seul petit point et son fils Yoann, qui, de blessures en apparitions souvent erratiques, n'a jamais justifié les 26 millions versés par Lyon pour le faire venir de Bordeaux la saison précédente. Tandis que Lorient, qui était un modèle dans ce domaine, perdait son jeu au fil d'un recrutement raté et d'obligations oppressantes de résultats, le meneur de jeu de l'OL n'a dû son retour sur scène en fin de saison qu'à la volonté de son club de l'exposer en espérant qu'un acheteur fortuné et audacieux se manifesterait. Il ne restait plus dès lors que Laurent Blanc pour lui faire confiance.

2

KEVIN GAMEIRO
LE GÂCHIS

Arrivé de Lorient en conquérant à l'intersaison avec d'énormes ambitions nationales et internationales, Kevin Gameiro a connu au PSG la plus sombre des saisons, conclue par de longs séjours sur le banc des remplaçants et une absence à l'Euro 2012. Peu favorisé par son environnement technique (Pastore, Ménez et Nene adorent garder le ballon), il a très vite perdu toute confiance en lui et s'est montré du coup presque totalement inefficace lors de la seconde partie de la saison chaque fois qu'un peu de temps de jeu lui était accordé. Ne cadrant plus rien, masquant mal son agacement, et relégué au bout du bout du banc par Carlo Ancelotti, il a vécu ce que l'on peut appeler un naufrage.

1

GÉRARD BOURGOIN
LE PAPY FLINGUEUR

Conduits par leur président Gérard Bourgoin (73 ans), l'ex-président Jean-Claude Hamel (84 ans) et l'inévitable Guy Roux (74 ans), les papys flingueurs d'Auxerre, revenus au pouvoir par le biais d'un coup d'État contre le président Alain Dujon à l'été 2011, ont commis des dégâts dont on espère qu'ils ne seront pas irréparables pour l'AJA, reléguée après trente et un ans de présence ininterrompue en Ligue 1. La palme revient forcément à leur patron qui avait clamé en début de saison qu'il visait une qualification européenne. Recrutement raté, entraîneur viré, jeu escamoté, supporters déchaînés, nous sommes là dans le monde du flop magistral et d'une indiscutable première place.

Championnat de France

MONTPELLIER UN ROI VENU D'AILLEURS

En football, l'impossible est encore possible. La bande à Louis Nicollin et à René Girard perchée sur le toit de la Ligue 1 l'année même où les Qataris débarquaient à Paris, ce n'était même pas un fantasme en début de saison. Pourtant, le 19e club à décrocher le cocotier depuis 1933 et la création du championnat professionnel s'appelle bien Montpellier Hérault Sporting Club.

Le traditionnel vote des acteurs (joueurs, entraîneurs, présidents) du foot publié par *L'Équipe* est sans surprise. Le PSG est promu grand favori du championnat naissant (44 %) devant l'OM (26 %) et Lille (10 %). Ce qui ne rend pas spécialement optimiste le coach parisien Antoine Kombouaré : « On gagne je reste, on perd on me mettra de côté », dit-il. Ce ne sera pas tout à fait ça mais patience.

Le Paris « made in Qatar », sans son joyau argentin Pastore, se prend d'emblée les pieds dans le tapis au Parc des Princes contre Lorient (0-1). « Beaucoup de joueurs sont en retard dans leur préparation, il ne faut pas paniquer », explique Kombouaré. « Ça prouve qu'il n'y a pas que l'argent. Il y a d'autres valeurs dans le foot, le jeu par exemple », lâche grinçant son homologue breton Christian Gourcuff.

Bien sûr, personne ne s'arrête sur la victoire initiale de Montpellier contre Auxerre (3-1) qui fait dire à son entraîneur René Girard : « Ce serait bien que le championnat s'arrête là. »

Ce serait plutôt bête, car dans la foulée, Montpellier s'impose (1-0, but de Giroud) à Lille, sur le terrain du champion. « C'était un match de très haut niveau », affirme Girard, tandis que le coach nordiste Rudi Garcia se nourrit de regrets : « Si on rejoue dix fois de la sorte, on ne sera pas loin de gagner neuf fois. » Lille ne perdra plus un seul de ses matches aller.

Ce genre de hold-up, Paris, toujours sans Pastore, le rate à Rennes. Gameiro ouvre le score (73e) mais Pitroipa égalise (88e). « Il faut être plus solide, moins naïf », râle Kombouaré.

UNE FORTUNE POUR PASTORE

L'intersaison est l'époque de toutes les nouveautés. À Lyon, Rémi Garde succède à Claude Puel au poste d'entraîneur. Le gardien du Mexique Ochoa (45 sélections) débarque à Ajaccio et celui de Monaco, Ruffier, à Saint-Étienne. Gervinho quitte Lille pour Arsenal. Le champion en titre accueille l'Auxerrois Pedretti et le Stéphanois Payet. Mais c'est à Paris que se produit le tsunami avec l'arrivée des Qataris à la tête du club. Si Antoine Kombouaré est maintenu à son poste, Leonardo devient directeur sportif, Bisevac arrive de Valenciennes, Ménez de la Roma, Sissoko de la Juventus et Matuidi de Saint-Étienne en attendant, avant la clôture du marché d'été, la venue de Lugano, défenseur de Fenerbahce et capitaine de l'équipe d'Uruguay. Mais le transfert choc concerne l'Argentin Javier Pastore, 22 ans, acheté à Palerme 42 millions d'euros, une somme exorbitante. « L'Inter, le Milan et la Juventus le voulaient, explique le président de Palerme Maurizio Zamparini. Mais leurs offres n'étaient pas convaincantes. » Forcément.

Sous les yeux du cheikh Tamim ben Hamad Al Thani, émir du Qatar, Paris décolle enfin contre Valenciennes (2-1). « On était attendus (surtout lui en vérité car le nom de l'Italien Carlo Ancelotti circule déjà pour le remplacer), souffle Kombouaré. Nous avons une grosse pression. Nous sommes en train de construire une équipe. Il faut du temps. »

L'OM RATE L'AVION

Tandis que l'OM (trois matches nuls en entame) et l'OL (une victoire, puis deux nuls) patinent, Montpellier décolle. Après un écrasant succès sur Rennes (4-0), il est le seul à afficher trois victoires au compteur. « Mes joueurs m'ont bluffé dans le jeu, la rigueur et l'envie », affirme Girard, tandis que le truculent président Nicollin lance un appel au calme : « On ne va pas en faire six caisses et huit fromages. »

Il a bien raison le bon président, car son équipe enchaîne par un premier revers à Lyon (2-1). Lloris a gagné quatre face-à-face contre un Olivier Giroud particulièrement malheureux. Et Lisandro, blessé à la cheville en première mi-temps, entame une longue période d'absence qui ternit le bonheur de Garde.

Rien n'entache en revanche la joie de Kombouaré après la victoire à l'arraché (3-1, buts de Erding 90e et Ménez 90e+3) de ses joueurs à Toulouse. « Quand le PSG joue comme ça, il peut battre n'importe qui », jubile Ménez.

L'OM pour sa part ne peut battre personne. Il s'incline à Lille (3-2) malgré deux buts de Valbuena : « C'est une énorme déception de ne pas être récompensé, soupire Deschamps. C'est une période difficile, tous les clubs en connaissent. » Avec 3 points en quatre matches, l'OM est seizième et se leste d'une affaire Gignac pour un transfert raté à Fulham. En matière de transferts, la dernière journée du mercato d'été crache le feu. Liverpool prête son international Joe Cole à Lille. Pjanic le Lyonnais file à Rome. L'OL fait venir dans la foulée le milieu de terrain et capitaine de l'équipe de France des moins de 20 ans, Gueïda Fofana (Le Havre) et le défenseur Dabo (Séville). Sélectionné quatre-vingt-cinq fois dans l'équipe du Danemark, Poulsen débarque à l'Évian-Thonon-Gaillard en provenance de Liverpool. Au bout du compte, le PSG, avec 86 millions d'achats au compteur, n'est devancé sur la scène européenne que par Manchester City (91 millions).

Avec un premier vrai retour sur investissement. Pastore, sur un centre de Ménez (68e), inscrit le seul but de la difficile victoire contre Brest (1-0). Montpellier reprend sa marche avant (1-0 contre Nice) et l'OM sa marche arrière (0-1 contre Rennes). Deschamps évoque « une grosse contre-performance, une période très difficile pour les joueurs et pour l'entraîneur aussi ». L'OM est dix-septième, l'OL deuxième après sa victoire à Dijon (2-1, « On est contents, humbles et ambitieux », résume Garde) et Lille troisième grâce à Hazard (deux buts et la note 9 dans *L'Équipe*) et Cole (une action individuelle extraordinaire pour offrir un but à Obraniak) après un succès à Saint-Étienne (3-1). Lille concède dans la foulée un nul à domicile contre Sochaux (2-2). Même score pour Paris à Évian (après avoir été mené 2-0 en 20 minutes) et pour Montpellier à Brest (deux buts de Giroud). « Il faut tordre le coup à l'idée que parce que Paris a de l'argent on va gagner tous nos matches 5-0», souligne Kombouaré. On l'avait bien compris.

Pas de 2-2 en revanche pour Lyon, mais un 2-0 qui lui permet de prendre la tête du classement contre un OM à la dérive, lequel se retrouve vingtième après six journées. «Il faut être conscient de la situation, explique Deschamps. Il vaut mieux ne pas regarder notre classement. Mais j'y crois, je crois en mes joueurs.» Ceux-ci l'apaisent un peu en décrochant enfin un succès contre Évian (2-0, doublé de Rémy) le soir où l'OL de Garde connaît son premier revers (1-0 à Caen). «C'est un coup de pied aux fesses qui peut être salutaire», relativise le successeur de Puel.

LE PSG, AVEC 86 MILLIONS D'ACHATS AU COMPTEUR, N'EST DEVANCÉ QUE PAR MANCHESTER CITY (91 MILLIONS).

LES TAQUINERIES DE GIRARD

Victorieux à Ajaccio (3-1), Montpellier reprend le flambeau. «Vous voulez que je dévoile quoi? Que l'on veut être champion? Ce n'est pas dans les habitudes de la maison, lance Girard à la presse. Mais je n'ai jamais nié qu'on était là pour taquiner les gros.» Parmi lesquels le PSG qui rame encore pour s'imposer à domicile (2-1 contre Nice).

Un résultat peu rassurant avant un déplacement à Montpellier où Girard lui réserve un accueil à sa façon, teintée d'ironie: «On va jouer un match de gala contre le centre du monde. Quand un seigneur vient, il faut l'accueillir comme tel.» Il fera forcément moins le malin après la claque reçue à la Mosson (3-0, un but de Gameiro avant un doublé de Pastore): «On a pris trois buts, on se tait. Il n'y a pas eu photo.» Kombouaré jubile: «On a affronté le leader et la meilleure défense du championnat. C'est une énorme satisfaction.»

Paris prend la tête à égalité avec Lyon vainqueur de Bordeaux (3-1, 2 buts de Gomis) et Toulouse victorieux de Nancy (1-0). Commentaire de l'entraîneur toulousain Alain Casanova: «Nous, des concurrents de Lille

À gauche. Pitroipa, l'insaisissable recrue rennaise, serrée de près par Gameiro. En bas. Gomis-Diawara: duel musclé.

En hyperextension, Giroud (auteur d'un triplé pour Montpellier) devance Reynet, le gardien dijonnais.

APRÈS NEUF JOURNÉES, LES MARSEILLAIS SONT DÉJÀ À 12 POINTS DU PSG.

ou de l'OM ? Vous rigolez, ce n'est pas sérieux. On n'a ni les mêmes moyens ni les mêmes obligations. » Concurrent de l'OM ? L'exemple est mal choisi. Ralentis à Valenciennes (1-1), les Olympiens butent ensuite sur Brest (1-1). « Le climat est difficile », concède Deschamps. Après neuf journées, les Marseillais sont déjà à 12 points du PSG qui s'offre la peau de Lyon (2-0, buts de Pastore et Jallet). « Je ne pensais pas que je m'adapterais aussi vite », se réjouit Pastore qui va un peu vite en besogne. Bien sûr, Montpellier décroche un peu après son nul à Bordeaux (2-2). Mais l'équipe de Girard a un sacré caractère. À 2 minutes de la fin, elle avait deux buts de retard. Belhanda (88e s.pen) et Hilton (90e, du genou) l'ont remise à flot.

Une preuve supplémentaire de son mental est offerte dès la journée suivante. Après 11 minutes, Dijon mène 2-0 à la Mosson, et encore 2-1 au repos. Au coup de sifflet final, Montpellier s'impose (5-3, trois buts de Giroud). L'entraîneur de Dijon, Patrice Carteron, se désole : « Je suis en colère comme je ne l'ai jamais été. C'est lamentable. Prendre des buts de promotion d'honneur, ça fait mal. » Girard est à peine plus joyeux : « Je ne peux pas me satisfaire de ça. On manque de rigueur depuis plusieurs matches. »

En revanche, le PSG vogue sur une mer d'huile. Il s'impose tranquillement à Ajaccio (3-1, trois buts de Gameiro). À Lyon, Yoann Gourcuff effectue sa rentrée contre Nancy après 43 minutes de jeu et cinq mois d'absence. À cet instant, le score final (3-0) s'affiche déjà. L'OL a inscrit ses trois buts entre la 25e et la 31e minute.

LE 13 PORTE MALHEUR

Après la victoire de son équipe à Caen (3-1), Girard ne sait plus trop sur quel pied danser : « Au début, je disais toujours que Caen ou Dijon étaient des équipes de notre championnat. Alors, on ne va pas commencer à se comparer aux gros. On va attendre un petit peu. »

À 3 points de Paris qui a battu Dijon (2-0), Montpellier est seul deuxième car Lille a battu Lyon (3-1). « Notre équipe a un mental fort, déclare Garcia. Elle ne panique pas. On arrive où on veut être : sur le podium. »

BECKHAM JOUE L'ARLÉSIENNE

C'est en septembre que la venue éventuelle du mythique attaquant anglais David Beckham est évoquée pour la première fois par le directeur sportif du PSG Leonardo. Le 15 octobre, *L'Équipe* titre en une : Il arrive. Nouveau titre en une de *L'Équipe* le 21 décembre : Le voilà ! « C'est bien pour le club qu'il arrive, affirme même Jérémy Ménez. On va le mettre à l'aise et l'accueillir à bras ouverts. » Dans *Le Parisien*, on peut visiter la future résidence parisienne de la star. Toutes ces informations auraient été exactes si au bout du compte, pour des raisons familiales et sportives (aurait-il été titulaire ?), Becks n'avait pas changé d'avis et décidé de poursuivre son aventure, la dernière, au Los Angeles Galaxy.

Paris vise autre chose : le sommet du podium. Il en prend le chemin en battant Caen (4-2) réduit très vite à dix (expulsion de Nivet à la 19e). Quand Kombouaré lui a demandé de sortir (73e), Ménez a fait la gueule. « Je préfère qu'il fasse la gueule plutôt qu'il se blesse », dit le coach. Le joueur revient au terrain : « D'une manière générale, tout reste à améliorer dans notre jeu. »
Celui de Montpellier va plutôt bien. La victoire sur Nancy (2-0) est tranquille. Un peu plus que celle de l'OL (2-0) sur son meilleur ennemi, Saint-Étienne, acquise dans les 10 dernières minutes, alors que les Lyonnais jouaient à dix depuis l'expulsion de Dabo (52e). « L'expulsion nous a soudés, galvanisés, explique Garde. Je suis très fier de mes joueurs. »
Ce n'est pas le cas de Garcia après le pauvre match nul de sa troupe à Valenciennes (0-0) : « C'est notre pire prestation de la saison, dit-il. On a presque tout fait à l'envers. »
Les Lillois ne font pas beaucoup mieux à l'occasion de la 13e journée en concédant le nul à domicile contre Évian (1-1). Le 13 ne porte d'ailleurs pas bonheur aux premiers. Le PSG est tenu en échec à Bordeaux (1-1). Pastore récolte un 3 dans *L'Équipe*. Lyon s'incline à Sochaux (2-1). Cissokho, qui a marqué contre son camp et concédé un penalty, a droit lui aussi à son 3.
Et si le match nul de Montpellier à Saint-Étienne (1-1) est honorable, il est gâché par l'affaire Hilton. Pour cause de licence périmée et sous la menace d'un dépôt de réserve stéphanois, le défenseur brésilien a été renvoyé en tribunes au moment d'entrer sur le terrain et remplacé par Stambouli. Ce qui provoquera une réaction pleine de nuances de Louis Nicollin : « Saint-Étienne, c'est un ramassis de bons à rien. Ce sont des enfoirés. »
La bonne affaire du jour est finalement pour l'OM vainqueur de Nice (2-0), ce qui provoque le remplacement de l'entraîneur niçois Éric Roy par son adjoint René Marsiglia. Et Kombouaré peut se dire que ce destin-là le guette quand il apprend que Leonardo a rencontré Carlo Ancelotti, en rupture de club après son départ de Chelsea la saison précédente.
Marsiglia sera bizuté dès la journée suivante, quand ses joueurs finiront à huit, après trois expulsions, et vaincus (0-2), leur match à domicile contre Saint-Étienne. Et Kombouaré, sans doute plus déstabilisé qu'il ne le dit, trinquera avec une nouvelle défaite à domicile contre Nancy le relégable (0-1), qui sera suivie de cette déclaration de Leonardo : « Kombouaré bénéficie de ma totale confiance. » À manier avec des pincettes.
Comme Montpellier a battu l'OM (1-0, but de Diawara contre son camp), il rejoint Paris à la première place. « Ce n'est pas notre meilleur match, concède Girard, mais on a été solides. Que demander de plus ? On voulait finir dans les dix premiers. Si on peut faire mieux, on fera mieux. »
Lyon s'étant incliné chez lui contre Rennes (1-2)

et Lille ayant été tenu en échec à Toulouse (0-0), Montpellier est plus qu'un solide co-leader. Lille et Rennes sont à 5 points. L'OL à 7.

INQUIET COMME BOURGOIN

Et l'OM à 12, au moment où il accueille le PSG pour la première manche du célèbre « clasico » précédée par un très violent accrochage verbal entre Deschamps et Gignac. Contre son grand rival, Marseille renaît (3-0, buts de Rémy, Amalfitano et A. Ayew). « Kombouaré reste l'entraîneur », clame Leonardo. Un entraîneur qui a « les boules ». « On n'a pas existé dans les duels », se lamente-t-il.
Montpellier ne connaît pas ce genre de faiblesse. À Sochaux, il s'impose (3-1) grâce à deux buts de Giroud inscrits dans les tout derniers instants du match (87e et 89e). Montpellier devient solide leader et Girard est acide : « Chez nous, on ne parle que de foot alors qu'il se passe visiblement des choses plus intéressantes à Paris et à Marseille pour faire la une des journaux. Plus ça va, plus je crois qu'on a la qualité pour en embêter quelques-uns. »
Le président d'Auxerre, Gérard Bourgoin, qui avait promis la lune à son arrivée, aimerait tenir le même genre de discours. Mais après la défaite à domicile contre l'OL (1-3, deux buts de Lisandro de retour après deux mois et demi d'absence), il s'interroge : « Il faut toujours viser l'Europe mais si on ne prend pas au moins 4 points dans les deux prochaines journées, il faudra se poser des questions. » L'Europe ! On croit rêver.
Montpellier, en tout cas, ne rêve pas. Il explose Lorient (4-0) devant seulement 12 800 supporters, ce qui constitue la seule déception de la soirée. « Je suis vraiment bluffé. On a un nouveau statut », reconnaît Girard.
Ni statut ni statue pour Auxerre qui s'incline au Parc des Princes (3-2). Bourgoin a déjà sa réponse. Elle est négative. Tout comme la vision à court terme de Kombouaré qui trouve que ses joueurs « apprennent et grandissent », mais ajoute : « Aujourd'hui, on est là. Demain, on est ailleurs. C'est la vie. »
En attendant, Paris ne mollit pas, même s'il se contente d'un unique but de Gameiro (20e) pour s'imposer à Sochaux (1-0). Mais que d'occasions ratées pour les « fantastiques » de la capitale face à une défense centrale biberon Poujol-Zouma (un match de L1 à eux deux au coup d'envoi).
Valenciennes est également très amoindri à Montpellier qui doit pourtant ramer pour s'imposer (1-0). « On a manqué de tout, regrette Girard. J'attendais un relâchement, mais pas au niveau de l'état d'esprit. »
À l'approche des fêtes, les gros bras sont dans l'allure. Lyon gagne à Lorient (1-0). Le jeune Lacazette, buteur du jour, est direct : « Personnellement, je vise le

À gauche. Joe Cole, le néo-Lillois, accélère sous les yeux du Lyonnais Gonalons. Au milieu. Ménez : Parisien sous tension. À droite. Réveillère (Lyon) suivi par Haddad (Auxerre) : un ancien et un revenant.

LA GUERRE DESCHAMPS-ANIGO

Au bout de dix journées, l'OM est quinzième à 14 points du leader parisien. À la veille de recevoir Ajaccio, Didier Deschamps laisse sous-entendre que le directeur sportif José Anigo lui met des bâtons dans les roues. Après la victoire (2-0), Anigo dégaine : « Non, ce n'est pas vrai. Ça me casse les couilles. Il y a un président, un actionnaire, les choses sont claires. Je ne suis pas impliqué dans la vie du terrain. Je ne fais pas les compositions d'équipe, je ne joue pas. Ça suffit de toujours se prendre pour Calimero. Dans la situation de notre équipe, déclarer des choses pareilles c'est de l'irresponsabilité, de la connerie. » Une sanction financière viendra frapper Anigo pour ses propos mais la réconciliation avec Deschamps n'aura jamais lieu.

L'AFFAIRE CHAFNI

Le match Brest-Auxerre (1-0) comptant pour la 18e journée est marqué par un énorme incident. Affirmant avoir entendu l'arbitre assistant Johann Perruaux lui avoir dit «casse-toi l'arabe», l'Auxerrois Kamel Chafni fond sur l'arbitre qu'il invective. M. Chapron l'exclut pour conduite injurieuse. «Si la Ligue ne me croit pas, je n'ai plus rien à faire dans le foot français. J'ai des témoins, j'irai au bout de cette histoire», hurle Chafni après coup, tandis M. Perruaux, soutenu par M. Chapron, nie tout en bloc, menaçant même d'un procès en diffamation celui qui envisage de le poursuivre en justice. Au bout du compte, les témoins de Chafni s'étant évanouis, les deux hommes trouveront un accord et Chafni sera suspendu quatre matches. Ainsi va le football français.

En haut. Ancelotti: un Italien à Paris. En bas. PSG-Montpellier: Yanga-Mbiwa et Jourdren contiennent l'assaut de Maxwell.

titre.» Et après la victoire sur Dijon (2-0) le défenseur lillois Debuchy déclare: «L'objectif est de rejouer la C1 dans le nouveau stade.» Lille vient d'enchaîner son quinzième match de L1 sans défaite, un record historique pour le club qui survit à une visite au Parc des Princes où le champion en titre et le grand favori à sa succession rendent une bien pâle copie (0-0). Elle laisse les entraîneurs dubitatifs. Kombouaré évoque «un sentiment un peu mitigé, un manque d'efficacité, un bon match défensivement». Garcia apprécie «un bon résultat», mais ajoute: «C'était un match fermé, c'est vrai.»

Comme Montpellier ne parvient pas à se défaire de Toulouse à domicile (1-1), les leaders continuent à avancer main dans la main. «Pour qu'un match soit ouvert, il faut être deux», râle Girard qui n'a pas trop apprécié la tactique toulousaine.

BYE-BYE KOMBOUARÉ

Christian Gourcuff, lui, a peu goûté l'arbitrage du match OM-Lorient (2-1, but de Cheyrou à la 90e+5 au bout d'un coup franc bien peu évident): «Ça un match? interroge-t-il. C'était plutôt un vol. On repart avec beaucoup d'amertume.»

En matière d'amertume, c'est Kombouaré qui va décrocher le pompon. La victoire du PSG à Saint-Étienne (1-0, but de Ruffier c.s.c.), conjuguée au gros dérapage de Montpellier à Évian (4-2, «un naufrage collectif» selon Girard), propulse Paris seul en tête du classement à la fin des matches aller et d'autant plus largement que Lille a été tenu en échec chez lui par Nice (4-4) tandis que l'OL s'inclinait à Valenciennes (1-0).

«Il a fallu un grand PSG, combatif, bagarreur. On peut partir en vacances la tête haute, avec la satisfaction du devoir accompli», se réjouit le Kanak, sans ignorer toutefois que son sort ne tient qu'à un fil. Un fil tellement fragile que le lendemain le club le rompt. Ancien coach de la Juventus, de Milan et de Chelsea, deux victoires en Ligue des champions au compteur, Carlo Ancelotti débarque dans la capitale. Les vacances de Kombouaré vont durer plus longtemps que prévu. La décision émeut et choque le football français qui le fait savoir. «Scandaleux et ridicule», estime Joël Muller, président du syndicat des entraîneurs.

C'est donc avec un nouveau «mister» et un nouveau défenseur, l'ex-Barcelonais Maxwell, que le PSG reprend sa route vers un titre couru d'avance par un succès à domicile contre Toulouse (3-1). «Je suis content. J'étais excité. Tous les joueurs ont bien travaillé.» Tout est dit pour Ancelotti.

«Les meilleurs ont gagné. Match plein. Superbe entame. C'est pour les années où on méritait la victoire et où on ne l'a pas décrochée.» Tout est dit, contradictions comprises pour Girard, après la victoire (1-0, but de Giroud) de Montpellier sur un Lyon privé de toute sa ligne défensive (absences de Réveillère, Cris, Lovren et Cissokho).

Mêmes causes, mêmes effets. Lille débarque à Marseille sans Debuchy, Basa et Béria et s'incline (2-0, doublé de Rémy). Deschamps est enfin heureux: «Il y a beaucoup de simplicité dans ce qu'on accomplit. La route est longue et le PSG est idéalement placé. 9 points, c'est beaucoup.» L'OM, qui revient au galop, n'est plus qu'à 2 points de Lille le troisième.

Tandis que Kombouaré brise le silence dans *L'Équipe* («Même si j'ai les boules je dis bon OK, parce que c'est Ancelotti. Ma seule frustration, c'est de me dire que j'aurais pu devenir champion de France car Paris sera champion»), le PSG recrute le défenseur de Chelsea Alex, en attendant l'Italo-Brésilien de l'Inter Milan Thiago Motta (acheté 10 millions), et accélère. Il est le premier à s'imposer à Brest (1-0, but de Bisevac) depuis le début de la saison.

Mais Montpellier possède ce qu'il est encore un peu tôt pour appeler la chance du champion. À Nice, il s'impose (1-0) sur un but de Giroud inscrit à la 90e minute. «On aurait pu marquer avant, dit Gérard, et vu mon vieil âge, ça m'aurait soulagé un peu.»

À l'opposé, Auxerre n'en finit plus de plonger. Après une défaite à domicile contre Nancy (1-3), il est dans le trio maudit (18e). Une centaine de supporters secoue violemment le plexiglas qui protège le banc de touche, puis couvre les joueurs d'injures à leur sortie du vestiaire.

C'est plus calme à Lille qui écarte Saint-Étienne (3-0, deux buts de Nolan Roux tout juste arrivé de Brest après le départ surprise de Sow, meilleur buteur en titre, à Fenerbahce). «C'est peut-être le plus beau match de notre saison», se réjouit Garcia.

Quant à l'OM, s'il s'impose à Rennes (2-1, huitième victoire d'affilée toutes compétitions confondues) et reste dans la course à la C1, il perd son milieu de terrain argentin Lucho qui file à Porto avant le choc «olympique» contre l'OL soldé par un match nul (2-2, ahurissant c.s.c. de Diawara sur l'égalisation lyonnaise). «On reste dans une spirale positive», constate Deschamps. «Il y avait mieux à faire», soupire le président lyonnais Jean-Michel Aulas.

LYON OUBLIE LE TITRE

Pas question du coup pour l'OL et l'OM de revenir sur les deux premiers qui foncent à corps perdu. Paris bat Évian (3-1) après avoir été mené 1-0 et disputé un match moyen. «Nous devons améliorer notre jeu», constate Ancelotti. Et Montpellier bat Brest (1-0) avec

GONALONS : « ON NE PARLE PLUS DU TITRE. C'EST LE PODIUM QUI EST PRIMORDIAL ET ÇA VA ÊTRE COMPLIQUÉ. »

la chance en bandoulière. Sur le but, le tir de Cabella est involontairement détourné par le dos de Dernis au grand dam du gardien Elana. « Nous n'avons jamais été mis en danger. Ce match nous permet d'acquérir de la maturité », explique Girard.

Et d'accumuler les points, à l'instar du succès sur Ajaccio (3-0) qui permet aux Héraultais de revenir à un point du PSG tenu en échec à Nice (0-0). Seul bémol à la Mosson, le penalty du premier but inscrit par Belhanda et que Giroud aurait bien aimé tirer. « Il m'a dit que je n'avais pas besoin de ça pour devenir meilleur buteur et j'ai eu un petit geste d'énervement. Puisse-t-il avoir raison », racontera l'avant-centre. À Montpellier, on n'a pas fini de parler des penalties.

Mais lors de cette 23e journée, les surprises sont ailleurs. À Lyon, qui s'incline à domicile contre Caen (2-1) et encore plus à Lille qui craque complètement chez lui contre Bordeaux (4-5) dans ce qui sera le match le plus prolifique de la saison. Le milieu lyonnais Gonalons ne se voile pas la face : « On ne parle plus du titre. C'est le podium qui est primordial et ça va être compliqué. » Et Garcia philosophe : « Le titre n'a jamais été un objectif. On veut être dans les trois premiers et on reste troisième. » Certes, Lille a un match en retard, mais il est désormais à 11 points de Paris et à 10 de Montpellier qui vont maintenant s'affronter au Parc des Princes.

« On y va pour réaliser un truc », clame Girard. On joue depuis 88 minutes quand Hoarau égalise (2-2). Belhanda a illuminé un match dont Pastore n'a disputé que le dernier quart d'heure. Ancelotti parle d'un « match équilibré » et d'un « résultat juste ». « S'il y a une équipe qui est frustrée, c'est la nôtre, grogne Girard. Cela fortifie ce que nous avons réussi depuis le début de saison. » « Si le PSG continue à jouer comme ça, il va abandonner des points », pronostique Belhanda. Mais Loulou Nicollin ne s'enflamme pas : « Le titre ? Je ne crois pas au Père Noël. »

Amalfitano
et Congré:
deux semelles
et un ballon.

Garde non plus n'y croit plus du tout après une triste défaite de Lyon à Bordeaux (1-0) : « J'ose espérer que ce n'est pas un manque d'envie même si ça ressemblait à ça », déplore-t-il. Avec un match en moins, l'OM (cinquième) a désormais rejoint l'OL (sixième) derrière Saint-Étienne qui bat Lorient en match en retard (4-2, triplé d'Aubameyang) et avance par à-coups.
C'est à cet instant de la saison que *L'Équipe* effectue un nouveau sondage auprès des acteurs de la L1. Le résultat ? 60 % voient PSG champion, 24 % optent pour Montpellier.
Sans doute émoustillée par la perspective, la bande à Girard déloge Paris de son trône au bout d'une victoire sur Bordeaux (1-0, but de Utaka, 81e) couplée au match nul du PSG à Lyon (4-4) dans ce qui restera le match de l'année.
L'OM battu à Brest (1-0) dans un affrontement qui marque le début d'une chute abyssale, Lille tenu en échec à Rennes (1-1), plus que jamais on se dirige vers un bras de fer entre les hommes de Girard et ceux d'Ancelotti qui reprennent très vite la main.

OL-PSG MATCH DE L'ANNEE

On joue la 25e journée et Paris débarque en leader à Gerland. « Hoarau est motivé et en confiance », a prévenu Ancelotti. C'est lui qui offre le score (21e, 1-0) et manque une balle de 2-0 avant une terrible réaction lyonnaise ponctuée de trois buts de Gomis (34e, 1-1), Lisandro (36e, 2-1) et Bastos (40e, 3-1). Nene réduit le score avant le repos (45e+3 s.pen, 3-2) mais Briand recrée l'écart (57e, 4-2). Paris s'accroche, domine, réduit le score par Ceara (73e, 4-3) et finit par égaliser au bout du temps additionnel grâce à un coup de tête d'Hoarau (90e+4, 4-4). La joie parisienne n'aurait pas été plus forte si le club avait remporté la Ligue des champions. La colère lyonnaise est énorme. Le président Aulas et Rémi Garde s'indignent contre l'arbitre, accusé d'avoir sans cesse défavorisé l'OL et prolongé le match au-delà du raisonnable. Ancelotti est soulagé : « On a montré du caractère et de la personnalité. La deuxième place n'est pas un problème aujourd'hui. Ça le serait en fin de saison. »

L'OM RAYÉ DE LA CARTE

Pendant que le PSG pulvérise Ajaccio (4-1, buts de Pastore, Ménez, Nene, Hoarau), Montpellier est freiné à Dijon (1-1). C'est une nouvelle fois en bout de match (88e) que le jeune Jonathan Tinham (22 ans), un parfait inconnu, égalise pour les Héraultais, son premier but en L1.
Des buts, l'OM n'en marque plus. Battu chez lui par Toulouse (0-1), il perd ensuite son match en retard à Évian (2-0). Le voilà huitième, à 1 point seulement de Lyon qui ne va pas beaucoup mieux mais à 8 de Lille (troisième), 15 de Montpellier (deuxième) et 16 de Paris (premier). « On est à l'arrêt dans tous les sens du terme », déplore le président Vincent Labrune qui ajoute sans conviction : « Rien n'est perdu. »
Sauf l'honneur bien sûr après une nouvelle défaite à Ajaccio (1-0). L'OM est quasi rayé de la carte de la L1 au moment où l'OL, de retour d'une catastrophe européenne à Chypre, se relance en battant Lille (2-1). Garde confesse « un petit peu de soulagement ».
Ce résultat distord encore un peu plus le haut du tableau, puisque Montpellier écarte Caen (3-0) sans avoir à forcer – Girard parle d'un « match important pour mettre la pression sur Paris » – tandis que le PSG s'impose miraculeusement à Dijon. Réduit à dix après l'expulsion de Sissoko (41e), il ouvre le score par Tiéné (49e), concède l'égalisation à Paulle (76e), préserve le match nul on ne sait trop comment et finit par s'imposer, au bout d'un long contre de Ménez qui traverse tout le terrain avant d'offrir l'inespéré but du succès à Gameiro (90e+1). « Ce but est un moment fort, racontera le passeur. Ce genre de moment pour lequel on joue au foot. »
Lille est maintenant à 11 points de Paris et à 10 de Montpellier. Il reste onze journées et c'est comme si un nouveau championnat commençait. On ne l'imagine pas encore car la chance du champion semble bel et bien avoir changé de camp. C'est encore dans le temps additionnel (90e+1) que Jallet égalise pour le PSG à Caen d'une superbe reprise de volée. « Je ne savais même pas où se situait le but adverse », avouera-t-il. Autre aveu, signé Bisevac : « On a été mauvais. Je ne sais même pas si on méritait 1 point. »
Comment pourtant Paris ne croirait-il pas en son étoile alors que Montpellier en parallèle s'incline à Nancy (1-0) ? Hilton et Stambouli ont été expulsés, ce qui permet à Girard, légèrement agacé par l'arbitrage, d'affirmer : « À 12 contre 9, les Nancéiens ont été meilleurs que nous. »

L'OM, quant à lui, ne voit plus d'étoiles depuis longtemps mais plutôt trente-six chandelles. Il s'incline au Stade Vélodrome contre Dijon (1-2), ce qui déclenche une grosse colère du président Labrune. Deschamps choisit de faire l'autruche : « Je n'ai pas vu une équipe émoussée qui a manqué de détermination. » Il ne devait pas être au stade.

Plus que dix journées et Paris bafouille son football. Il se contente d'un résultat nul à domicile contre Bordeaux (1-1, égalisation de Hoarau à la 81e). « Je ne suis pas content, nous devons jouer plus en confiance avec un jeu plus simple. » La phrase sort de la bouche d'Ancelotti qui dit enfin ce que tout le monde pense. Le jeu parisien n'est pas à la hauteur.

Celui de Montpellier tient la route et le balancier qui écrit l'histoire penche de nouveau de son côté quand Giroud inscrit l'unique but de la victoire sur Saint-Étienne (1-0) à la 89e minute. Girard ne cache pas ses émotions : « Je ne sais pas si je deviendrai vieux. »

LE CHEF-D'ŒUVRE DE BELHANDA

Lille non plus ne lambine pas. Hazard est redevenu un joueur hors classe. À Évian (0-3), il marque et offre une passe décisive : « On est accrochés à cette troisième place et on espère bien la garder jusqu'au bout », dit-il. Le LOSC possède 3 points d'avance sur Toulouse et 4 sur l'OL.

À l'autre bout du classement, Auxerre est désormais dernier. L'entraîneur Laurent Fournier est viré. Jean-Guy Wallemme le remplace. Pour son baptême du feu, il s'incline à Toulouse (1-0) au bout d'une rencontre insipide. « Est-ce qu'ils ne peuvent pas ou est-ce qu'ils ne veulent pas ? » s'interroge-t-il en parlant de ses joueurs. « Ils vont devoir très vite montrer un autre visage. » « La catastrophe sportive » évoquée par le président Bourgoin est en marche.

La défaite du PSG à Nancy (2-1), avec Sakho et un Nene boudeur relégués sur le banc, n'est pas une catastrophe. Mais elle fait désordre. Mollo a inscrit le but vainqueur dans le « money time » cher aux basketteurs (89e) après que Paris se fut créé une foultitude d'occasions de rafler la mise. Ancelotti parle « d'un match difficile qui n'a rien à voir avec celui contre Bordeaux. En seconde mi-temps, nous avons eu le ballon tout le temps ».

Montpellier n'a jamais eu le ballon car son match à Marseille est reporté dans l'intérêt supérieur du foot français : les Marseillais doivent se reposer avant d'aller à Munich affronter le Bayern en quarts de finale de la C1 pour une rencontre jouée d'avance après la leçon du match aller (0-2). Vainqueur de Toulouse (2-1), Lille en profite pour revenir à 4 points des leaders. « Moi j'y pense au titre, dit Hazard, même si dans le foot ça va très vite. »

Pas assez sans doute pour Auxerre qui écarte Valenciennes (2-0) après douze matches sans victoire. D'où

Grand sourire et pouce levé : pour Giroud, tous les feux sont au vert.

AUXERRE EST DÉSORMAIS DERNIER. L'ENTRAÎNEUR LAURENT FOURNIER EST VIRÉ. JEAN-GUY WALLEMME LE REMPLACE.

Hazard dépose Ahamada et Lille file vers le podium.

cette statistique du président Bourgoin : « On était à 18 % de chances de maintien. On passe à 22 %. »
En Ligue 1, l'OM ne calcule plus rien depuis longtemps. Il débarque à Paris au retour de Munich et d'une leçon bis à l'issue de laquelle Mbia et Morel se sont embrouillés. Une nouvelle défaite est inéluctable au terme d'un bien pauvre match (2-1). « La défaite est injuste. Paris a marqué ses deux buts sur ses deux frappes cadrées », râle Deschamps qui n'a pas tort. « Quand nous avons eu la possibilité de jouer nous l'avons fait », analyse Ancelotti.
Tandis que Lille dérape à Brest (3-1) où le défenseur Omar Daf, 35 ans, inscrit le premier but de sa carrière en Ligue 1, Montpellier s'impose sur le même score que Paris (2-1) face à Sochaux, mais en montrant un tout autre visage. Auteur du premier but, Belhanda laisse parler son cœur : « Bien sûr qu'on croit au titre. Il faudrait être fou pour ne pas y croire. »
D'autant plus que Montpellier va jouer son match en retard à Marseille trois jours avant une finale de la Coupe de la Ligue sur laquelle l'OM compte pour sauver sa saison. Comme si cela ne suffisait pas, un groupe de supporters marseillais appelle ses joueurs à laisser gagner Montpellier par pur anti-parisianisme. Dans cette ambiance délétère, Belhanda ouvre le score sur un penalty (7e) né d'une ahurissante faute de main du défenseur Traoré, qui n'aurait pas fait mieux s'il avait voulu faire exprès d'ouvrir la voie aux Héraultais. Une reprise de volée écrasée mais victorieuse de Giroud (49e) et surtout un chef-d'œuvre de Belhanda (78e, ciseau du droit sous la barre après un contrôle de la poitrine) bouclent l'affaire (3-1). « On a fait de notre mieux », déclare Deschamps. C'est peut-être vrai. « On croit tous dur comme fer au titre. On ne peut plus se cacher », dit Giroud.

« JE SUIS ÉNERVÉ CONTRE LES JOUEURS. NOUS AVONS JOUÉ FACILE, TRÈS FACILE, TROP FACILE. »

QUAND ANCELOTTI S'ÉNERVE

C'est évidemment le moment que le leader choisit pour se répandre à Lorient (2-1). « On s'est cru un peu trop beaux, un peu trop intouchables », regrette Giroud. Mais il s'agit là d'un moindre mal car le PSG, qui semble ne pas vouloir du titre, est tenu en échec à Auxerre (1-1) où Le Tallec profite d'une bévue de Sirigu pour égaliser en fin de match (86e), issue invraisemblable d'une rencontre que les Parisiens auraient dû remporter dans les grandes largeurs. « Je suis énervé contre les joueurs. Nous avons joué facile, très facile, trop facile. » Pour la première fois, le « mister » s'en prend à sa troupe qui le mérite bien.

À gauche. Bien stable sur son pied d'appui et les yeux rivés sur le ballon, le Montpelliérain Camara arme sa reprise. Au milieu. Nene, la rage de vaincre. À droite. Corentin Martins, intronisé entraîneur brestois.

Et si Lille revient un peu dans la course en punissant Ajaccio (4-1), l'ambiance est ternie par l'affaire Chedjou-Cavalli. L'Ajaccien accuse le Lillois de l'avoir traité de « sale Corse ». Le Lillois affirme lui avoir « simplement » balancé « sale con ». Vive la L1 !

Guère plus sympathique est la suite avec une victoire du LOSC à Dijon (2-0) ponctuée de trois expulsions, le Lillois Gueye (36e) et les Bourguignons Meïté (46e) et Kumordzi (77e). Montpellier de son côté sent monter la pression. S'il bat Valenciennes (1-0, but de Camara, 5e), ce n'est pas dans la facilité. « Il y a moins d'insouciance, reconnaît le gardien Jourdren. On calcule davantage, on fait plus attention. »

Ce n'est pas le cas du PSG qui flambe chez lui contre Sochaux (6-1). Pour la cinquième fois seulement dans l'histoire du club, Paris inscrit au moins six buts dans un match de L1. « Les joueurs ont appris de leur dernier match, de leur suffisance. On a joué comme une équipe. Il faudra reproduire la même chose à Lille », explique Ancelotti.

Dans le Nord, c'est quasiment le titre qui se joue pour les Parisiens qui savent au coup d'envoi que Montpellier s'est imposé à Toulouse (1-0, but de Belhanda, 3e). Après avoir laissé passé l'orage en première période, le PSG ouvre la marque par Pastore (48e) et rate une énorme balle de break par Gameiro. Paris contrôle la situation quand Sakho, entré à la place de Bisevac blessé (44e), concède un penalty stupide, le carton rouge qui va avec et l'égalisation de Hazard (71e). Un centre génial du jeune Belge – un coup du foulard – pour la tête de De Melo qui sert Roux pour un second but à bout portant, offre la victoire aux Lillois (2-1).

« Hazard est notre monsieur plus, explique Garcia. Il a été à la hauteur du meilleur joueur de la L1 qu'il est. Le titre n'est pas définitivement joué. »

« Nous avons perdu un match important à un moment où nous en avions totalement le contrôle, dit de son côté Ancelotti. Lille est à 2 points et il nous faut impérativement nous qualifier directement pour la C1. » Tout indique que le « mister » ne se sent pas très bien. Au contraire de Girard qui jubile sans trop le montrer : « Il vaut mieux avoir 5 points d'avance que de retard mais ça ne nous permet pas d'avoir les mains en haut du guidon. »

Tout cela fait presque oublier que le président de Brest, Michel Guyot, vire son entraîneur Alex Dupont à cinq journées de la fin. Il le remplace par le directeur sportif Corentin Martins qui débute par une déroute à Auxerre (4-0). La suite sera plus joyeuse.

GIROUD AU BOUT DU TEMPS

C'est donc un boulevard qui s'ouvre devant Montpellier. Tellement large qu'il se laisse dominer par ses émotions lors du match suivant contre Évian (2-2). Comme Lille s'impose à Nice (1-0, but de De Melo)

«HAZARD EST NOTRE MONSIEUR PLUS, EXPLIQUE GARCIA. IL A ÉTÉ À LA HAUTEUR DU MEILLEUR JOUEUR DE LA L1 QU'IL EST.»

pendant que Paris bat Saint-Étienne (2-0), des ambitions renaissent. «Paris a la pression et on n'a rien à envier à Montpellier», dit Hazard. «Le championnat se jouera à la dernière journée. Le foot est bizarre», constate Ancelotti.

À côté de ce final haletant, le succès de l'OM sur Nancy (1-0, but de Rémy), le premier après treize matches de L1 sans victoire, et la «double double» expulsion qui frappe Sochaux (Roudet et Maïga à la 34e journée contre Bordeaux, 0-3; Sauget et Mikari lors de la 35e journée à Ajaccio, 1-2) passent pour d'aimables péripéties.

Le déplacement de Montpellier à Rennes, qui lorgne sur la Ligue Europa, n'en est pas une. Le piège est béant. Le leader l'évite (2-0, buts de Camara et de Costil c.s.c.). C'était la première fois de la saison que le président Nicollin effectuait un déplacement. Et il ne croit toujours pas à Noël au printemps: «L'essentiel, c'est qu'on finisse deuxièmes pour éviter ce barrage à la mords-moi-le-nœud en août», lance-t-il.

Paris est toujours en embuscade. Il rate totalement son entame à Valenciennes à l'heure où François Hollande prononce son premier discours de président (0-2 après 11 minutes) mais repart victorieux (4-3) après quelques actions de haute volée. «On a fini avec la peur au ventre, raconte Jallet. Il ne fallait pas lâcher. On fait notre petit bonhomme de chemin.»

Lille aussi fait le sien en s'imposant contre Caen (3-2). Ce qui lui donne le droit de croire en son destin puisqu'il va maintenant aller défier Montpellier pour un ultime sommet de la saison sur lequel...le PSG compte beaucoup. «On a les moyens de gagner là-bas, affirme Garcia, et tout sera possible sur la dernière journée.» À deux journées de la fin, Lille est à 2 points de Paris et 5 de Montpellier.

Pour une fois, on joue à guichets fermés à Montpellier et Girard décrète le huis clos pour les entraînements. L'avant-match est une suite de petites provocations. «On ne méritait pas de perdre à l'aller. On va leur rendre la monnaie de leur pièce», dit Mavuba. «Montpellier est moins fringant, moins décisif, moins en réussite», ose Garcia. «Ce n'est pas de la prétention, mais on est sûrs de nous. On ne va nulle part avec la trouille», répond Bédimo.

Comme trop souvent en Ligue 1, la montagne accouche d'une souris. Le match est fermé, émaillé de très peu d'occasions. Saihi en rate une énorme en première période pour Montpellier et Jourdren n'a qu'un seul arrêt difficile à effectuer en seconde période sur un coup franc de Hazard. Nous sommes dans le temps additionnel. Lille pousse, Lille joue son va-tout. Un match nul le condamne. Et c'est dans un désert que Hilton lance Giroud qui traverse la moitié

BELHANDA TOMBE DANS LE PIÈGE

Montpellier a 5 points d'avance sur Paris lorsqu'il accueille l'Évian-Thonon-Gaillard pour le compte de la 35e journée. Il est tout heureux d'égaliser par Giroud servi par Camara en position de hors-jeu non signalé (2-2, 84e). Dans le temps additionnel, les visiteurs se voient refuser un but pour un hors-jeu, qui cette fois-ci n'existait pas (90e+2). Deux minutes plus tard, Cabella obtient un penalty. Mais là où l'on attend Belhanda ou Giroud, on voit Camara s'emparer du ballon. Une altercation éclate alors entre Belhanda et Mongongu qui se font expulser. Après une longue attente, Camara rate le penalty (90e+8). Le lendemain, Belhanda craque. Il reproche à Giroud de ne pas avoir pris ses responsabilités. «Camara se charge du penalty alors qu'il n'en tire jamais, dit-il. Je n'allais pas lui prendre le ballon des mains. C'est de leur faute.» Il s'excusera pour ces propos blessants mais sera suspendu trois matches. Sa saison est terminée.

10

10
23

Fly
Emirates
Armor-lux
la trinitaine
28
LORIENT

du terrain avant de servir Aït-Fana qui marque à bout portant (90e+4). Le dénouement est aussi inattendu qu'extraordinaire. Le président Nicollin triple la prime. Montpellier devient la première équipe de L1 à amasser 50 points à domicile depuis l'instauration de la victoire à 3 points en 1994-1995, et surtout, Montpellier fonce sur le titre.

MASCARADE À AUXERRE

Certes, le PSG a battu Rennes (3-0, un triplé de Nene). Mais Auxerre défait à Marseille (3-0) a déjà composté son ticket pour la Ligue 2, sa première relégation depuis trente et un ans («Je suis anéanti», a juste la force de lâcher Gérard Bourgoin) et c'est en Bourgogne que les Montpelliérains vont se rendre pour la dernière journée, avec 3 points d'avance sur Paris.
L'incroyable dénouement de la Mosson génère des réactions forcément contrastées. «Même en rêve chez toi, ça n'existe pas des scénarios pareils», dit Jourdren. «La dernière fois que j'ai pleuré à la fin d'un match, c'est quand je suis parti de Bordeaux en 1987», confesse Girard qui ajoute: «Pour le titre ce n'est pas fini, mais c'est déjà énorme d'être qualifié pour la C1.» À Paris, Ancelotti essaie de faire bonne figure: «Nous devons être contents. L'équipe a une bonne identité. La saison prochaine sera encore plus excitante.» «Les gros moyens ne font pas tout», soupire le défenseur parisien Camara.
Reste à porter l'estocade. Jourdren prend toutes les précautions d'usage: «Tout le monde nous voit champions mais on sait bien que le foot n'est pas aussi simple.» Girard l'imite: «On nous dit que c'est presque fait mais il n'y a rien de fait.»
Comment leur donner tort quand Kapo ouvre le score pour l'AJA (20e). Quelques minutes plus tard, le Lorientais Monnet-Paquet soulage les Montpelliérains en marquant contre le PSG (28e) juste avant qu'Utaka n'égalise pour le leader (32e).
La suite relève de la mascarade. Quand les Parisiens sortent victorieux de la pelouse bretonne (2-1, buts de Pastore et Motta), il reste près d'une demi-heure à jouer à Auxerre où les divers jets d'objets et de fumigènes de la part de supporters mécontents ont obligé

En haut à gauche. Eden Hazard, l'adieu au LOSC. En haut à droite. Fin de match et de championnat houleuse durant Auxerre-Montpellier. En bas à gauche. Épilogue tendu à Lorient entre Motta et Mulumba. En bas à droite. Malgré le but concédé par Carrasso, Bordeaux arrache l'UEFA.

LE PRÉSIDENT NICOLLIN SEMBLE MANQUER TOTALEMENT D'AIR. L'APOPLEXIE LE GUETTE MAIS IL VA TENIR LE COUP.

M. Enjimi à stopper deux fois la rencontre pour un total de 41 minutes, ce qui a mis Girard en rage. «Le foot, ce n'est pas ça. On jouait quand même le titre», dira-t-il. C'est donc à la télé que les joueurs du PSG voient Utaka réussir le premier doublé de sa carrière en L1 (76e) et offrir la victoire aux siens (2-1).
Dix fois, le président Nicollin semble manquer totalement d'air. L'apoplexie le guette mais il va tenir le coup et pourra le lendemain tenir sa promesse en forme de chevelure transformée en crête orange.
Girard jubile: «C'est peut-être le plus grand moment de ma carrière parce qu'on va peut-être gagner la Ligue des champions un jour. Alors, je me réserve...» Le coach a l'ironie facile: «L'argent ne fait pas le bonheur», ajoute-t-il pendant que ses joueurs font la fête sur la pelouse face à leurs supporters. «On est là pour cinq ans, la mayonnaise va prendre», jubile Nicollin qui n'est pas à un excès près. Le Parisien Bisevac lui répond à distance: «Nous sommes le futur», soutenu par son coach qui affirme: «À partir de maintenant une nouvelle histoire s'ouvre pour notre club.»

HAZARD SE FAIT REGRETTER

Tandis que Lille fête dignement Eden Hazard qui s'en va sur un triplé contre Nancy (4-1), que l'on pleure à Dijon étrillé à Rennes (5-0 et un match terminé à huit joueurs, deux expulsions et une blessure tardive), que l'on se désole à Caen battu à Valenciennes (3-1), que l'on rit à Bordeaux victorieux à Saint-Étienne (3-2) et qui arrache sa place en Ligue Europa au prix d'un formidable parcours retour conclu par six victoires de rang, Paris prépare déjà sa revanche avec des moyens comme le football français de club n'en a jamais connus.

Championnat de France

RENÉ GIRARD ET SES 23 CHAMPIONS

En pleine carrière de joueur, sous le maillot de Nîmes (1972-1980 puis 1988-1991) ou des Girondins de Bordeaux (1980-1988), avec sept sélections à la clé, René Girard avait la réputation, non usurpée, d'être indispensable, rugueux, parfois violent, opiniâtre et râleur. Comment ne serait-il pas devenu un entraîneur de caractère?

Pourtant, la seconde partie de sa vie professionnelle a mis beaucoup plus de temps que prévu à se mettre en place, car en dehors d'un bref passage à Strasbourg en 1998, il attendit 55 ans pour plonger dans le grand bain. C'était à Montpellier qui venait juste de remonter de Ligue 2, en 2009. Et bien après ses débuts à Nîmes (1992-1996) en Ligue 2, puis à Pau (niveau 4 en 1996-1997). Loin sans doute de ses objectifs personnels, il avait alors ouvert un bar-tabac à Vauvert (Gard) sa ville natale, ce qui ressemblait à la fin d'une histoire ratée.

Il y eut donc Strasbourg, qu'il parvint à maintenir parmi l'élite, et puis, après un incompréhensible licenciement en fin de saison, une entrée par la petite porte à la direction technique nationale. C'est son mentor Aimé Jacquet, devenu DTN, qui l'avait récupéré. Il passa là dix années chaotiques, parsemées d'incessants changements de fonction (adjoint du sélectionneur Roger Lemerre, responsable des 19 ans, des 16 ans, puis des espoirs), conclues par une sortie houleuse quand un conflit avec le nouveau DTN Gérard Houllier l'incita à prendre la poudre d'escampette. Oubliant d'anciennes querelles, le bouillant président de Montpellier Louis Nicollin lui tendit alors la main pour ce qui allait être le début d'une incroyable aventure.

Le bilan? Cinquième et européen pour sa première saison, quatorzième l'année suivante mais après avoir longtemps tutoyé le sommet, avant un effondrement fatal, et enfin la conquête suprême pour un groupe qu'il a façonné à son image : engagé, solide, solidaire, spectaculaire et talentueux. Un groupe à 7 millions d'euros en transferts, pourboires compris, quand le PSG avait dépensé 125 millions pour constituer le sien. Ce qui justifiait bien ce jugement du coach en fin de saison : « On ressort sans arrêt les mêmes trucs : "Girard est un mec de tempérament. Il a une équipe qui met des coups…" Mais sans me jeter des fleurs, quand je la vois jouer aujourd'hui, je me régale. » Et tout le monde avec lui.

Pour conquérir le premier titre de l'histoire de Montpellier, René Girard a utilisé 23 joueurs.

GARDIENS

Geoffrey Jourdren, 26 ans, 34 matches.
Laurent Pionnier, 29 ans, 4 matches.

DÉFENSEURS

Henri Bédimo, 27 ans, 36 matches, 1 but.
Vitorino Hilton, 34 ans, 35 matches, 1 but.
Garry Bocaly, 24 ans, 34 matches.
Mapou Yanga-Mbiwa, 23 ans, 34 matches, 1 but.
Benjamin Stambouli, 27 ans, 24 matches.
Cyril Jeunechamp, 36 ans, 12 matches.
Abdelhamid El-Kaoutari, 22 ans, 5 matches.

MILIEUX DE TERRAIN

Marco Estrada, 28 ans, 30 matches, 2 buts.
Jamel Saihi, 25 ans, 30 matches.
Rémy Cabella, 22 ans, 29 matches, 3 buts.
Joris Marveaux, 29 ans, 29 matches, 1 but.
Younes Belhanda, 22 ans, 28 matches, 12 buts.
Geoffrey Dernis, 31 ans, 19 matches, 5 buts.
Romain Pitau, 34 ans, 10 matches.
Karim Aït-Fana, 23 ans, 9 matches, 2 buts.
Jonathan Tinhan, 22 ans, 4 matches, 1 but.

ATTAQUANTS

Olivier Giroud, 25 ans, 36 matches, 21 buts.
John Utaka, 30 ans, 35 matches, 7 buts.
Souleymane Camara, 29 ans, 33 matches, 9 buts.
Bengali Koïta, 21 ans, 4 matches.
Hassan Kabze, 29 ans, 1 match.

À gauche. René Girard, un entraîneur à poigne. À droite. La Paillade en ébullition.

Meilleur buteur

GIROUD ET NENE SUR LEUR 21

Qui est le plus adroit d'Olivier Giroud, 25 ans, qui a tiré 161 fois au but ou de Nene, 31 ans, qui n'a tiré que 101 fois? Le Parisien à l'évidence.

Sauf si l'on rappelle, et il faut bien le faire, que sur ses vingt et un buts, Nene a inscrit neuf penalties, contre deux seulement au Montpelliérain. Au ratio temps de jeu/buts inscrits, avantage cette fois-ci au Parisien qui a marqué un but toutes les 144 minutes contre un toutes les 152 minutes au Montpelliérain. Avantage également au Parisien si l'on prend en compte le fait qu'il n'est pas l'homme de pointe de sa formation, un pur avant-centre, mais plutôt un passeur-dribbleur-organisateur (onze passes décisives pour lui mais neuf tout de même à Giroud). C'est la première fois depuis le début du XXIe siècle que cela se produit. Il faut remonter au siècle dernier pour trouver trace du sacre d'un «non avant-centre». En 1999, le Bordelais Wiltord avait inscrit vingt-deux buts (l'avant-centre des Girondins était Laslandes), et en 1994 le maître à jouer monégasque Djorkaeff (l'avant-centre était l'Allemand Klinsmann) avait inscrit vingt buts pour partager la couronne avec le Nantais Ouédec et le Lensois Boli.

En revanche, avantage à Giroud si l'on s'arrête aux buts décisifs, ceux qui rapportent directement des points: 19 points pour le Montpelliérain contre 15 pour le Parisien, la différence est nette quand on sait que 3 points séparaient leurs deux formations à l'arrivée. Cela étant, Giroud se serait bien vu tout seul sur la plus haute marche. À huit journées du terme, il avait inscrit dix-neuf buts contre treize seulement au Brésilien.

On pourrait parler d'un final en queue de poisson si Montpellier n'avait pas décroché la timbale, notamment grâce à une énorme action individuelle de son «goleador» qui offrit un but décisif à Aït-Fana dans le temps additionnel de la «petite finale» contre Lille (1-0, 37e journée).

Voici le détail des vingt et une réalisations qui ont permis à Olivier Giroud et Nene de terminer meilleurs buteurs de la saison devant le Lillois Hazard (20 buts).

OLIVIER GIROUD

MONTPELLIER-AUXERRE 3-1 (1re journée)
1: Servi par Belhanda dos au but, Giroud se retourne et dans un angle impossible marque du gauche entre les jambes de Leon (90e+2, but du 3-1).

LILLE-MONTPELLIER 0-1 (2e journée)
2: Alerté par Saihi, Giroud contrôle de la poitrine et bat Landreau en force du gauche (70e, but du 0-1).

BREST-MONTPELLIER 2-2 (6e journée)
3: Coup franc d'Estrada repoussé par Elana sur Giroud qui marque (18e, but du 0-1).
4: Centre de Bédimo, tête plongeante victorieuse de Giroud (40e, but du 0-2).

MONTPELLIER-DIJON 5-3 (10e journée)
5: Tir d'Estrada mal repoussé par Reynet. Giroud reprend et marque (50e, but du 2-2).
6: Faute sur Cabella. Giroud transforme le penalty du gauche sous la barre (58e, but du 3-2).
7: Centre en retrait de Camara. Giroud reprend du gauche en lucarne (82e, but du 5-2).

MONTPELLIER-NANCY 2-0 (12e journée)
8: Un long centre «raté» de Giroud termine sa course dans le petit filet opposé de N'Dy Assembe (62e, but du 1-0).

SOCHAUX-MONTPELLIER 1-3 (15e journée)
9 : Un lob d'Utaka trompe Richert. Giroud résiste à Corchia pour marquer du gauche sous la barre (50e, but du 0-1).
10 : Décalé par Stambouli à l'entrée de la surface, Giroud marque d'un superbe lob du droit en lucarne (87e, but du 1-2).
11 : Balle en profondeur de Belhanda. Giroud devance Richert et marque d'une frappe piquée du gauche décroisée (89e, but du 1-3).

MONTPELLIER-LORIENT 4-0 (16e journée)
12 : Coup franc de Belhanda repoussé par Audard. Giroud reprend sur la transversale victorieusement (47e, but du 2-0).

ÉVIAN-MONTPELLIER 4-2 (19e journée)
13 : À la limite du hors-jeu, Belhanda lance Giroud qui trompe Andersen d'un piqué du gauche (54e, but du 1-2).

MONTPELLIER-LYON 1-0 (20e journée)
14 : Longue ouverture de Dernis. Giroud prend de vitesse la défense lyonnaise et marque d'un tir croisé du droit aux 6 mètres (62e, but du 1-0).

NICE-MONTPELLIER 0-1 (21e journée)
15 : Servi par Bocaly, Giroud entre dans la surface et marque du gauche sous la transversale (90e, but du 0-1).

MONTPELLIER-AJACCIO 3-0 (23e journée)
16 : Long ballon d'Estrada en profondeur. Giroud contrôle de la poitrine à l'entrée de la surface et marque d'un tir croisé du gauche (67e, but du 3-0).

MONTPELLIER-CAEN 3-0 (27e journée)
17 : Faute sur Yanga-Mbiwa. Giroud transforme le penalty en force du gauche (90e+1, but du 3-0).

MONTPELLIER-SAINT-ÉTIENNE 1-0 (29e journée)
18 : Sur un mauvais dégagement adverse, la reprise de volée du gauche aux 18 mètres de Giroud finit au ras du poteau de Ruffier (89e, but du 1-0).

MARSEILLE-MONTPELLIER 1-3 (30e journée)
19 : Long centre de Camara. Reprise du gauche de Giroud au second poteau (49e, but du 1-2).

LORIENT-MONTPELLIER 2-1 (32e journée)
20 : Centre de Aït-Fana. Reprise de l'extérieur du gauche de Giroud (78e, but du 2-1).

MONTPELLIER-ÉVIAN 2-2 (35e journée)
21 : Remise de Camara aux 6 mètres pour Giroud qui marque facilement du droit (84e, but du 2-2).

NENE

PARIS SG-VALENCIENNES 2-1 (3e journée)
1 : Main de Ducourtioux. Penalty transformé par Nene qui prend Penneteau à contre-pied (64e, but de 2-1).

PARIS SG-NICE 2-1 (7e journée)
2 : Faute sur Nene qui transforme lui-même le penalty du gauche à ras de terre (36e, but du 1-0).

PARIS SG-DIJON 2-0 (11e journée)
3 : Centre de Ménez. Reprise du gauche en force de Nene aux 6 mètres (42e, but du 1-0).
4 : Frappe du gauche de Nene à l'entrée de la surface. Elle touche le poteau avant de rentrer (90e, but du 2-0).

PARIS SG-CAEN 4-2 (12e journée)
5 : Faute de Nivet sur Nene qui transforme le penalty en prenant Thébaux à contre-pied (20e, but du 1-1).
6 : Faute sur Gameiro. Nene transforme le penalty en force du gauche (76e, but du 3-1).

PARIS SG-AUXERRE 3-2 (16e journée)
7 : Faute de Grichting sur Nene qui transforme le penalty en prenant Sorin à contre-pied (81e, but du 3-1).

PARIS SG-TOULOUSE 3-1 (20e journée)
8 : Centre de Bisevac à ras de terre. La reprise du droit de Nene, légèrement déviée par Ninkov, trompe Ahamada (38e, but du 1-0).
9 : Nene récupère une balle mal repoussée par Congré, s'infiltre et trompe Ahamada du gauche (68e, but du 3-0).

PARIS SG-ÉVIAN 3-1 (22e journée)
10 : Servi par Ménez, Nene file au but, dribble Andersen et marque du gauche dans le but vide (47e, but du 1-1).
11 : Faute sur Ménez. Nene transforme le penalty en lucarne (79e, but du 2-1).

LYON-PARIS SG 4-4 (25e journée)
12 : Faute de Gonalons sur Nene qui transforme lui-même le penalty d'un contre-pied à ras de terre (45e+3, but du 3-2).

PARIS SG-AJACCIO 4-1 (26e journée)
13 : Centre en force de Chantôme que Nene reprend à bout portant du gauche (90e+3, but du 4-1).

AUXERRE-PARIS SG 1-1 (32e journée)
14 : Lancé par Gameiro, Nene élimine deux adversaires et trompe Sorin d'une frappe croisée du gauche (23e, but du 0-1).

PARIS SG-SOCHAUX 6-1 (33e journée)
15 : Centre de Jallet repris du gauche par Nene au second poteau (55e, but du 4-1).
16 : Nene se présente seul face à Richert qu'il élimine avant de marquer dans le but vide (60e, but du 5-1).

PARIS SG-SAINT-ÉTIENNE 2-0 (35e journée)
17 : Faute de Marchal sur Ménez. Nene transforme le penalty d'un contre-pied du gauche à mi-hauteur (17e, but du 1-0).

VALENCIENNES-PARIS SG 3-4 (36e journée)
18 : Servi par Ménez, Nene marque d'une frappe croisée du gauche (14e, but du 2-1).

PARIS SG-RENNES 3-0 (37e journée)
19 : Centre en retrait de Ménez repris aux 6 mètres par Nene du gauche (47e, but du 1-0).
20 : Coup franc aux 20 mètres. Maxwell décale Nene qui marque du gauche dans le petit filet opposé (58e, but du 2-0).
21 : Nene se présente seul face à Costil qu'il prend à contre-pied du gauche en force (65e, but du 3-0).

LE CARNET DE NOTES

Certes, Montpellier n'a pas réussi le doublé L1-Coupe de France comme Lille en 2010-2011, mais il mérite largement la même note que son prédécesseur car c'est un énorme exploit qu'ont accompli les hommes de René Girard. À eux l'excellence !
À peine moins impressionnante est la performance d'Ajaccio que l'on prédestinait à un retour illico presto à l'échelon inférieur, et encore plus à mi-saison lorsqu'il était une solide lanterne rouge. D'où cette « médaille » d'argent 2 points devant le PSG et loin devant l'OM pourtant vainqueur de la Coupe de la Ligue et quart-de-finaliste européen, puisque chacun doit être noté à l'aune de ses moyens. Ce qui explique pourquoi Auxerre récupère le bonnet d'âne au bout d'un exercice pitoyable.
Comme chaque année, les analyses sont accompagnées du « désir » estival d'un acteur-clé du club concerné.

MONTPELLIER 19/20

« L'OBJECTIF EST DE FINIR 7e. JE NE SUIS PAS DU TOUT CONTENT DE LA FIN DE SAISON DERNIÈRE (14e). »

Louis Nicollin (président)

Impossible n'est donc pas montpelliérain. Avec son budget modeste et ses transferts à deux francs six sous, les hommes de René Girard ont gagné le pari le plus fou : finir la Ligue 1 devant toutes les grosses cylindrées et en produisant du jeu. Pourquoi pas 20/20 ? À cause de l'élimination en quarts de finale de la Coupe de France à Ajaccio face au Gazelec (niveau 3), beaucoup plus décevante que celle subie à Lorient en huitièmes de finale de la Coupe de la Ligue.

AJACCIO 15/20

« IL Y A PAS MAL DE CLUBS AVEC LESQUELS ON PEUT RIVALISER. JE PRÉFÈRE LE CHALLENGE QUI CONSISTE À SE MAINTENIR EN L1 PLUTÔT QUE D'AVOIR À MONTER DE L2 COMME LA SAISON DERNIÈRE. »

Alain Orsoni (président)

C'est peut-être la première fois depuis l'instauration de ce carnet de notes qu'une équipe classée seizième se retrouve à un tel niveau. Mais le maintien pour le promu Ajaccio semblait aussi farfelu à prévoir en début de saison que le titre pour Montpellier. Et encore plus après dix-sept journées quand les Corses ne comptaient que 9 points et regardaient le dix-septième de très, très loin. Deux éliminations en Coupes par des équipes de niveau inférieur n'y changent rien. C'est bel et bien une grande performance qu'ont réalisée les hommes d'Olivier Pantaloni.

BORDEAUX
14/20

« AVEC UN NOUVEAU STAFF, NOUS AVONS DONNÉ UN NOUVEL ÉLAN À UNE ÉQUIPE QUI RESTE TAILLÉE POUR LA LIGUE DES CHAMPIONS. IL FAUT JUSTE QUE TOUT LE MONDE TIRE DANS LE MÊME SENS. »

Nicolas de Tavernost
(actionnaire majoritaire)

Bien sûr, l'appétit de l'actionnaire était énorme, mais puisque son équipe a tutoyé et même fréquenté la zone de relégation à la fin de l'automne quand tout le monde ne tirait pas dans le même sens, lui-même a cru vivre un rêve puisqu'au bout d'un retour d'enfer, ses Girondins, grâce à six succès consécutifs pour boucler la boucle, ont décroché un sésame pour la Ligue Europa. Une issue qui n'est pas ternie par deux éliminations en Coupes dans la « normale » à Lyon et à Saint-Étienne.

ÉVIAN-THONON
13,5/20

« ON VA ESSAYER DE RÉPONDRE À LA RESPONSABILITÉ QUI NOUS INCOMBE, LE MAINTIEN, UN OBJECTIF QUI MÊLE APPRÉHENSION ET ENVIE. ON N'A PAS ENVIE D'ÊTRE UN CLUB DE QUICHES. »

Patrick Trottignon
(président)

Ni de quiches ni de tartiflettes. Et même pas peur ! Pour sa première saison parmi l'élite, le club savoyard a plus que rempli son contrat, évoluant en permanence entre la treizième et la neuvième place finale et constituant presque à lui seul le ventre mou d'un championnat agité en haut comme en bas. Plus que les éliminations en Coupes à Rennes et à Lens, c'est peut-être le licenciement un peu fumeux à mi-saison de son entraîneur Bernard Casoni que l'on peut lui reprocher, alors que la situation sportive était encourageante.

PARIS SG
13/20

« DISONS QUE L'OBJECTIF NORMAL EST LA LIGUE DES CHAMPIONS, DONC FAIRE MIEUX QUE LA QUATRIÈME PLACE DE 2010-2011. LE CLUB A CONSTRUIT UNE ÉQUIPE POUR JOUER LE TITRE. LES INVESTISSEMENTS RÉALISÉS NOUS DONNENT DES RESPONSABILITÉS. »

Antoine Kombouaré
(entraîneur)

Pas de podium pour Paris ? Eh non ! Passe encore qu'il n'ait pas été champion pour la première saison de son ère qatarie. Mais ses performances ridicules en Ligue Europa, sa stupide élimination en Coupe de la Ligue à Dijon et celle décevante en Coupe de France à domicile contre Lyon, font que si le PSG mérite une mention bien pour avoir décroché sa place en Ligue des champions, il ne peut pas s'en vanter car avec son budget monumental, il n'a rien gagné. À part la médaille du club capable de licencier un entraîneur leader à la trêve.

LILLE
12,5/20

« ON NE POURRA PAS FAIRE MIEUX QU'UN DOUBLÉ CAR C'EST IMPOSSIBLE. ON ESSAYERA D'ÊTRE DANS LES TROIS PREMIERS ET ON VISERA UN LONG PARCOURS DANS UNE COUPE. »

Florent Balmont
(joueur)

Petite mention assez bien pour les Nordistes logiquement en retrait par rapport à la saison précédente, très présents en championnat, très décevants en Ligue des champions là où un boulevard semblait s'ouvrir devant eux et petits bras dans les Coupes avec des éliminations à Valenciennes et à Lyon. Des résultats pas forcément illogiques quand on affaiblit son effectif (départs de Rami et Cabaye à l'intersaison et de Sow à la trêve).

SAINT-ÉTIENNE 12/20

«JE NE VAIS PAS VOUS DIRE QU'ON JOUE LE MAINTIEN. ON VEUT FINIR DANS LA PREMIÈRE MOITIÉ DU TABLEAU.»

Christophe Galtier (entraîneur)

C'est tout simplement une place en Ligue Europa que les Verts ont jouée chez eux lors de la dernière journée contre Bordeaux. Et s'ils ont perdu ce soir-là, ils avaient tout de même glané suffisamment de points pour se mettre en situation de l'obtenir. La mention assez bien est d'autant plus justifiée qu'il n'y a pas eu de dérapage dans les Coupes avec des éliminations dans la norme contre Bordeaux (aux tirs au but) et Lyon.

NANCY 12/20

«NANCY ABORDE LE CHAMPIONNAT AVEC UNE NÉCESSAIRE HUMILITÉ. PETIT À PETIT, ON ESPÈRE NOURRIR DE PLUS GROSSES AMBITIONS, MAIS IL FAUT ENCORE RESTER MODESTE. LE MAINTIEN SERA L'OBJECTIF PRIORITAIRE.»

Jacques Rousselot (président)

Pourquoi une mention assez bien pour le onzième ? Parce que jusqu'au-delà de la 25e journée il a évolué dans la zone des relégables et qu'il a fini la saison sans trembler, les mains en haut du guidon. Là encore, compte tenu des moyens engagés, la performance est louable. Et là encore on oubliera les éliminations en Coupes dès l'entrée en lice contre Rennes et Auxerre. Pour sa première saison sur le banc lorrain, Jean Fernandez a confirmé qu'il était un coach fiable.

LYON 11,5/20

«LE PSG, LILLE ET MARSEILLE SE SONT RENFORCÉS, DONC CE SERA TRÈS DIFFICILE. MAIS L'OBJECTIF C'EST FORCÉMENT DE FAIRE MIEUX QUE LA SAISON DERNIÈRE (3e), MÊME SI ON EST MOINS BIEN ARMÉS.»

Anthony Réveillère (joueur)

Lyon était encore moins bien armé que ce que son défenseur imaginait. Si sa quatrième place en Ligue 1 n'est pas déshonorante, même s'il n'a jamais été en course pour le titre, l'OL est mécaniquement privé de mention par l'affreuse élimination en huitièmes de finale de la Ligue des champions par les Chypriotes de Nicosie. Et cela en dépit de sa victoire en Coupe de France, son premier trophée depuis 2008 et de sa présence en finale de la Coupe de la Ligue, une finale tellement minable, perdue contre l'OM, qu'elle fit honte au football français.

RENNES 11/20

«LA VALEUR DU CLUB SE SITUE ENTRE LA QUATRIÈME ET LA NEUVIÈME PLACE. C'EST SON NIVEAU. L'OBJECTIF MINIMAL SERA D'ENTRER DANS CES EAUX-LÀ. ON N'A JAMAIS DÉPASSÉ LES 61 POINTS. L'OBJECTIF MAXIMAL SERAIT DONC D'Y PARVENIR. EN COUPE D'EUROPE, IL FAUT ÊTRE PRÉSENT.»

Frédéric Antonetti (entraîneur)

Rennes ayant terminé entre la quatrième et la neuvième place (6e avec 60 points), il mérite la moyenne. Mais pas beaucoup plus parce qu'il y avait largement la place pour retourner en Ligue Europa où il aurait eu une revanche à prendre après un parcours d'une insigne faiblesse cette saison dans un groupe taillé sur mesure. Déceptions également dans les Coupes nationales avec des éliminations contre Quevilly, dans une demi-finale pourtant bien entamée, et Le Mans.

TOULOUSE 10,5/20

« DANS UN PREMIER TEMPS, NOUS VISONS LE MAINTIEN. UNE FOIS QU'IL SERA ASSURÉ, NOUS ESSAIERONS D'ENTRER DANS LA PREMIÈRE MOITIÉ DU CLASSEMENT. »

Alain Casanova (entraîneur)

Moyenne, très moyenne. Ainsi fut la saison de Toulouse, une équipe qui s'est enlisée, même quand les résultats étaient là, dans un jeu très peu spectaculaire qui finit par la condamner en fin de parcours après qu'elle eut longtemps espéré conquérir une place européenne. Et les éliminations très rapides, trop rapides, en Coupes contre le Gazelec d'Ajaccio et Nice n'embellissent pas un tableau somme toute très terne.

MARSEILLE 10/20

« ON VEUT ÊTRE LES MEILLEURS TOUT SIMPLEMENT. SI TOUT LE MONDE TIRE DANS LE MÊME SENS, ON PEUT Y ARRIVER. SURTOUT SI POUR UNE FOIS ON PEUT ÊTRE DEVANT, OU COLLÉS AU PELOTON DE TÊTE, À LA TRÊVE. »

Steve Mandanda (joueur)

Il était tellement compliqué de noter l'OM que nous nous sommes résolus à éviter tout excès. Une troisième victoire d'affilée en Coupe de la Ligue et une présence dans le grand huit de la Ligue des champions, ça vaut 16. Un parcours désolant en championnat avec une terrible série de treize matches sans victoire, et une élimination en Coupe de France par Quevilly, ça vaut 4 à tout casser. Et voilà le comment du pourquoi pour ce club sans cesse agité qui ne fait décidément rien comme les autres.

NICE 9/20

« VISER LE MAINTIEN C'EST INDISPENSABLE. APRÈS, FINIR QUATORZIÈME C'EST BIEN MAIS PAS SATISFAISANT. J'AIMERAIS QU'ON SE SITUE ENTRE LA HUITIÈME ET LA DOUZIÈME PLACE. »

Jean-Pierre Rivère (président)

Quand on voit l'énergie mise par les Aiglons pour sauver leur place en Ligue 1 alors qu'ils étaient relégables ou presque jusqu'à la 30e journée, on n'a pas envie d'être trop sévères avec eux car ces combats-là ne sont jamais gagnés d'avance. Et les éliminations honorables en Coupes contre Rennes et l'OM ne justifient pas que l'on tire la note vers le bas.

VALENCIENNES 8,5/20

« TOUT LE MONDE SE BAT D'ABORD POUR SE MAINTENIR AVANT DE RÊVER. POURQUOI NE FERAIT-ON PAS CE QUE SOCHAUX A FAIT L'AN DERNIER (5e) ? »

Francis Decourrière (président)

C'est en tant qu'ancien président que Francis Decourrière a suivi la saison du club nordiste, loin des objectifs sans doute un peu trop prétentieux affichés à l'origine. Une entame totalement ratée (20e après cinq journées) a plombé toute la suite et les Valenciennois même s'ils sont remontés jusqu'à la dixième place (30e journée) n'ont jamais pu vivre hors de toute angoisse. Les éliminations en Coupes contre Rennes et Dijon n'éclairent pas cet obscur paysage.

BREST
8/20

« LE MAINTIEN EST UN OBJECTIF ÉVIDENT MAIS PAS SUFFISANT. BREST NE DOIT PLUS SE CONTENTER DE FRÉQUENTER LE BAS DE TABLEAU, MÊME SI L'ON SAIT QUE LA SECONDE SAISON EN LIGUE 1 EST LA PLUS COMPLIQUÉE POUR UN PROMU. »

Alex Dupont (entraîneur)

Sauvé à la dernière journée comme la saison précédente, Brest ne mérite pas cette fois-ci la moyenne, car tout aura été compliqué pour le club breton lors d'une seconde partie de saison qui l'a vu passer en dix journées de la onzième à la dix-huitième place, renvoi de l'entraîneur Alex Dupont à la clé à cinq journées de la fin. Et ce ne sont pas les éliminations en Coupes par Bourg-Péronnas et Le Mans qui ont mis un peu de chaleur dans cette eau froide.

SOCHAUX
7,5/20

« ON N'A PEUT-ÊTRE PAS LA DIMENSION DE MARSEILLE OU DE PARIS MAIS ICI ON SE BAT POUR BIEN BOSSER ET RÉUSSIR. SOCHAUX N'EST PAS UN CLUB COMME LES AUTRES. C'EST UNE FABRIQUE, UNE MARQUE. »

Mécha Bazdarevic (entraîneur)

La marque a bien failli boire la tasse (19e ou 20e de la fin des matches aller jusqu'à la 35e journée) et il fallut le remplacement par Hély d'un Bazdarevic dépassé, pour la maintenir in extremis à la surface, loin, très loin, de ses résultats de la saison précédente. Plombé par le mauvais esprit de quelques joueurs qui auraient aimé aller se faire voir ailleurs à l'intersaison, Sochaux a en outre été liquidé illico presto en Ligue Europa par Kharkov ainsi qu'en Coupes nationales par Bastia et Nice. Bref, une saison noire tout juste embellie par ce maintien assuré lors de la dernière journée.

LORIENT
7/20

« IL N'Y A PAS À ATTENDRE DE STARS INTERNATIONALES À LORIENT. CE N'EST PAS LA MARQUE DE FABRIQUE DU CLUB QUI VEUT S'INSTALLER DANS LE TOP 10 EN PRODUISANT DU JEU. »

Loïc Féry (président)

Ni top 10 ni beaucoup de jeu. Lorient a salement dérapé au point de trembler pour sa place en Ligue 1. La magie Gourcuff n'a pas fonctionné mais les pertes conjuguées à l'intersaison de Gameiro, Amalfitano et Morel constituaient sans doute un handicap trop lourd sur toute la durée de la saison. Si le parcours aller fut satisfaisant (9e à la trêve), la suite fut un calvaire achevé à la dix-septième place. Avec un immense regret en point d'orgue, l'élimination en demi-finale de la Coupe de la Ligue par l'OL après avoir mené 2-0 à un quart d'heure de la fin.

DIJON
6,5/20

« AU-DELÀ DE L'INDISPENSABLE DIX-SEPTIÈME PLACE, ON VEUT CONTINUER À PROGRESSER PAR LE TRAVAIL ET LA RIGUEUR. »

Bernard Gnecchi (président)

Quel gâchis ! Encore treizième après la 25e journée et plutôt réjouissant dans ses productions, certes irrégulières mais toujours pleines d'allant, Dijon a fini par se noyer dans des conflits internes qui aboutirent en fin de saison, mais après que le mal eut été fait, à la démission du président et au renvoi de l'entraîneur Patrice Carteron. Pour ce véritable promu qui découvrait la Ligue 1, redescendre n'est pas honteux, mais redescendre dans ces conditions l'est forcément un peu et fait oublier des parcours plutôt corrects dans les Coupes.

CAEN
6/20

« JE PENSE SINCÈREMENT QUE LE GROUPE EST PLUS FORT, PLUS FOURNI ET AVEC UNE MEILLEURE HOMOGÉNÉITÉ ET QUE L'ON PEUT DONC TERMINER UN PEU PLUS HAUT QU'EN 2010-2011 (15e). »

Jean-François Fortin (président)

Après une première moitié de saison irréprochable (10e après quinze journées) l'équipe normande a fini par se déliter et par plonger en eaux troubles, loin des ambitions de son président. Usé par les combats d'arrière-garde à hauts risques, Caen n'a jamais bafoué l'esprit du jeu mais a dramatiquement manqué de mental. L'élimination à domicile en 32e de finale de la Coupe de France par Troyes était presque le signe avant-coureur de cette fin tourmentée.

AUXERRE
3/20

« L'OBJECTIF EST DE FINIR LE PLUS PRÈS POSSIBLE DES PREMIÈRES PLACES, MÊME SI ON PART DU PRINCIPE OBLIGATOIRE DU MAINTIEN. »

Laurent Fournier (entraîneur)

L'énorme bide de l'année ! D'une certaine façon, l'AJA ne s'est jamais remise de sa participation à la Ligue des champions en 2010-2011 qui a aiguisé l'appétit d'une vieille garde trop avide de revenir au pouvoir par le biais d'un coup d'État contre le président Dujon. Le chef des insurgés, Gérard Bourgoin, visait une place européenne, il s'est pris la porte en pleine poire, éliminations en Coupes par Châteauroux et Caen comprises. Dans le genre saison catastrophique, il était difficile de faire mieux.

Coupe de France

LYON AVAIT TROP FAIM

L'OL n'a pas seulement remporté sa cinquième Coupe de France. Il a aussi mis un terme à la belle aventure de Quevilly qui a multiplié les exploits, au point de laisser croire qu'il allait devenir le premier club de niveau 3 à décrocher le prestigieux trophée.

C'est sans véritable plaisir que Grégory Beaugrard, capitaine de Quevilly, a accepté l'offre de son alter ego lyonnais Cris : recevoir et brandir la Coupe de France avec lui. D'abord parce que tout cela sent le réchauffé depuis que le capitaine de Nantes Mickaël Landreau a inventé le scénario en 2000 avec le Calaisien Réginald Becque en acolyte. Ensuite parce que les Normands, qui ne connaissent pas la peur, avaient tous rêvé de finir cette 95e édition de l'épreuve en héros absolus.

« Si nous on n'y croit pas, qui d'autre ? » avait lancé l'attaquant Julien Valéro. « C'est possible d'emmerder les Lyonnais », avait ajouté l'entraîneur Régis Brouard. Mais, dans la vraie vie, les ogres finissent généralement par dévorer les petits poucets.

Et ce Lyon-là a une faim de loup. Faim d'un titre après lequel il court depuis quatre ans. « Les joueurs ont de l'orgueil et du talent », a prévenu le président Jean-Michel Aulas. « En cas de défaite on serait ridicules », a alerté le milieu de terrain Maxime Gonalons.

Alors, dans un Stade de France largement acquis à sa cause, la réalité rattrape l'outsider. Une réalité que le score final (1-0) estompe. Lyon n'a marqué qu'un seul but, quand Lisandro a repris un centre en retrait de Lacazette (28e). Mais il a gâché une bonne demi-douzaine d'énormes occasions. Et si Quevilly a mieux respiré en seconde mi-temps, une seule fois il a pu croire en sa bonne étoile quand Lloris a détourné sur le dessus de sa barre transversale la lourde frappe d'Anthony Laup (66e). Au bout d'un parcours très respectable, Lyon a donc évité une nouvelle saison blanche qui aurait causé grand désordre.

Quand l'OL est entré en lice, dans les tout premiers jours de l'année, Quevilly disputait déjà son quatrième match et pas le plus simple. Les Normands paient alors pour vérifier qu'en Coupe du France, le rôle du grand n'est jamais le plus confortable. Au tour précédent, ils ont eu besoin des tirs au but (1-1, 3-0) pour venir à bout de Feignies (CFA2) qui évolue deux divisions au-dessous d'eux.

Cette fois-ci, Rennes Tour d'Auvergne (DH) est encore un cran plus bas et c'est par un véritable trou de souris que Quevilly franchit l'obstacle (0-0, 5-4 aux tirs au but). Autant dire que c'est avec plaisir qu'il accueille Angers (L2) au tour suivant. Enfin du lourd pour les hommes de

Lisandro : une joie communicative.

Brouard qui s'imposent sans surprise (1-0, but de Joris Colinet), sauf pour leur entraîneur qui refuse que l'on banalise les étonnants succès des siens : « Ça me gave qu'on puisse dire que ce n'est pas une surprise, râle-t-il. À chaque fois il n'y a rien de logique ou de normal. Ce n'est pas explicable. Les mecs se transcendent. »

BROUARD ET L'INEXPLICABLE

La victoire (3-1) en entame de l'OL sur Lyon-La Duchère (CFA) dans un fameux derby relève, quant à elle, d'une sorte de banalité. Lisandro a marqué les trois buts. « Il faudra élever notre niveau de jeu pour passer les obstacles suivants », tempère Rémi Garde. L'entrée en matière a comme d'habitude été cruelle pour les pensionnaires de Ligue 1, notamment pour Toulouse battu en Corse par le Gazelec d'Ajaccio (1-0, but de Colloredo). Les joueurs de National ont accumulé les occasions. Ils en sont à leur 12e succès consécutif toutes compétitions confondues. « On était sereins mais je m'attendais à ce qu'on se fasse plus bouger », constate le capitaine Louis Poggi.
C'est encore Colloredo qui permet aux Ajacciens d'aller de l'avant (1-0) au tour suivant contre Troyes (L2). Le stade de Mezzavia est resté le même depuis son inauguration en 1961. Il est un coupe-gorge pour les visiteurs. « Ce n'est pas une surprise, se réjouit le vieux président (74 ans) Fanfan Tagliaglioli. Avec notre public, notre terrain et notre hargne, j'y croyais vraiment. »
Luçon (CFA) aurait aimé y croire jusqu'au bout contre Lyon mais deux buts de Gomis (75e) et Lisandro (90e) le ramènent à la raison (2-0). Lisandro évoque un « match compliqué » et l'entraîneur du petit, Frédéric Reculeau, se noie dans les regrets : « Quand on a autant d'occasions et si peu contre nous, on se dit qu'il y avait quelque chose à faire. »
En huitièmes de finale, Bordeaux, qui est d'un autre calibre, pense aussi qu'il y a quelque chose à faire contre l'OL. Pour des raisons climatiques, le match a été avancé à 16 h 15 et Gerland sonne creux (7 000 spectateurs). Alors, quand Jussiê ouvre le score (23e), les Girondins se sentent pousser des ailes.

Lacazette commence à les rogner en égalisant à la réception d'une louche de Gourcuff (36e) et ce n'est qu'en prolongation que Lyon passe en force grâce à Gomis (96e) et Briand (119e). Les deux buteurs sont entrés en cours de match. Francis Gillot, l'entraîneur bordelais, constate honnêtement que « même avec ses remplaçants Lyon a été plus fort que Bordeaux ». Tandis qu'à Mezzavia le Gazelec se débarrasse de Drancy (CFA) grâce à deux réalisations de Verdier (32e s.p) et Colloredo (49e), Quevilly doit prendre son mal en patience. L'implacable hiver provoque le report de son match à Orléans, autre équipe de National. Lorsque les deux équipes s'affrontent, elles savent déjà que celle qui s'imposera trouvera l'OM sur sa route.

AYINA REMBOURSE SON CONTRAT

Les Normands ne peuvent pas laisser passer pareil festin, même si c'est dans le douleur qu'ils s'imposent (2-0 après prolongation, buts de Capelle, 100e, et Laup, 116e). « Marseille, Marseille on arrive », hurlent les Quevillais dans leur vestiaire après la rencontre. Et Régis Brouard se régale déjà : « On joue pour vivre de tels moments. »
Lorsque les deux équipes se retrouvent, à Caen (c'est l'occasion pour le Marseillais Alou Diarra d'affronter son frère Zanké), l'OM est dans le creux de la vague avec

EN MATIÈRE DE SURPRISE, CES QUARTS DE FINALE NE FONT PAS LES CHOSES À MOITIÉ.

cinq défaites consécutives en L1 au compteur. «On n'ira pas en victimes», a prévenu le défenseur Cédric Vanoukia. Six minutes suffisent à Valéro pour ouvrir le score face à des Marseillais décontenancés et qui devront attendre la fin de la rencontre pour égaliser par Rémy (85e). Rémy, André Ayew et Amalfitano sont entrés dans le courant de la seconde période et ces renforts de poids laissent supposer une issue fatale pour le petit. C'est négliger une autre tardive apparition, celle de Jean-Christophe Ayina (91e) qui redonne l'avantage à l'USQ (111e), d'abord pour deux minutes, puisque Rémy égalise de nouveau (113e), puis définitivement quand il profite d'une énorme bourde du gardien Gennaro Bracigliano (118e) qui remplace ce jour-là Mandanda.
Le président normand Michel Mallet est cruel pour l'OM: «J'avais peur qu'on en prenne quatre, mais notre victoire est méritée.» «Notre audace a été récompensée, c'est une soirée merveilleuse», jubile Brouard. Didier Deschamps évoque «un sentiment de honte». Le double buteur de la prolongation se demande s'il ne rêve pas. En début de saison, Ayina (21 ans), que le PSG n'avait pas conservé, était chômeur. C'est en novembre qu'il est arrivé à Quevilly, où il a joué adolescent. «Grâce à la Coupe, on a pu lui offrir un contrat de six mois à la trêve», explique Michel Mallet. Un contrat que le joueur vient largement de rentabiliser.

À gauche. Daniel Braaten et le Téfécé stoppés d'entrée par Poggi et le Gazelec d'Ajaccio. En haut. Jallet le Parisien et Umiti, le jeune Lyonnais, au coude-à-coude. En bas. Pierrick Capelle entre Jordan Ayew et Fanni: Quevilly met l'OM au tapis.

En matière de surprise, ces quarts de finale ne font pas les choses à moitié. Passe encore que l'OL s'impose au Parc des Princes contre le PSG (3-1, buts de Källström, Lisandro et Gomis sur penalty), pour ce qui est la première défaite de Carlo Ancelotti à la tête du club parisien.

LES « GROSSES CRÊPES » DE NICOLLIN

Mais que le Gazelec, cette fois-ci au stade François-Coty de son cousin l'ACA, expulse de l'épreuve Montpellier, cela dépasse l'entendement. « Je dispose d'un effectif suffisamment large pour apporter de la fraîcheur, avait dit René Girard. Si je ne le fais pas maintenant, je ne le ferai jamais. » Il aurait pourtant dû s'abstenir. Pionnier, qui supplée dans les buts le titulaire Jourdren, s'incline sur une frappe lointaine de l'arrière droit Bocognano (75e) qui racontera : « C'est marrant, ce matin je sentais que j'allais marquer. On a gagné parce que ce match on ne l'a pas joué avant dans nos têtes. »
Fanfan Tagliaglioli est en larmes : « Plus rien ne peut nous arrêter, on va monter à Paris », susurre-t-il. Le président des vaincus n'y va pas par quatre chemins : « Les remplaçants, c'est des grosses crêpes », tonne Louis Nicollin.
Le soir, en découvrant le tirage au sort, Bocognano avouera : « On redoutait de prendre Quevilly chez lui. C'aurait été le pire tirage. »
De quoi motiver les Lyonnais quand ils débarquent en Corse pour la demi-finale. Dans le vestiaire, l'entraîneur Dominique Veilex en remet une couche : « On va faire honneur à Henri Salvador qui est là-haut : Lyon va mourir ce soir. »
Il n'en sera rien. Poussant l'engagement physique jusqu'à l'absurde, les Ajacciens sont punis quand Anthony Collinet est expulsé pour un tacle ravageur sur Lacazette (38e). À dix contre onze, force reste à la loi. Lacazette (59e), Lisandro (73e), Grenier (80e) et Gomis (90e) transforment la victoire (4-0) en déroute pour les Corses. « Il aurait fallu qu'on soit plus maîtres de nos nerfs », regrette Veilex.
À Caen, le lendemain, ce n'est pas de nerfs que manquent les Rennais face à Quevilly, mais de talent. Pourtant, ils ouvrent le score par Féret (8e) et semblent se diriger tranquillement vers Saint-Denis. C'est mal connaître les affamés d'en face qui vont bouter la neuvième équipe de L1 de leur histoire et parvenir en finale pour la seconde fois. La première, c'était en… 1927.

En haut. Aux prises avec Kana-Biyik, le Quevillais Laup fonce vers la finale. En bas. Gomis au pressing sur Mickaël Seymand : Lyon douche les espoirs du Gazelec.

Pour cela, il a fallu que Karim Herouat expédie une frappe en pleine lucarne (63e) puis, que dans le courant du temps additionnel, Laup échappe à Boye pour venir tromper Costil d'un tir croisé du gauche (90e+3, 2-1).

QUAND VANOUKIA ENVISAGE D'ARRÊTER LE FOOT

Tandis que l'entraîneur breton Frédéric Antonetti déclare : « Je ne vais pas défendre l'indéfendable », l'international M'Vila tonne : « On n'a pas de couilles ; on a été battus dans tout. » Brouard baigne dans l'euphorie : « Avec ce groupe, tout est possible. Il est plus fort qu'en 2010. » (Quevilly avait alors été éliminé en demi-finale par le PSG) Quant à Vanoukia, il se projette déjà dans un avenir monumental : « On ira à Saint-Denis pour gagner. Après on pourra jeter notre maillot et arrêter le foot. »
Vanoukia va donc pouvoir continuer à jouer au foot. La défaite consommée, la digestion est assez rapide. « Il y a une part de frustration mais il faut revenir à la réalité, souligne Brouard. Chapeau à Lyon qui a mérité la victoire. » « La victoire de Lyon est méritée, confirme Herouat, on a manqué d'un peu de folie. »
« On a pris Quevilly au sérieux et on a bien fait », déclare Rémy Garde. Histoire de tendre la conclusion à Frédéric Weis : « On peut être fiers de ce qu'on a réalisé. »
Le nom de Quevilly n'est toujours pas gravé sur le socle de la Coupe, mais l'épopée normande est inscrite pour l'éternité dans la légende de la plus ancienne compétition de notre football.

RECORD POUR L'OM, PREMIÈRE POUR PARIS

Si les 32es de finale charrient leur habituel lot de surprises, ils sont aussi le creuset de deux événements qui concernent les deux meilleurs ennemis, l'OM et le PSG.
C'est au Stade de France que le premier est accueilli par le Red Star (National). Il s'impose sans trembler (5-0) et en profite pour devenir, avec son adversaire du jour, le codétenteur d'un drôle de record : celui du plus grand nombre de spectateurs, très exactement 50892, rassemblés pour un match de Coupe à cet échelon de la compétition.
C'est à Lorient que Locminé (CFA 2) reçoit le PSG. Le petit ne s'incline que dans le temps additionnel (2-1, but de Lugano 90e+2), mais l'intérêt est ailleurs. Il s'agit là du premier match de Carlo Ancelotti, l'homme qui touche 6 millions d'euros par an, à la tête du club parisien. Son analyse : « Je m'attendais à ce que ce soit difficile, ç'a été très difficile. »

**En haut. L'OL triomphe après une saison difficile : après le stress, les paillettes.
En bas. Les joueurs de l'US Quevilly, finalistes malheureux mais fêtés en héros.**

Coupe de la Ligue

UNE BOUÉE POUR L'OM

En remportant sa troisième Coupe de la Ligue d'affilée dans la prolongation d'une finale contre Lyon d'une insigne pauvreté, Marseille a conservé son statut d'équipe européenne au bout d'une saison galère.

« Ce n'est pas du soulagement, c'est du bonheur », dit Didier Deschamps. Mais il sait très bien que c'est autant du soulagement que du bonheur. L'emblématique entraîneur de l'OM vient de signer un triplé inédit dans cette Coupe de la Ligue, en confisquant le trophée déjà conservé un an plus tôt. La réalité ne peut pourtant pas lui échapper : c'est à une révolution que son club vient d'échapper. Grâce à Brandao, quelque chose comme le seul attaquant brésilien de la planète qui ne sait pas bien jouer au foot, mais qui possède un don tout particulier pour se muer en sauveur.

Récupéré au mercato d'hiver, Brandao avait assuré à Milan la qualification pour les quarts de finale de la Ligue des champions grâce à une figure de style originale appelée contrôle du dos. Ce soir-là, au Stade de France, dans le courant d'une prolongation en forme de punition pour tous ceux qui subissent une horrible purge depuis le coup d'envoi, c'est encore lui qui trompe Lloris d'une frappe croisée du gauche à la réception d'un centre de Cheyrou (105e).

Lyon le favori est dans les cordes, l'OM est un vainqueur au visage bosselé et les 73 chaînes de télé étrangères qui ont retransmis le match se demandent ce qu'elles sont venues faire dans cette galère franco-française ponctuée de deux tirs en première période, d'une frappe du Marseillais Amalfitano détournée sur le poteau par Lloris en seconde mi-temps (65e) et d'une autre trop enlevée du Lyonnais Briand (103e). C'est plus que maigre, c'est famélique et lamentable. L'OM s'en fiche car le club est alors englué dans une incroyable série d'insuccès en Ligue 1 et dans un conflit avec ses supporters et des déchirements internes. « Depuis trois ans que je suis là c'est mon sixième titre et personne ne pourra nous le retirer, même nos pires ennemis », persifle Deschamps. Suivez son regard pointé sur… José Anigo, le directeur sportif marseillais avec lequel il n'entretient plus aucune relation.

LILLE RATE LE COCHE

Loin de tout ce pataquès, l'OL, qui court toujours alors derrière un premier titre depuis 2008, peut se demander comment il a pu laisser échapper pareille aubaine. C'est d'autant plus rageant que le parcours des hommes de Garde pour parvenir au Stade de France a été exemplaire. Pour leur entrée en lice, en

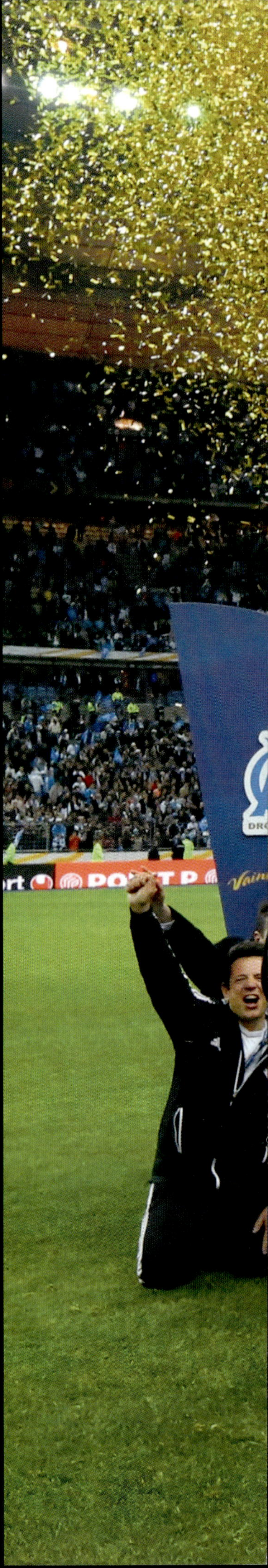

COUPE DE LA LIGUE
Vainqueurs 2012
DROIT AU BUT
Vainqueurs 2012
La Poste
SOUTH

huitièmes de finale, les Lyonnais s'imposent à Saint-Étienne sur le terrain de leur meilleur ennemi (2-1). La rencontre a été émaillée d'incidents. L'arbitre a dû l'interrompre 9 minutes quand, en seconde mi-temps, sa décision d'accorder un penalty à l'OL, qui menait déjà au score grâce à Briand (40e), a provoqué de violentes réactions des supporters verts qui ont balancé de nombreux projectiles sur la pelouse. Et quand, enfin, Bastos a transformé la sanction (72e), il n'a rien trouvé de mieux dans la foulée que de chambrer, provoquant une échauffourée entre joueurs. « Ce derby était déjà une finale pour Lyon. Si on n'avait pas pris de but, on aurait rendu une copie parfaite », exulte Rémy Garde. « On a joué avec nos moyens et nos armes contre une vraie équipe de Ligue des champions », soupire son homologue vert Christophe Galtier.
À ce stade, l'OM est en promenade. Il n'a pas eu de mal à se débarrasser de Lens (4-0) avant de se balader à Caen (3-0) en quarts de finale. L'OL, quant à lui, doit composer avec un tirage au sort impitoyable. Après Saint-Étienne, il se coltine Lille, rien que ça. Avec une défense improbable (Dabo-Gonalons-Umtiti-Cissokho), le handicap de l'expulsion rapide de Dabo (11e) et un but inscrit par l'Anglais du LOSC Jo Cole (28e), l'OL échappe pourtant au pire. Källström égalise (41e), Lisandro lui donne l'avantage (65e) et le Lillois Debuchy se fait à son tour expulser (82e).
« On avait toutes les cartes en main pour se qualifier, enrage le coach lillois Rudi Garcia. Ça s'est joué sur l'envie et la détermination. » « Mon équipe a beaucoup de caractère, se réjouit Garde. Avec beaucoup de fierté et de cœur, on peut réussir de belles choses. »
En matière de miracle, on n'a pourtant encore rien vu avec cet OL qui dispute sa demi-finale à Lorient, lequel a sorti Montpellier à la Mosson en huitièmes (2-1), avant de s'imposer au Mans (1-0), une équipe de Ligue 2 qui venait d'éliminer Rennes (0-0, 4-1 aux tirs au but).

UN MIRACLE POUR LYON

En Bretagne, alors qu'on entre dans le dernier quart d'heure, les Lyonnais sont éliminés. C'est sûr et certain. Ils sont alors menés 2-0 (Emeghara 59e, Monnet-Paquet 68e) et balayés par la tornade lorientaise. En défense centrale, sur un terrain synthétique peu fait pour lui, Cris est sans cesse à la limite de la rupture. Mais à force de rater des balles de 3-0, Lorient se laisse rejoindre. Lacazette réduit le score (80e) avant que Briand n'égalise d'un solide coup de tête au bout du temps additionnel (90e+4). La suite est forcément inexorable. Gomis (102e) et Lacazette (120e+2) achèvent le travail.
« C'est un torrent d'émotion, jubile Garde. J'ai un groupe fantastique avec des ressorts phénoménaux au niveau mental. Je savais qu'on ne lâcherait pas. On voulait absolument jouer cette finale. On a beaucoup peiné mais pour atteindre une finale il faut beaucoup souffrir. »
Ce n'est pas ce que pensent les Marseillais après leur succès contre Nice (2-1). Un succès certes serré mais au bout d'un match qu'ils ont assez tranquillement

**À gauche. Hazard franchit l'obstacle Lacazette mais Lille s'arrête en quarts.
Au milieu. Le Marseillais Rémy résiste au pressing de Anin le Niçois.
À droite. Les Lorientais Mareque et Koné ferment la porte devant Lacazette.**

contrôlé, peut-être pour la dernière fois de la saison. Rémy a ouvert le score d'un très beau tir enroulé (16e), Mounier a égalisé juste avant le repos (44e) et c'est Brandao, tiens tiens, qui a profité d'une bévue de Clerc pour expédier les siens à Saint-Denis en dépit de la stupide expulsion de Valbuena (64e) qui a encaissé un second carton jaune pour avoir joué trop rapidement un coup franc.
« C'est notre troisième finale en trois ans et c'est quelque chose qu'il ne faut surtout pas banaliser », souligne Deschamps.

BRANDAO INDIQUE LE CHEMIN

La suite est connue. C'est au bout d'une série de douze matches sans victoire que l'OM entre dans sa finale. Son défenseur Nkoulou, qui sera le meilleur homme de la rencontre, reconnaît avant l'heure : « Une victoire n'effacera pas la saison mais c'est le moment d'être optimiste. Moi, j'y crois. » Il avait donc raison d'espérer. Les traditionnelles scènes de joie qui concluent le pensum sont presque émouvantes. Pour les Marseillais, elles auront été un vrai réconfort dans le courant d'un épouvantable premier semestre 2012.
Tandis que ces Olympiens-là repartent chez eux avec le fruit de leur rapine, les autres, ceux de Lyon, peuvent se lamenter. « Nous avons été timorés et commis beaucoup d'erreurs », constate Garde.
C'était bien la peine d'autant se décarcasser pour finir sur un tel gâchis.

DIJON MOUCHE PARIS

Quatre jours après s'être incliné en championnat au Parc des Princes (2-0), Dijon accueille Paris en huitièmes de finale de la Coupe de la Ligue. Bien sûr qu'en laissant Nene, Pastore et Gameiro sur le banc, Antoine Kombouaré prend un risque mais que dire de celui accepté par son collègue bourguignon Patrice Carteron qui procède à neuf changements par rapport au match de Ligue 1.
Les buts de Bahebeck (16e) et Erding (21e) donnent tort à Carteron. Les buts de Sankharé (30e s.pen), Berenguer (32e) et Jovial (61e s.pen) donnent tort à Kombouaré. « Ce résultat restera dans l'histoire du club après la montée en L1, jubile le coach dijonnais. À 2-0 Paris a cru que c'était fini. Pour nous, ç'a a été le déclic. »
Kombouaré parle de « grosse déception, d'erreurs, de piqûre de rappel ». Mais c'est le défenseur Christophe Jallet qui résume le mieux la situation quand il avoue : « On a péché par suffisance. »

C'EST AU BOUT D'UNE SÉRIE DE DOUZE MATCHES SANS VICTOIRE QUE L'OM ENTRE DANS SA FINALE.

EUR

CHELSE
BAYER
MUNIC
MADR
BARÇA JUV
CITY ATL
MADRID

Chelsea et Drogba s'adjugent enfin la Ligue des champions aux dépens du Bayern de Ribéry. Le Real Madrid, guidé par Ronaldo et Benzema, met fin, malgré le génie de Messi, à l'hégémonie du Barça en Liga. En Italie ou en Angleterre, la roue tourne avec les sacres de la Juve et de City tandis que Dortmund brille en Bundesliga.

De gauche à droite : Ribéry (Bayern Munich), Benzema (Real Madrid), Messi (FC Barcelone), Drogba (Chelsea).

FINALE LIGUE DES CHAMPIONS

CHELSEA
BAYERN MUNICH
1-1
4 tab 3

Kalou, Malouda, Meireles, Bosingwa, Ferreira, Essein: les Blues tout à leur joie.

CHELSEA S'EN REMET À DROGBA

L'inattendu est attendu à Munich. L'inattendu est même espéré! La capitale de la Bavière se préparait à recevoir un clasico, voilà qu'elle accueille un bon vieux choc anglo-saxon.

L'Allianz Arena était promise au duel Barcelone-Real, elle sera le terrain de jeu de Bayern Munich-Chelsea. Pas de règlement de comptes au sommet entre Lionel Messi et Cristiano Ronaldo, pas de finale symbolique pour l'attribution du Ballon d'Or, mais un terreau d'enjeux pour Franck Ribéry et Didier Drogba.

RIBÉRY : « AUSSI IMPORTANT QUE LA FINALE DU MONDIAL 2006. »

L'Ivoirien dispute sa deuxième finale de Ligue des champions. Avec Chelsea, le 21 mai 2008, il a regardé Manchester United partir avec le trophée. Ce soir-là, à Moscou, il touche le poteau avant d'être expulsé en fin de match, laissant ses partenaires se débrouiller lors de la séance de tirs au but (1-1, 6-5 aux tab pour MU). Deux ans auparavant, en 2006, il avait subi la loi de l'Égypte (0-0, 4-2 aux tab) en finale de la Coupe d'Afrique, ratant une magnifique occasion et son… tir au but. Et en début d'année 2012, il vient encore d'échouer en finale de la CAN, toujours aux tirs au but, contre la Zambie (0-0, 8-7 aux tab), alors qu'il a manqué un… penalty dans le temps réglementaire. Si l'on ajoute la défaite face à Valence en finale de la Coupe UEFA 2004 avec l'Olympique de Marseille (0-2), cela ressemble à une malédiction que l'ancien Guingampais réfute : « Il n'y a aucun point commun entre ces matches. Ils se sont joués dans des contextes très différents. Les défaites en finales de CAN m'ont rendu très triste pour le peuple ivoirien, mais il est de toute façon plus compliqué de jouer en sélection où il y a moins d'automatismes qu'en club. Et puis, le passé est le passé, il n'y a que le futur qui m'intéresse aujourd'hui et cette finale de C1 ! »
Un autre ancien Marseillais ne souhaite pas replonger dans le passé : Franck Ribéry. Suspendu lors de la finale de 2010, et la défaite du Bayern face à l'Inter (0-2), l'international français estime que ce rendez-vous, devant son public munichois, est le plus important de sa carrière en club. « Depuis notre qualification à Madrid, tout Munich ne pense qu'à cette finale, raconte l'ancien Messin. C'est de la folie. Si jamais on perd, on aura tout perdu cette saison

(championnat et Coupe, les deux face à Dortmund) et ce serait un choc horrible. On a très envie de vivre une nuit magique avec toute la ville en liesse. Moi, j'ai 29 ans et je ne sais pas si je rejouerai une finale de Ligue des champions un jour. C'est un match aussi important que la finale de la Coupe du monde 2006.»

DROGBA: «JE CROIS AU DESTIN.»

Alors Ribéry pourra dire que les finales en Allemagne ne lui réussissent pas vraiment. Car, comme à Berlin six ans plus tôt, il voit s'échapper le trophée au bout de la séance de tirs au but. Pourtant, le Bayern a dominé. Tellement dominé... Chelsea n'a pas d'autre arme, pas d'autre choix que de renouveler sa performance des demi-finales. Tout le monde derrière, fondation d'une entreprise en maçonnerie et résistance à tous les vents. En matière d'isolation, l'équipe de Roberto Di Matteo en connaît un rayon. C'est ennuyeux, amoral pour certains puristes, mais diablement efficace. Au fil du temps, on sent bien qu'Arjen Robben s'agace de toujours prendre le mur. On perçoit que les tirs bavarois, à force de buter sur Petr Cech, ne rentreront jamais. Le gardien tchèque dévie une reprise de Robben sur le poteau (21e) avant de voir une frappe de Gomez passer juste au-dessus (42e). Il est ensuite heureux de voir le drapeau se lever alors que Ribéry inscrit un but (54e) au hors-jeu douteux. Bref, le Bayern tente vingt-six fois sa chance en 120 minutes (eh oui, il y aura prolongation) et Chelsea seulement sept fois. Les Allemands cadrent huit reprises, les Anglais moitié moins. Mais au coup de sifflet final, chacun a marqué une fois... Le Bayern grâce à Müller, qui domine Ashley Cole de la tête (83e, 1-0). Le banc bavarois s'apprête à fêter son sacre, le public aussi, mais voilà que surgissent les fantômes du Camp Nou où, menant 1-0 en 2001, le FCB s'était finalement incliné en trois minutes contre Manchester United (1-2). Car à trois minutes du terme, Drogba égalise sur corner (87e, 1-1) et permet à Chelsea de poursuivre le bétonnage une demi-heure supplémentaire.

L'Ivoirien aurait pu alors basculer dans un nouveau cauchemar. Car à la 93e minute, il provoque un penalty en crochetant Franck Ribéry. Robben s'avance et bute sur Cech... L'affaire ne peut que se conclure aux tirs au but. Chelsea y accède avec un ascendant psychologique. Pourtant, lorsque Mata manque le sien, l'Allianz Arena pense qu'il n'y aura plus de miracle pour les Blues. Lahm et Gomez n'ont pas tremblé et si David Luiz a ouvert le compteur des Blues, voilà que Manuel Neuer, le gardien allemand, s'avance vers Petr Cech. Il bat son collègue tchèque, il ne peut plus rien arriver au Bayern qui mène 3-1. Sauf qu'Olic et Schweinsteiger, successivement, sont battus par Cech. Et alors que Lampard et Cole ont ramené Chelsea à hauteur (3-3), il revient à Drogba de frapper le penalty qui peut offrir leur première Ligue des champions aux Blues. «Je crois au destin», dira l'Ivoirien.

Son tir au but est l'aboutissement d'une performance magistrale. «Didier a marqué à tous les matches ou presque de Ligue des champions, dit, admiratif, Frank Lampard. Il nous a inspirés toute la compétition. Et il a encore fait basculer le match ce soir. Il a donné à Chelsea son premier titre européen, c'est un héros.» Le mot est juste.

Grand seigneur: Drogba console Schweinsteiger.

Demi-finales

L'ESPAGNE RESTE À LA PORTE

L'histoire est écrite à l'avance. Chacun sait que la finale de la Ligue des champions opposera le Real Madrid au FC Barcelone. Comment pourrait-il en être autrement?

À la lutte en championnat d'Espagne, les deux équipes ont rendez-vous le 19 mai à Munich pour un clasico supplémentaire. Comment le Bayern, incapable de maîtriser le Borussia Dortmund dans sa compétition domestique, et Chelsea, qui lutte pour ne pas finir… cinquième de la Premier League, pourraient-ils donc empêcher ces retrouvailles programmées? Sur une seule rencontre, les experts veulent bien d'une surprise, mais sur une confrontation aller-retour, vous n'y pensez pas. Impossible. Cristiano Ronaldo et Lionel Messi joueront le Ballon d'Or en Bavière, un soir de mai, on vous le dit. Avant mai, il y a avril. Et c'est le 17 avril, précisément, que débutent les demi-finales. Dans son Allianz Arena, le Bayern reçoit le Real Madrid. Sur leur première frappe, les Allemands ouvrent le score. Un corner de Toni Kroos, une relance de la tête hasardeuse de Sergio Ramos, et voilà Franck Ribéry qui marque d'une frappe à ras de terre (17e, 1-0). Les Munichois sont entreprenants et Casillas est contraint à une claquette juste avant le repos sur une tentative de Gomez (40e).
Même malmené, le Real profite de ses opportunités. Lorsque Mesut Özil, l'international allemand, a la chance d'égaliser, il ne la manque pas (53e, 1-1). Dès lors, la surface madrilène est littéralement assiégée et le Bayern y pratique un pilonnage intensif de centres. Pas toujours précis, souvent répétitifs. Mais, à la dernière minute, un centre du capitaine Philip Lahm finit par profiter à Gomez qui offre la victoire au Bayern (90e, 2-1). «C'est notre première défaite de la saison en Ligue des champions, note José Mourinho. Mais je ne pars pas d'ici avec un sentiment négatif. On ne

Gomez-Pepe: duel de gros bras.

SAMSUNG
SAMSUNG
Qatar Foundation
10

Messi dans la nasse entre Terry, Ivanovic et Cahill.

méritait pas de perdre, mais on perd, c'est ça le football. » « On a joué intelligemment et on s'en sort bien », constate son collègue allemand, Jupp Heynckes.
La petite sensation de Munich, si elle offre davantage de chances aux Espagnols de se qualifier au retour, ne saurait se répéter le lendemain à Londres où Chelsea accueille Barcelone. Le Barça, fidèle à lui-même, garde beaucoup le ballon, mais tourne autour de la défense anglaise sans succès. Les Catalans se procurent vingt-quatre occasions, profitant de leur monopole du ballon (72 % de possession), mais ils n'en concrétisent aucune, la plus notable étant l'œuvre d'Alexis Sanchez, dont le lob touche la barre transversale de Petr Cech (9e).
Sur une balle perdue au milieu de terrain par Lionel Messi, une accélération de Ramires permet à Didier Drogba de tenter la première frappe cadrée des Blues. Et de la réussir (45e+2, 1-0)... Encore sauvé par son poteau sur un tir de Pedro (93e), Chelsea l'emporte et crée une énorme sensation même si, comme pour le Bayern, peu de gens misent sur une qualification anglaise la semaine d'après au Camp Nou. « On s'est créé vingt-quatre occasions, que peut-on faire de plus ? s'interroge Josep Guardiola, l'entraîneur barcelonais. Il faudra s'en créer vingt-quatre de plus au match retour en espérant que l'une d'entre elles aille au fond. » Naturellement, Roberto di Matteo, l'entraîneur de Chelsea, se montrait beaucoup plus enthousiaste : « On a été presque parfaits. Contre Barcelone, il faut être extrêmement précis pour profiter de ses occasions et surtout bien défendre. On savait qu'ils auraient beaucoup le ballon et la performance de ce soir a d'abord été collective. Ce sera très difficile quand même au match retour où chacun aura une chance sur deux de se qualifier. »
À la mi-temps du match retour, les Blues avaient pourtant 100 % de chances de se qualifier. Ils étaient menés 1-2, mais grâce au but à l'extérieur, ils détenaient le ticket pour la finale. Certes, ils avaient été menés au score suite à deux buts de Busquets et Iniesta. Certes, l'expulsion de l'intellectuel John Terry, mettant un coup de genou à Sanchez sur une phase arrêtée, plaçait Chelsea en position délicate.
Mais un but de Ramires, juste avant le repos, semait le doute chez les Catalans en même temps qu'il qualifiait Chelsea... « C'est le tournant du match, estime Guardiola. Cela nous a touché psychologiquement. » À dix contre onze, Chelsea pouvait-il résister ? D'autant qu'une faute de Drogba sur Fabregas provoquait un penalty (48e). Lionel Messi s'apprêtait à accroître l'avantage des blaugrana, mais sa frappe toucha la barre.
Comme à l'aller, le match ressemblait à une attaque-défense. Mais Chelsea ne cédait pas, au contraire. Dans le temps additionnel, Torres profitait de sa solitude en contre-attaque pour dribbler Victor Valdes et égaliser (2-2). « On a échoué, reconnaissait Guardiola. Félicitations à Chelsea. » « C'est un exploit incroyable, enchaînait Di Matteo. Beaucoup de gens nous avaient éliminés avant l'heure, mais nous avons montré le vrai caractère des joueurs de Chelsea. Barcelone est une équipe remarquable, la meilleure du monde et la manière dont nous avons joué est la preuve de notre motivation absolue d'atteindre la finale. On a eu un peu de réussite, mais pour remporter un tel trophée, c'est nécessaire. »
Cette réussite, le Bayern Munich l'aura aussi le lendemain. À Madrid, les Allemands sont menés au score après six minutes. Un penalty de Ronaldo, suite à une main d'Alaba (1-0). Après quinze minutes, servi par Özil, l'attaquant portugais doublait la mise, lançant ce qui ressemblait alors à une folle chevauchée madrilène (15e, 2-0). Mais à la 27e minute, le Bayern obtenait à son tour un penalty, réussi par Robben (27e, 2-1). « Nous savions que nous aurions besoin d'un but pour assurer le coup », se réjouira Jupp Heynckes.
Ce score, le même qu'à l'aller, n'évoluait plus, y compris pendant la prolongation. La séance de tirs au but était fatale aux Madrilènes, notamment Ronaldo et Ramos, tombés sur un excellent Manuel Neuer. Fataliste, Mourinho tentait la sobriété : « Après deux heures à la limite, il n'est pas facile de marquer un penalty.

UN JOUEUR QUI SE PORTE VOLONTAIRE POUR TIRER UN PENALTY EST UN JOUEUR SANS PEUR.

Je suis fier de mes joueurs. Ils ont travaillé dur et nous devons réagir avec fierté. » De leur côté, les Bavarois étaient plus que fiers. « Notre prestation après le premier quart d'heure a été exceptionnelle, estime Heynckes. Nous avons joué contre le futur champion d'Espagne et sur les 120 minutes, nous méritons d'être en finale. »
Le Bayern la jouera à domicile, dans son stade où il n'y aura aucune équipe espagnole. Bayern-Chelsea, affiche inattendue au sommet de l'Europe. Et côté inattendu, elle est pleine de promesses.

L'OM CONNAÎT LA MUSIQUE

Seul vainqueur français de la Ligue des champions (en 1993, face au Milan AC, 1-0), l'OM porte le poids de cette histoire chaque fois qu'il entre dans la compétition.

Il y a bien longtemps que personne n'en fait plus un prétendant crédible au titre suprême et l'objectif raisonnable est d'essayer de sortir de sa poule, mais c'est ainsi : précédé de sa légende, escorté par la possibilité d'un miracle, Marseille entame sa campagne européenne dans un tourbillon jamais rationnel.

Évidemment, lorsque la saison a démarré en Ligue 1 sans aucune victoire en cinq matches, quand le club pointe au dix-septième rang du classement avec seulement 3 points, la légende est moins mémorable et le miracle semble encore plus extraordinaire.

C'est d'ailleurs sans emphase que Didier Deschamps aborde le premier rendez-vous de cette C1 2011-2012 au Pirée, face à l'Olympiakos. « Peu importe le résultat, lâche le champion du monde 1998. Cela ne nous donnera pas plus de points pour le championnat... » L'enthousiasme méditerranéen serait-il en crise au moment d'accoster en Grèce ?

« Le début de saison est très délicat, reconnaît le gardien, Steve Mandanda. Mais ce match peut nous lancer. » Pas faux. Un centre de Morel, une reprise au ras du poteau de Lucho et l'OM l'emporte (1-0, 51e). Peut-être le parfum de la L1 puisque l'Olympiakos compte dans ses rangs François Modesto (ex-Monaco), Jean II Makoun (ex-Lyon), Kevin Mirallas (ex-Saint-Étienne) et Marko Pantelic (ex-PSG). Si ce n'est le carton rouge récolté par Rod Fanni à la dernière minute, la soirée a été parfaite. « Les 10 premières minutes, on a subi une grosse pression, analyse Deschamps. Ensuite, on a eu une bonne maîtrise des situations favorables avec des bonnes positions de frappes, malheureusement pas cadrées. On gagne. Les autres font match nul (Dortmund-Arsenal : 1-1). La route est encore longue, mais ça va donner de la sérénité au groupe. »

MARSEILLE, IDÉALEMENT LANCÉ

Un groupe serein lorsqu'il accueille le Borussia Dortmund au Vélodrome le 28 septembre. « Prendre des points ici sera difficile, mais pas impossible », annonce pourtant Jürgen Klopp, l'entraîneur allemand. L'aisance technique du Borussia impressionne et, rapidement, on se demande combien de temps l'OM résistera. Vingt minutes en fait... avant d'ouvrir le score par André Ayew (20e, 1-0). Bien sûr, les Allemands donnent le sentiment de pouvoir reve-

Mandanda, capitaine
et chef de file d'un OM
rompu aux joutes
européennes.

« ON A BIEN JOUÉ. MAIS ON A PRIS 3-0 ET C'EST CE QU'ON RETIENDRA. »

Aidé par André Ayew, Cheyrou distance Song et Van Persie.

nir et même de gagner, mais à l'heure de jeu, ils reprennent une flèche signée Loïc Rémy (62e, 2-0). Ce dernier obtient ensuite un penalty (pour une faute de Kehl) qui permet à André Ayew d'inscrire un doublé (69e, 3-0). Une victoire éclatante même si, dans le jeu, l'OM est souvent apparu en difficulté et que Jordan Ayew a pris un carton rouge en fin de rencontre (90e+3). « On n'est pas malheureux, reconnaît Deschamps. On va savourer pour toutes les fois où ça n'a pas souri. »
Avec deux victoires en autant de rencontres, l'OM semble idéalement lancé, mais Mathieu Valbuena prévient : « En 2009, nous avions 7 points au bout des trois premiers matches et on ne s'est pas qualifiés. Les deux confrontations avec Arsenal seront très importantes. »
La première se déroule à domicile. Marseille terminera-t-il enfin à onze ?
« Il y a de la pression, l'envie de bien faire qui peut amener à commettre des gestes répréhensibles, admet Deschamps. Dans le contexte actuel, les joueurs n'arrivent pas toujours à maîtriser leur nervosité. » Toujours dans la difficulté en Ligue 1 (15e avec 9 points), Marseille, à l'image d'André Ayew, sait « qu'Arsenal peut faire mal ». Bien vu : dans les arrêts de jeu, Ramsey profite d'une déviation de Gervinho pour donner un court mais précieux succès aux Anglais (90e+2, 0-1). « Je leur ai dit à la mi-temps de ne pas aller trop à l'abordage et là, Ramsey se retrouve complètement seul ! s'irrite Deschamps. Évidemment que ça me met en colère. » « Difficile à avaler pour Marseille, mais c'est le sport », dit Arsène Wenger. « C'est un gros coup dur, commente Steve Mandanda. Après une partie solide, on prend ce but en toute fin de match… On aurait dû s'en tirer sur un nul avec plus de maturité et d'expérience. On devra s'accrocher pour se qualifier. » Il faut dire que l'OM vient de se laisser doubler en tête du groupe par les Anglais, qui comptent 7 points contre 6 aux Marseillais, 3 à l'Olympiakos et 1 à Dortmund. La perspective de se déplacer à Londres et à Dortmund lors des matches retour ne réjouit donc personne du côté de Marseille.
Sa phase retour, Marseille l'aborde donc à l'Emirates Stadium. « On va là-bas pour gagner, assure Diawara. On est prêt à aller au combat et on ira. » Mais les Gunners ont simplement besoin d'un succès pour valider leur qualification au bout de quatre rencontres… Finalement, l'affaire est nulle. 0-0. Mais réjouit Wenger : « On prend 4 points sur 6 à l'OM, ce n'est pas si mal. »
« On a montré qu'on pouvait être costauds, se félicite de son côté Benoît Cheyrou. Ce n'est pas encore fini, mais c'est un bon résultat. » S'il domine l'Olympiakos à domicile, Marseille obtiendra effectivement son ticket pour les huitièmes de finale. Mais pour se ménager un destin, le club grec est, lui, contraint de s'imposer au Vélodrome, et il y croit à l'image de Rafik Djebbour : « Ce n'est pas évident de dire qu'on va à Marseille pour gagner, mais ce n'est pas mission impossible. Ce groupe est à notre portée dans la mesure où il n'y a pas de super équipe. L'OM est solide, tactique, un peu à l'italienne. » Quatre fois, durant la rencontre, Mandanda sauvera son équipe (36e à deux reprises, 39e, 59e). Mais à la 82e, le portier international ne pourra rien sur la frappe croisée de Fetfatzidis (82e, 0-1). « On aurait dû assurer l'essentiel puisqu'un nul nous suffisait, peste Deschamps. La performance collective est insuffisante. »

MIRACLE À DORTMUND

Dans l'obligation de s'imposer à Dortmund, Marseille joue une finale au Westfalenstadion où le champion d'Allemagne doit gagner par quatre ou cinq buts d'écart pour espérer conquérir la deuxième place du groupe. « On peut leur en mettre

Buteur héroïque face à Dortmund, Valbuena (caché) est congratulé par ses coéquipiers en liesse.

quatre ou cinq », assure Kevin Grosskreutz, gonflé par le succès du week-end face à Schalke 04 (2-0). « On est prêts à répondre au combat », prévient Mandanda. Dès la 23e, Blaszczykowski donne l'avantage au Borussia (23e, 1-0). Puis Hummels, sur penalty, donne de l'air aux Allemands (32e, 2-0). On sent le BvB parti pour la performance de la soirée quand Rémy refroidit l'atmosphère (45e+4, 2-1). « Après une entame catastrophique, ce but nous réconforte », estime Mandanda.
L'affaire semble entendue pour l'OM quand, à la 85e minute, André Ayew place une tête victorieuse (85e, 2-2). Encore un but et l'OM se qualifie.
Valbuena, d'une magistrale frappe aux 18 mètres sous la barre, marque ce troisième but (97e, 2-3).
« Cette rencontre reflète notre parcours en C1, philosophe Klopp. Entame idéale, mais ensuite, on se délite face à l'OM qui a su forcer son talent. » « Quand on gagne, le foot est merveilleux, analyse Deschamps. Cette qualification, c'est quelque chose de fabuleux. Pour la deuxième année d'affilée, on se qualifie pour les huitièmes et c'est une fierté. » Une grosse sensation aussi, dans un groupe où le champion d'Allemagne reste à quai.
Didier Deschamps avait raison de dire qu'il se passe quelque chose de spécial entre son équipe et la Ligue des champions. Que l'hymne de la compétition semble transcender ses joueurs. Il paraît que l'orchestre va continuer à jouer…

HUITIÈME LIGUE DES CHAMPIONS

OLYMPIQUE MARSEILLE
INTER MILAN

1-0 / 2-1

Buteur au Vélodrome, André Ayew (deuxième à gauche) redonne le sourire à ses coéquipiers.

OM À L'ITALIENNE

Évidemment, lorsqu'on a terminé deuxième de son groupe et que l'Apoël Nicosie, le tirage le plus abordable des huitièmes de finale de Ligue des champions (enfin, a priori...), est destiné à l'Olympique Lyonnais, il y a de quoi trembler. Alors Marseille tremble.

L'OM a rendez-vous avec l'Inter Milan, vainqueur en 2010 de la compétition et quart-finaliste en 2011. Du lourd, du rugueux et du très solide qui n'a pas laissé la moindre chance à Lille en phase de poules.

Il y a, en sus, le match retour à San Siro et donc le fantasme de l'équipe italienne injouable dans ce type de configuration, etc. Mais commençons par l'aller, au Stade Vélodrome qui, contre toute attente, démarre fort pour l'OM. Rapidement, se forge la conviction que la place existe. Une frappe de Benoît Cheyrou, qui oblige Julio Cesar à détourner en corner dès la 3e minute, en est la preuve. Une frappe de 20 mètres de César Azpilicueta, non cadrée (20e), précède une énorme opportunité de Souleymane Diawara dont la déviation effleure le poteau italien.

Logiquement, l'Olympique de Marseille prend confiance. Son destin est-il de perdre au dernier moment comme contre Arsenal (0-1) ? Non, c'est l'inverse. « Habituellement, les buts en fin de rencontre, c'est plutôt pour les équipes italiennes, admettait Didier Deschamps, mais on a réalisé un gros match et dans le dernier quart d'heure on a vraiment poussé face à une équipe forte. » Les arrêts de jeu sont sur le point de s'achever lorsque André Ayew place une tête piquée sur un corner de Mathieu Valbuena (90e+3, 1-0). « Nous manquons de réussite, peste Claudio Ranieri, l'entraîneur de l'Inter. Prendre un but alors que le match était terminé… Mais nous sommes encore vivants et avec l'aide d'un stade plein, nous pouvons inverser la tendance. Nous sommes assez bons pour marquer deux fois. » Il a raison.

L'INTER MARQUERA D'AILLEURS DEUX FOIS.

Tardivement, mais deux fois quand même. D'abord, par l'Argentin Diego Milito, profitant d'un énorme cafouillage de la défense marseillaise suite à un corner de son compatriote Esteban Cambiasso (1-0, 75e). Dans les arrêts de jeu, les Italiens se procuraient un penalty pour une faute de Steve Mandanda sur Giampaolo Pazzini. Expulsé sur le coup, le portier international laissait sa place à Gennaro Bracigliano, trompé par Pazzini. 2-0 ? Non, 2-1 car deux minutes auparavant, Brandao, qui avait contrôlé du dos un dégagement de Mandanda, avait mis dans le vent la défense interiste avant d'aller égaliser du gauche (1-1, 90e+2).
Dès lors, le succès de l'Inter devenait anecdotique, l'OM étant qualifié au bénéfice du but inscrit à l'extérieur. « Comme à Marseille, on a été meilleurs, disait Claudio Ranieri. Mais le football est ainsi, il faut accepter le résultat. » « Et dans le football, il ne faut rien lâcher, enchaîne Didier Deschamps. Quand Brandao est entré, il m'a dit : "Coach, je vais marquer. " On leur a fait mal comme à l'aller, un peu à l'italienne. »
Aussi incroyable que cela puisse paraître, voilà l'OM parmi les huit meilleures équipes européennes. Sa place n'y est pas usurpée, mais la sensation monte que le plus dur commence.
Certes, Marseille évite les monstres espagnols, Barcelone et le Real, mais sur sa route se dresse le Bayern en pleine renaissance. Ce quart de finale est un mur, l'OM ne va pas le rater (le mur, pas le quart).

À Milan, M'Bia s'impose face à Nagatomo.

Gignac isolé entre les Bavarois Tymoschuk et Boateng.

QUART DE FINALE LIGUE DES CHAMPIONS

OLYMPIQUE MARSEILLE
BAYERN MUNICH

0-2 / 2-0

L'OM ÉLIMINÉ
LE BAYERN COMME DANS DU BEURRE

On ne sait pas trop quoi penser du défi qui attend l'Olympique de Marseille en quart de finale de la Ligue des champions.

Sur la route des Marseillais se dresse le Bayern Munich, poursuivant du Borussia Dortmund en Bundesliga, qui a brillé par son inconstance toute la saison, mais qui rêve de disputer la finale dans son stade de l'Allianz Arena deux mois plus tard. Il y a aussi cette tradition française qui consiste à sous-estimer les clubs allemands et donc à relativiser la puissance de l'adversaire des Provençaux. Le Bayern, vu de France, ce n'est pas Arsenal ou le Milan.
Alors, on essaie d'y croire malgré les difficultés domestiques de l'OM, qui s'enfonce en deuxième partie de tableau de Ligue 1 et vient d'être éliminé

Avec Gomez opposé à Fanni, le Bayern l'emporte les yeux fermés.

en quart de finale de la Coupe de France par Quevilly (3-2 a.p.). Cette équipe bavaroise a des points faibles et les experts en dressent la liste : Mario Gomez n'est pas un attaquant de dimension internationale (il finira meilleur buteur de la compétition derrière Lionel Messi), la défense est faible (elle ne compte que deux internationaux allemands, Lahm et Badstuber...), etc. Autant de raisons d'espérer que les Allemands balaient dès le match aller au Stade Vélodrome. Ils profitent de la complicité involontaire de Elinton Andrade, gardien remplaçant de Steve Mandanda, suspendu. Le Brésilien, absent de toutes compétitions depuis quatorze mois, est coupable d'une faute de main sur la frappe de Mario Gomez qui conduit à l'ouverture du score juste avant le repos (0-1, 44e). « Ils n'avaient pas eu tant d'opportunités que ça jusque-là et c'est vrai que ce but, à ce moment-là, nous pénalise », dira Didier Deschamps.

DESCHAMPS : « LA MARCHE ÉTAIT TROP HAUTE. »

Marseille, qui avait cru l'exploit possible lorsqu'une reprise de Loïc Rémy toucha le poteau à la 5e minute, comprend à la mi-temps de cette première manche que la route des demi-finales est soudainement très encombrée. Et comme Arjen Robben doubla la mise sur un service de Thomas Müller (0-2, 69e), tout l'OM saisit qu'il faudra donc inscrire au moins deux buts en Bavière pour envisager l'improbable exploit. « C'est évidemment très compliqué, reconnaît Deschamps. On a une chance, mais elle est infime. »

Tranquille, son homologue allemand, Jupp Heynckes, laisse Gomez et Robben sur le banc au coup d'envoi du match retour. Il peut compter sur Ivica Olic, bourreau des Lyonnais en demi-finale en 2010. Le Croate ouvre le score sur un centre de Franck Ribéry (1-0, 13e). L'affaire est pliée, et même repliée juste avant le repos quand Olic reprend un centre de l'Autrichien David Alaba (2-0, 37e). « On a pris plus de risques et on s'est exposés, constate Deschamps. La marche était trop haute pour nous. » « Marseille a tout donné en jouant avec trois attaquants, poursuit Heynckes. Cette équipe a éliminé Dortmund et l'Inter, elle n'est donc pas en quarts de finale par hasard... » Cet hommage du champion du monde 1974 réchauffe sans doute le cœur des Marseillais. Mais cela reste insuffisant pour effacer cette sensation que l'OM a traversé ces quarts de finale en donnant l'impression de ne pas y participer vraiment.

Ramos prend le pas sur Briand, symbole d'un Real Madrid dominateur.

INCROYABLE LYON !

Huit fois de suite huitième de finaliste de la Ligue des champions, l'Olympique Lyonnais n'en est pas moins obligé de passer par le barrage pour se qualifier pour la phase de groupes.

En 2009, déjà, l'OL avait dû se débarrasser d'Anderlecht (5-1 ; 3-1) dans ce tour préliminaire avant d'entamer une campagne qui allait le conduire en demi-finale… Les Lyonnais n'en sont pas encore à ce type de rêve, la perspective de rencontrer deux fois les Russes du Rubin Kazan n'incitant pas particulièrement aux songes les plus relaxants. Parce que Kazan vient d'éliminer le Dynamo Kiev (2-0 ; 2-1) et parce qu'en 2009, en Ligue des champions, ce club était allé gagner au Camp Nou face au FC Barcelone (2-1). « On ne se rend jamais, prévient Salvatore Bocchetti, défenseur italien de cette équipe. Nous respectons Lyon, mais nous n'avons peur de personne. »

Sans Cris, Gourcuff, Mensah et Ederson, blessés, mais aussi sans Lacazette et Grenier, retenus avec l'équipe de France aux championnats du monde des moins de 20 ans en Colombie, l'OL n'affiche pas une sérénité absolue.

À peine la partie a-t-elle démarré que Diadioune a ouvert le score sur corner (0-1, 3e). Heureusement, une volée du droit de Gomis relance Lyon rapidement (1-1, 10e). « Au bout de trois minutes, on a vécu une grosse frayeur car on imaginait un autre départ, concédera Rémi Garde, l'entraîneur lyonnais. Et ça nous a plus vexés que réveillés. » Avant le repos, un centre de Gomis est détourné par Kverkvelia dans son propre but (2-1, 40e), libérant un peu les Lyonnais. Sur un corner de Källström, Briand ajoute un troisième but (3-1, 71e), insuffisant pour rassurer complètement ses partenaires. « C'est loin d'être réalisé », prévient Gomis. « Un troisième but d'avance nous aurait bien aidés », reconnaît Källström. « On peut combler cet écart chez nous, prévient l'entraîneur, Kurban Berdiyev. Rien n'est perdu. »

Au match retour, fin août 2011, Natcho marque encore. À la 77e minute (1-0). Il reste un petit quart d'heure et un but des Russes éliminerait l'OL. Mais, finalement, une tête de Koné permet aux Français de sécuriser leur qualification (87e, 1-1). « Oui, j'ai tremblé », admet Rémi Garde qui emmène Lyon en phase de poules de C1 pour la douzième fois d'affilée. « Aucun autre club français n'est capable de le réussir,

SERGIO RAMOS
4
bwin

KONZUM
redit

Briand inscrit le but du…7-1 contre Zagreb : l'OL qualifié !

estime le président Jean-Michel Aulas. C'est exemplaire. » Dans sa poule, Lyon retrouve le Real Madrid. Mais l'Ajax et le Dinamo Zagreb ne semblent pas réellement en mesure de contester la deuxième place aux Lyonnais. Ces derniers entament d'ailleurs leur campagne par un match nul aux Pays-Bas (0-0). « Un match nul qui nous convient », commente Briand alors que la prochaine rencontre, à Gerland, propose les Croates du Dinamo Zagreb au menu. « En sélection, Dejan Lovren m'a dit qu'il était persuadé que Lyon allait gagner, raconte le capitaine croate Milan Badelj. Moi, je suis certain du contraire. » Et c'est donc Lyon qui gagne. 2-0, grâce à Gomis (23e) et Koné (42e). Ce succès marque le centième match de l'OL en Ligue des champions (48 victoires, 24 nuls, 28 défaites). « Cela nous donne des points et des repères dans ce groupe, mais ça ne change pas la nature de notre double confrontation face au Real », dit Rémi Garde.

LA FESSÉE DU REAL

Le 18 octobre, les Lyonnais affrontent le Real en Espagne. « On joue pour avoir le meilleur tirage possible en huitièmes, annonce Gomis. Sans manquer de respect à personne, on va essayer d'aller chercher la première place. » « La clé, c'est bien défendre, assure son entraîneur. Quand on sera proche de notre but, mais aussi quand on en sera loin parce que la transition défense-attaque du Real Madrid est très rapide. » Il fut bien inspiré de prévenir.

LA TORNADE BLANCHE NE LAISSE AUCUNE MIETTE AUX FRANÇAIS.

D'abord Benzema (19e, 1-0), puis Khedira (47e, 2-0). Un centre d'Özil est ensuite détourné dans son but par Lloris (55e, 3-0) tandis que Ramos conclut un corner de Kaka en force (81e, 4-0). « On a joué avec beaucoup de complexes, reconnaît Anthony Réveillère. On a une équipe jeune et inexpérimentée. Contre ces joueurs-là, ça se ressent aussi. » « On les a harcelés jusqu'à ce que le match explose à 2-0 », explique José Mourinho, l'entraîneur du Real.
L'objectif, au match retour, est d'éviter une nouvelle correction. « Le Real est une équipe programmée pour gagner, qui nous est supérieure, admet Gomis. La fessée prise à Madrid témoigne d'un fossé. À nous d'agir en sorte que ce deuxième match ne ressemble pas au premier… » Jamais vainqueur à Lyon, le Real espère bien enfin l'emporter à Gerland. « Chaque fois, l'OL hausse son niveau de jeu en Ligue des champions », remarque Karim Benzema. Mais, cette fois, ce ne sera pas suffisant. Le Real frappe treize fois dans le cadre en tombant onze fois sur Lloris. 13-11=2. Oui, deux fois, Lloris n'a rien pu faire. Un coup franc de Ronaldo (24e, 0-1), puis un penalty du même Ronaldo (69e, 0-2). « Je pense qu'il y avait la possibilité d'accrocher le nul, estime toutefois Garde. Maintenant, l'objectif est clair : remporter nos deux derniers matches et nous qualifier pour les huitièmes. »

MIRACLE À ZAGREB

Avec quatre succès, le Real mène tranquillement, assuré d'être qualifié. Derrière, l'Ajax compte 7 points et Lyon 4, le Dinamo Zagreb ayant tout perdu. « Ce sera une finale avec l'Ajax, dit Gonalons. Ça met du piment. » Un piment bien fade lorsque l'Ajax et Lyon se séparent, comme à l'aller, par un nul sans but (0-0). L'OL reste donc à 3 points des Néerlandais, ce qui est une très mauvaise affaire. « La qualification demeure mathématiquement possible, assure Garde. Mais il faut un concours de circonstances… » Effectivement : Lyon doit s'imposer à Zagreb en espérant que l'Ajax perde contre le Real en étant rattrapé par Lyon au niveau de la différence de buts (7 buts d'écart). « Ce sera évidemment très difficile, reconnaît Garde. Mais on ira à Zagreb pour gagner largement. »
Malgré ce « pied en Ligue Europa » (Lloris), Garde veut y croire. Källström est moins enthousiaste : « Il faudrait un miracle. C'est évident qu'on est moins forts qu'avant. » Et pourtant… Les Croates mènent juste avant la pause (1-0, 40e) alors qu'ils jouent à dix (expulsion de Leko à la 28e). Très mal embarquée, l'affaire se retourne miraculeusement d'autant que le Real triomphe à Amsterdam (3-0). Gomis égalise (45e, 1-1) avant que Gonalons ne donne l'avantage à Lyon (47e, 1-2). Un doublé en quatre minutes de Gomis donne une marge aux Lyonnais (52e, 1-4). « On a réalisé, au repos, qu'on avait vraiment la possibilité de leur faire mal, dira Garde. On s'était dit qu'ils pourraient lâcher complètement. » Puis Lisandro (64e, 1-5), Gomis (70e, 1-6) et Briand (76e, 1-7) explosent le compteur. Voilà donc l'OL deuxième du groupe et qualifié. « C'est un scénario incroyable, une soirée folle, explique Garde. Quand on a marqué trois buts en cinq minutes, j'y ai cru. » « Tout le monde nous voyait en Ligue Europa, mais entre nous on y croyait, raconte Ederson. On a réussi quelque chose d'incroyable. »
Et ce n'est pas fini.

Ederson opte pour le ciseau-retourné.

HUITIÈME LIGUE DES CHAMPIONS

APOEL NICOSIE
OLYMPIQUE LYONNAIS

OL 1-0 APOEL / APOEL 1-0 OL
4 tab 3

L'APOEL DANS LA FIGURE

L'Apoel Nicosie comme adversaire en huitième de finale de la Ligue des champions, Lyon ne pouvait rêver mieux. Premiers de leur groupe, les Chypriotes faisaient saliver tous ceux qui avaient terminé deuxièmes…

Naples, Marseille, mais aussi Lyon, évidemment. Difficile d'envisager adversaire plus abordable quand il est possible de croiser Barcelone, le Bayern ou Chelsea. Mais, finalement, tout cela est crispant le 14 février 2012, lorsque les Chypriotes résistent bien à Gerland.

Au repos, la déferlante lyonnaise se laisse encore attendre. Juste avant l'heure de jeu, une frappe de Lacazette est touchée par Paulo Jorge. La trajectoire lobée trompe Chiotis (1-0). Malgré cela, Lyon ne parvient pas à enflammer la partie et juste avant le terme de la rencontre, Gustavo Manduca oblige Lloris à une spectaculaire claquette (88e). «Lyon a été meilleur que

nous et nous devons accepter cette défaite, commente Ivan Jovanovic. Mes joueurs ont donné leur maximum, mais il reste un match retour à disputer. On fera tout pour renverser la situation. En vérité, nous sommes assez satisfaits du résultat.»
Les Chypriotes ont préservé leurs chances de creuser la différence à Nicosie et cela n'a pas échappé à Rémi Garde: «Nous avons réalisé pourquoi il fallait nous méfier de cette équipe de Nicosie. Ils ont montré que même s'ils n'avaient pas un grand nom sur la scène européenne, ils étaient capables d'être très, très bien organisés et de prendre un grand plaisir à défendre. La rencontre s'est déroulée comme nous nous y attendions. Et nous avons surtout veillé à ne pas encaisser de but.»
Sera-ce suffisant? Rien n'est moins sûr, même si Rémi Garde pense que cet avantage minimal ouvre des perspectives à l'Olympique Lyonnais pour le match retour.

«ILS ONT TOUTE UNE VILLE AVEC EUX, MAIS, NOUS NOUS Y PRÉPARONS.»

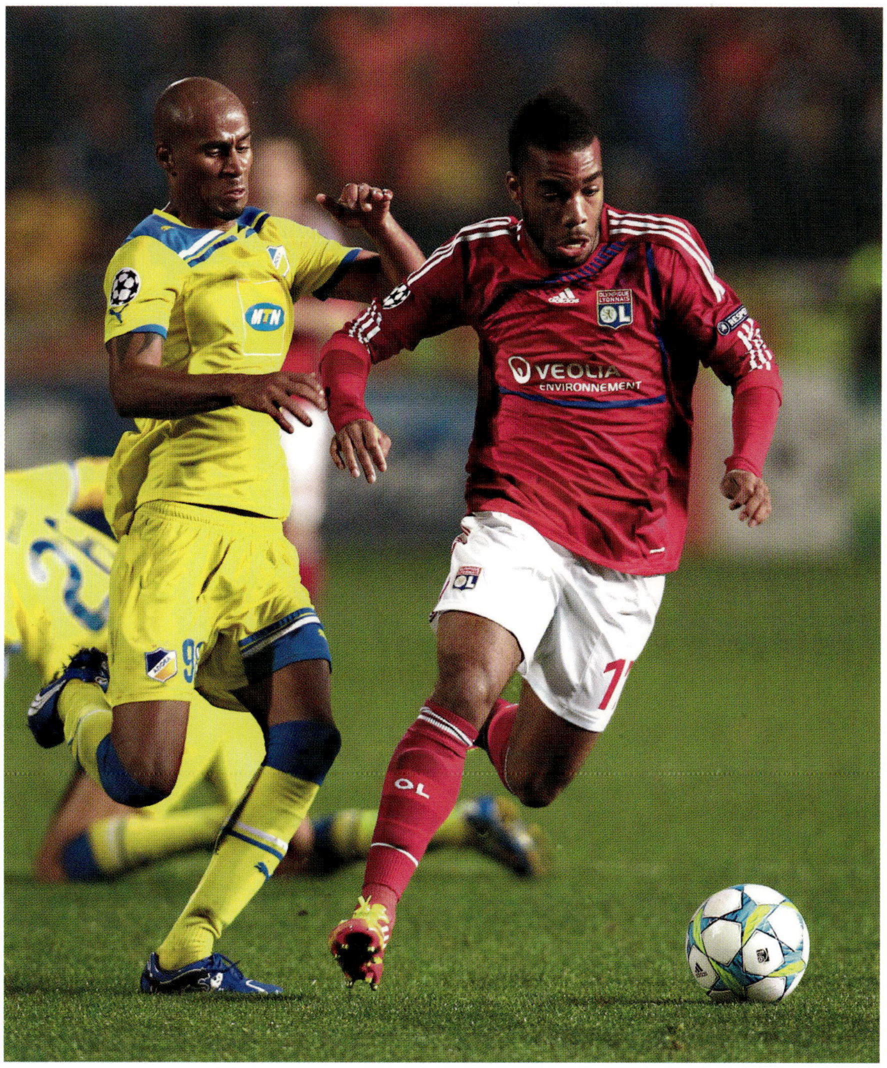

Lacazette, un des seuls Lyonnais à surnager.

L'enfer promis aux Lyonnais dépassera leurs espérances. Manduca ouvre le score après neuf minutes de jeu (9e, 1-0). Incapable de répondre, amorphe, sans idée, Lyon s'enfonce vers la prolongation. Manduca, averti une seconde fois, est exclu à la 105e et on se dit alors que le dernier quart d'heure sera fatal à l'Apoel. Il n'en est rien et voilà les Chypriotes qui emmènent les Lyonnais vers la séance de tirs au but. Alexandre Lacazette et Michel Bastos se heurtent alors à Dionisis Chiotis… Les Chypriotes réussissent toutes leurs tentatives, ils s'imposent 4-3 aux tirs au but. Énorme désillusion pour Lyon, exploit retentissant pour le premier club chypriote accédant aux quarts de finale d'une compétition européenne. «Une soirée inoubliable, selon Ivan Jovanovic. On n'aurait jamais pensé arriver jusque-là.»
L'Apoel défiera le Real au tour suivant. Lyon rentre penaud et ridicule à la maison. «C'est une très grande désillusion, dit Rémi Garde. Personne n'est heureux ce soir, mais on a laissé passer notre chance sur le terrain.» Une des pires performances françaises en Coupe d'Europe est donc l'œuvre du club le plus constant au plus haut niveau continental depuis douze saisons. Les paradoxes, et les charmes, du sport…

LILLE LES PIEDS DANS LE TAPIS

C'est l'histoire d'une course-poursuite. Après un rêve : la qualification pour les huitièmes de finale de la Ligue des champions. Derrière les autres : Inter Milan, Trabzonspor et CSKA Moscou.

Au départ, il n'y a pour Lille ni course ni poursuite, bien sûr, juste un constat, signé Mathieu Debuchy qui résume l'avis général : « On serait déçus de ne pas sortir de ce groupe-là. » Avec l'Inter, le champion de France est un favori logique. Son entraîneur, Rudi Garcia, n'a jamais aimé ce rôle : « Ça m'inquiète qu'on nous voit déjà qualifiés. Je veux lutter contre ce sentiment que nous avons un groupe abordable. C'est dangereux. » Peut-être le technicien lillois s'est-il montré si persuasif que le LOSC ne réussit jamais à aborder ce groupe. Dès l'entame, dans son stade de Villeneuve-d'Ascq, il part loin devant. 2-0 à l'heure de jeu face au CSKA Moscou. Sow a ouvert le score (45e), Pedretti l'a doublé (57e). Mais Doumbia marque deux fois dont une à la dernière minute (2-2). « Dans le vestiaire, la déception dominait », raconte Florent Balmont. « On a trop joué vers l'arrière lorsqu'ils sont revenus à 1-2 (75e) », analyse Garcia. « Mais ce n'est pas une défaite », tempère le gardien Mickaël Landreau. « Si on continue comme ça, conclut son entraîneur on a toutes nos chances de qualification. »

CHAMP DE PATATES

Elles passent par la Turquie où Lille se déplace deux semaines plus tard chez le leader du groupe, vainqueur en ouverture de l'Inter Milan (à San Siro ; (1-0). Éliminé en barrage préliminaire par Benfica (0-2 ; 1-1), Trabzonspor s'apprêtait à disputer la Ligue Europa lorsque la suspension du champion national, Fenerbahçe, impliqué dans une affaire de matches truqués, l'a repêché en C1. Comme face à Moscou, le LOSC mène au score (Sow, 30e, 1-0). Comme face à Moscou, il est rejoint et concède le nul (Colman, sur penalty, 75e, 1-1). « Je suis très satisfait, notamment de notre performance défensive, se réjouit Rudi Garcia. On a joué sur un terrain indigne de la C1, ce n'est pas une pelouse mais un champ de patates. » « Je suis d'accord avec lui », opine son collègue turc, Senol Günes. La pelouse a compliqué le jeu. Maintenant, on a deux matches face au CSKA et Lille jouera l'Inter deux fois. Nous, on va essayer de prendre 4 points. Pour le LOSC, ce sera difficile... » Où l'on comprend que les Turcs visent clairement la qualification. Mais Lille aussi.

Cole, le Lillois, pressé par Motta encore interiste à l'automne.

PIRELLI
PARTOUCHE
8
26
4

Hazard, une protection impeccable du ballon.

TRANQUILLES, PEINARDS, LES LILLOIS NE S'AFFOLENT PAS MALGRÉ LEURS 2 POINTS AVANT DE RECEVOIR L'INTER.

« Sans leur manquer de respect, je crois que c'est le meilleur moment pour les jouer », estime Aurélien Chedjou. La nuit venue, les Milanais repartent en Lombardie avec 3 points. Un succès minimal (1-0, but de Pazzini à la 21e) qui porte les Italiens en tête de la poule à mi-parcours, avec 2 points d'avance sur le CSKA et Trabzonspor, et 4 sur Lille. « On s'est mis en difficulté mathématique, reconnaît Rudi Garcia. Il faut savoir ne pas perdre un match quand on ne peut pas le gagner. Il va falloir réaliser un exploit à Milan… » Résumé réaliste du Belge Eden Hazard : « C'est la différence entre une grande équipe et une équipe qui découvre la C1. » Le 2 novembre 2011 se présente donc à San Siro dans l'obligation de ne pas perdre. « On serait bien inspiré d'avoir à la fin le point que nous avons au coup d'envoi », annonce Garcia. Raté. 18e : tête de Samuel (1-0). 65e : reprise de Milito (2-0). De Melo réduit le score (83e, 2-1), mais Lille, lui, ne fait pas à ses adversaires le coup du retour.

HAZARD : « DIFFICILE À ENCAISSER »

Malgré ce nouveau revers, le nul entre Trabzonspor et le CSKA Moscou (0-0) ne sort pas les Lillois du jeu. Leur chevauchée derrière les autres n'est donc pas terminée. « De toute façon, on n'a rien à perdre, on est derniers », dit Rio Mavuba. Avec 2 points en quatre journées tandis que l'Inter en compte 9, le CSKA et Trabzonspor 5 chacun. « Nous aussi, on doit gagner pour se qualifier », avance l'entraîneur russe Leonid Sloutski.
Au coup d'envoi, la température est de – 8°. Les Lillois refroidissent davantage l'atmosphère moscovite : succès 2-0 (Berezovtski contre son camp, 49e, puis Sow à la 64e). « On attendait notre "entrée" en C1 et on a saisi l'opportunité », jubile Landreau. « En menant 2-0, on a connu le même scénario qu'à l'aller (2-2), mais on a su tenir, se réjouit Mavuba. On ne va pas s'enflammer car lors des quatre premiers matches, tout le monde nous est tombé dessus en disant qu'on n'avait pas le niveau. Mais on n'a rien à envier à Trabzonspor, on n'est pas inférieur. » Pas supérieur non plus, à en juger l'ultime nul concédé au Stadium Nord (0-0). Comme le CSKA l'a emporté à San Siro, le club russe accompagne les Italiens au tour suivant, Trabzonspor s'arrogeant le ticket pour la Ligue Europa. Lille, seule équipe du groupe à ne pas s'être imposée sur la pelouse de l'Inter, en a donc terminé avec l'Europe dès le début du mois de décembre. « Difficile à encaisser, résume Hazard, mais ce n'est pas ce soir qu'on perd cette qualification. » Lille a réussi pleinement un seul de ses six matches. Forcément insuffisant.

Sow, Balmont, Mavuba, Chedjou : la colonne vertébrale du jeu lillois.

Falcao, goleador en état de grâce.

FINALE LIGUE EUROPA

ATLETICO MADRID
ATHLETIC BILBAO

3-0

L'ATLETICO, SOLEIL DE L'ESPAGNE

En 2011, la finale de la deuxième Coupe d'Europe, à Dublin, avait opposé deux clubs portugais. Le FC Porto l'avait emporté sur le SC Braga (1-0) grâce à un but du Colombien Falcao.

Un an plus tard, à Bucarest, ce sont deux clubs espagnols qui se retrouvent face à face. L'Atletico Madrid affronte l'Athletic Bilbao. Et le doublé de Falcao plie définitivement l'affaire en faveur des Madrilènes (3-0). « Ses deux buts ont vraiment fait basculer le match en leur faveur, regrettera Markel Susaeta, de l'Athletic. Nous n'avons pas pu répondre à cela. » « Lorsque j'ai signé à l'Atletico, racontera de son côté l'attaquant colombien de 26 ans, beaucoup de gens ont déclaré que j'avais commis une erreur. Et j'ai attendu ce moment pour leur dire que ce sont eux qui se sont trompés d'avoir porté ce jugement-là. »

Llorente, l'atout offensif n° 1 de Bilbao muselé par Luis Filipe et Miranda.

Cette finale totalement espagnole était perçue comme une consolante pour le football ibérique dont le Barça et le Real avaient été éliminés en demi-finale de la Ligue des champions.

C'EST SURTOUT LE SIGNE D'UNE PERMANENCE AU PLUS HAUT NIVEAU DE LA LIGA.

qui ne se résume pas aux deux monstres qui animent le Clasico. Le point commun de l'Atletico et de l'Athletic réside dans leurs entraîneurs, tous deux Argentins : Marcelo Bielsa, qui a fait de Bilbao une référence en matière de jeu, et Diego Simeone, qui a redonné du lustre à l'Atletico malgré le départ de l'attaquant uruguayen Diego Forlan vers l'Inter Milan. Finalement, le succès de Diego Simeone lui permet d'être seulement le quatrième entraîneur non européen à remporter une compétition de l'UEFA.

Avant lui, seuls trois… Argentins y étaient parvenus. Luis Carniglia (qui joua à Nice et Toulon et entraîna Bordeaux en 1979-1980) a gagné la Coupe d'Europe des clubs champions (ancêtre de la Ligue des champions) avec le Real Madrid en 1958 et 1959, Alfredo di Stefano la Coupe des Coupes avec Valence en 1980 et Helenio Herrera fut l'artisan des succès en C1 de l'Inter Milan en 1964 et 1965.

Simeone, ancien international argentin, rejoint un autre club très fermé : celui des entraîneurs ayant gagné la Coupe UEFA ou l'Europa League (son ancien nom) après l'avoir remportée comme joueur. Il faisait en effet partie de l'équipe de l'Inter (avec Youri Djorkaeff) qui avait battu la Lazio, en 1998 au Parc des Princes. Jusque-là, seuls le champion du monde italien Dino Zoff, avec la Juve (joueur en 1977, entraîneur en 1990) et le Néerlandais Huub Stevens (joueur du PSV Eindhoven en 1978, entraîneur des Allemands de Schalke en 1997), l'avaient réussi. Finale spectaculaire, matches décisifs souvent très agréables, comme ceux qui opposèrent l'Athletic à Schalke ou l'Atletico à Hanovre en quarts de finale. Le seul regret est sans doute d'avoir vu les clubs français sacrifier cette épreuve et, du coup, y perdre de précieux points d'indice UEFA…

LA PATTE FALCAO

Le Colombien Falcao, auteur d'un doublé dans la finale de l'Europa League (3-0), a terminé meilleur buteur de l'épreuve avec douze buts. Durant a saison 2010-2011, il avait déjà dominé le classement des buteurs alors qu'il avait remporté l'épreuve avec le FC Porto (1-0 contre Braga), marqué en finale et inscrit dix-sept buts. Avec un total de vingt-neuf réalisations, il est très proche du record du Suédois Henrik Larsson dans cette compétition (31 buts). « J'ai du mal à trouver les mots pour décrire ma satisfaction, dit Falcao. C'est comme un rêve qui devient réalité. »

LE PSG NE DIGÈRE PAS LE RED BULL

L'entrée en lice du Paris Saint-Germain en Ligue Europa est un événement, le 18 août 2011.

Ce n'est pas tant la présence du Paris Saint-Germain en Coupe d'Europe qui suscite l'intérêt, mais les débuts officiels de l'Argentin Javier Pastore, arrivé quelques semaines auparavant en provenance de Palerme, contre 42 millions d'euros. La promenade estivale emmène les Parisiens et leur nouvelle étoile au Luxembourg, devant 6 153 spectateurs qui assistent à la cruelle défaite de Differdange (0-4). Gameiro, Bahebeck, Ceara et Ménez sont les buteurs parisiens. Pastore, lui, est « tranquille ». Antoine Kombouaré le serait un peu moins à en croire les révélations de *L'Équipe* sur un contact établi entre le club et Carlo Ancelotti, l'ancien entraîneur de Chelsea et du Milan AC. « On est très content d'Antoine Kombouaré, répond Leonardo, le directeur sportif. Il a le soutien des dirigeants et des joueurs et il n'y a rien à changer. » Le retour, au Parc, est une formalité (2-0 pour Paris), même si l'entraîneur du PSG cache mal une forme d'agacement : « Ça ne me dérange pas qu'on fasse des petits ponts et des ailes de pigeon, mais il faut que ce soit efficace derrière. »

Pastore, un nouvel esthète au Parc des Princes.

Après ce tour qualificatif, les choses sérieuses commencent mi-septembre. Dans son groupe, le Paris SG est en compagnie du Red Bull Salzbourg, de l'Athletic Bilbao et du Slovan Bratislava. Comment les Parisiens pourraient-ils manquer une des deux premières places qualificatives pour les seizièmes de finale ? D'autant que, comme le rappelle leur coach :

« ON A L'EFFECTIF POUR ÊTRE AMBITIEUX. »

Claude Makelele, un de ses adjoints, confirme l'appétit du club de la capitale : « Ce serait bien que le PSG commence à gagner ce genre de titre. »

C'est donc dans une campagne pour la victoire finale avec finale à Bucarest, que se lancent les Parisiens. Le Red Bull Salzbourg est la première victime, au Parc des Princes. Nene (sur penalty, 35e), Bodmer (44e) et Ménez (67e) ont assuré le succès avant la réduction du score de Sekagya (87e, 3-1). « On est sur une série de six victoires, ça veut dire quelque chose », annonce Nicolas Douchez. Antoine Kombouaré, qui a peu apprécié les occasions autrichiennes (3e, 12e et 22e), grogne : « Notre gardien a été trop sollicité. On doit être plus réalistes. Les concours de beaux gestes ne m'intéressent pas. » Face à l'Athletic Bilbao de Marcelo Bielsa, le Paris SG aura moins l'occasion de faire le beau. Sans Gameiro ni Ménez, laissés au repos, les Parisiens essuient une défaite sans appel (0-2) scellée en première période grâce à des buts de Gabilondo (20e) et Susaeta (45e+1). Mohamed Sissoko, le milieu parisien, trouve le moyen de prendre deux cartons jaunes en huit minutes (44e, 52e) et termine la partie au vestiaire. « Paradoxalement, le premier but nous a boostés après vingt minutes où on était absents, remarque Kombouaré. Mais ce qui compte, c'est le résultat final… » Visiblement, les Parisiens n'ont pas eu de chance car, selon Bielsa, Bilbao a « réalisé le meilleur match de sa saison ».

Sur la route de la qualification, les Basques semblent un cran au-dessus et voilà donc le PSG qui revoit – déjà mécontent – ses ambitions à la baisse. « L'objectif, c'est de se qualifier, dit Kombouaré, pas forcément de finir premier du groupe. » Cela passe par

Ménez heureux : ça ne va pas durer.

Débordement de Nene contre Bilbao : un grand classique.

un succès en Slovaquie, mais à Bratislava, les Parisiens n'obtiennent que le nul (0-0) et récoltent deux cartons rouges supplémentaires (Chantôme, 63e, Tiéné, 80e). « On est tombé sur un très bon gardien (7 occasions nettes pour les Français), estime Kombouaré. On a les défauts de nos qualités et comme on a du tempérament… on prend des cartons. » Malgré cela, après trois matches, le club parisien est toujours dans le coup. Si Bilbao compte 7 points, il suit derrière à égalité avec Salzbourg (4 points), Bratislava semblant hors jeu (1 point).
Confirmation de ce sentiment avec le succès au Parc face aux Slovaques (1-0) grâce à une volée de Pastore. « On savait que ce serait délicat, analyse Sylvain Armand. On ne s'est jamais affolé et on a su trouver l'ouverture. On a quand même frappé vingt-cinq fois au but. » « On a fait le boulot, juge son entraîneur. J'ai le sentiment qu'on a parfois joué un peu facile en première période, qu'on a trop porté le ballon en insistant dans l'axe où ils nous attendaient. » À Salzbourg, justement, Paris se présente sans Pastore. « Ce n'est pas une sanction, il a besoin de souffler », justifie Kombouaré. Le PSG sort à peine d'une défaite à Marseille (0-3) et ce déplacement en Autriche est « l'occasion de reprendre confiance » (Sissoko). Pas de chance… Jantscher ouvre le score (20e) et, en toute fin de match, Svento conclut le succès des siens (90e+4). La désillusion est totale. « On a frappé dix-neuf fois au but, cadré sept fois… se lamente Kombouaré. Ce n'est pas faute d'avoir tenté. Quand ça ne veut pas sourire… On n'a plus notre destin entre nos mains. » Effectivement, le PSG en est réduit à ce

« CE SERAIT BIEN D'OBTENIR LA QUALIFICATION À SALZBOURG CAR LE DERNIER MATCH, C'EST FACE À BILBAO. »

que Bratislava, qui n'a battu personne, vienne à bout des Autrichiens lors de la dernière journée pendant qu'il domine largement l'Athletic Bilbao au Parc.
Si le match nul se profile à l'heure de jeu, deux buts tardifs (contre son camp de Perez, à la 85e et de Hoarau sur penalty à la 90e) permettent aux Parisiens de se détacher. Mais Salzbourg aussi a gagné et, à la différence de buts, le PSG est éliminé. « C'est une très grosse déception, mais ce n'est pas ce soir qu'on a failli, estime Kombouaré. À Bratislava, on n'a pas concrétisé une seule de nos occasions parce qu'on n'a pas su être réalistes. » Si Leonardo reconnaît que « l'équipe a tout donné », il constate que « de très grosses équipes disputeront les seizièmes de la Ligue Europa et le PSG n'en fera pas partie ». Cette remarque est lourde de sens car quelques jours plus tard, il officialisera le départ de son entraîneur, considérant cet échec comme le premier accroc de la saison parisienne.

KOMBOUARÉ L'A PAYE CHER

En août, le journal *L'Équipe* révélait que Leonardo s'était déplacé à Londres pour y rencontrer Carlo Ancelotti et lui proposer le poste d'entraîneur du Paris SG. Officiellement, le directeur sportif parisien a démenti cette information, arguant de liens anciens avec son ex-entraîneur au Milan AC. Pourtant, le contact a été constant entre le Brésilien et l'ancien entraîneur de Chelsea. Et après la défaite à Salzbourg, en Ligue Europa, le 1er décembre 2011, le remplacement d'Antoine Kombouaré semblait acquis. « Mon avenir ? interrogeait le technicien français. Posez la question à mes dirigeants ! » Cette élimination n'a pas été du goût des dirigeants qataris et par Leonardo. « Quand on pense au PSG, disait-il, on pense à de grands résultats. On pense à être compétitifs en Europe. » Pour avoir failli sur le continent, Kombouaré, dont l'équipe menait le championnat à la trêve, a été prié de boucler ses valises.

RENNES N'Y ARRIVE PAS

Les aventures de Rennes en Ligue Europa sont une succession de sketches comiques. Il est question de la victoire qui ne passe jamais bien loin et qui, la prochaine fois, sera au rendez-vous.

Comme c'est du boulevard semi-tragique, évidemment, elle ne viendra jamais et le Stade Rennais s'en retournera à la maison bien gentiment et tout penaud. Pourtant, les Bretons s'étaient qualifiés sereinement en passant le barrage face à l'Étoile Rouge de Belgrade entraînée par Robert Prosinecki (2-1, 4-0). Leur groupe, ensuite, avait un profil bien compliqué, c'est vrai : le Celtic, l'Atletico Madrid et l'Udinese, autant d'équipes potentiellement présentes en Ligue des champions. « C'est un groupe compliqué, admet Stéphane Dalmat, mais on ne pouvait pas rêver mieux. » Le 15 septembre 2011, les Rennais démarrent en Italie, à Udine. Ils mènent vite au score (0-1, 18e) sur la première occasion de Youssouf Hadji. Le Marocain trouve même le poteau en seconde période alors que Di Natale a déjà égalisé (1-1, 39e). Armero donnera finalement la victoire aux siens (2-1, 83e). « On aurait dû gagner, peste Frédéric Antonetti. On a tous été surpris de poser des problèmes à une équipe comme celle-là, mais on manque encore de caractère et de personnalité. »

« LE FOOT, CE N'EST PAS SEULEMENT SE CONTENTER DE PASSES. »

En dix matches de Ligue Europa, Rennes subit sa huitième défaite pour deux nuls et, donc, zéro succès. Ce ne sera pas non plus pour la réception de l'Atletico Madrid, qui vient chercher le nul (1-1) au stade de la Route de Lorient grâce à un but de Juanfran à la 87e minute. Constat lucide du buteur rennais, Victor Hugo Montano. Un seul effectivement, ce qui place les Bretons en inconfortable situation au moment d'accueillir le Celtic Glasgow, également dernier de la poule avec un seul point. « C'est vrai qu'on est en retard », dit Antonetti. « Il faut arrêter de se cacher derrière l'expérience, prévient Yann M'Vila. Là, il faut absolument gagner. »

Rennes mène encore au score grâce à une passe en retrait de Cha Du-Ri qui termine dans son propre but (1-0, 30e). Ce but ridicule ne suffira pas puisque Ledley égalise en deuxième période (1-1, 70e). « On a 2 points alors qu'on pourrait en compter 9, c'est rageant », soupire Antonetti. Comme au retour, en Écosse, son équipe s'incline (1-3) après, une fois de plus, avoir mené au score ; la qualification est « très compromise ». « Le football, ce n'est pas seulement se contenter de passes, c'est aussi de la rigueur et de la concentration, regrette le technicien corse. Ils ont obtenu quatre tirs et on prend trois buts… »

Il reste un infime espoir que le nul (0-0) concédé à domicile face à l'Udinese balaie définitivement. « Cette compétition nous laisse beaucoup de regrets », reconnaît Antonetti qui ne trouvera aucun réconfort lors de la défaite finale à Madrid (3-1) face au futur vainqueur de l'épreuve, l'Atletico Madrid. Et voilà donc Rennes qui, en seize rencontres de Ligue Europa, n'en a toujours pas gagné une.

Face au Celtic, Rennes et Hadji subissent à l'impact.

Laura Georges, symbole de la fiabilité défensive lyonnaise

OL FÉMININES LES INVINCIBLES

En 2011, les Lyonnaises avaient remporté le championnat de France et la Ligue des champions. En 2012, elles se sont surpassées en confirmant leurs deux titres, auxquels elles ont ajouté la Coupe de France. Un triplé historique.

Jean-Michel Aulas peut jubiler. Quand il souffre avec son équipe à longueur de saison, les filles de Lair sont là pour embellir sa vie de président. Certes, avec un budget de 5 millions d'euros, il a mis le paquet le bon président, mais en matière de retour sur investissement il n'a pas à se plaindre. Le bilan? Trois semaines sensationnelles pour un fabuleux triplé. Attachez vos ceintures, ça secoue.

D'abord, le 13 mai, une Coupe de France, le trophée qui bizarrement fut le plus compliqué à décrocher pour les invincibles de l'entraîneur Patrice Lair. C'est sur le plus étriqué des scores (2-1, un doublé de Schelin dans le premier quart d'heure) qu'il fut conquis en finale contre le Montpellier de Loulou Nicollin.

Ensuite, le 17 mai, une seconde Ligue des champions consécutive, obtenue dans le mythique stade olympique de Munich, devant 50 000 spectateurs, face à Francfort (2-0, score acquis au repos, buts de Le Sommer sur penalty et Abily d'une superbe reprise de volée lobée de 25 mètres).

UN SEUL BUT ENCAISSÉ DURANT TOUT LE PARCOURS EUROPÉEN.

Enfin, le 2 juin, à Évry (Essonne), un sixième titre consécutif de champion de France, lors d'une véritable finale (78 points à 77 en faveur de l'OL au coup d'envoi) face au Juvisy de Gaëtane Thiney et de la vétéran Sandrine Soubeyrand (38 ans, plus de 180 sélections), enlevée haut la main (3-0, un doublé de Thomis et un but de Le Sommer).Derrière ce bilan royal, il y a d'autres chiffres. Aucune défaite.

Une différence de buts de +116 en division 1 (119 buts marqués, 3 buts encaissés, pour 19 victoires et 3 nuls) contre +100 «seulement» la saison précédente (mais pour 22 victoires). Même le Real et le Barça peuvent se rhabiller.

Et puis, après les chiffres, voici les mots. Ceux de Sonia Bompastor, l'aînée, du haut de ses 31 ans, de son mètre soixante-deux et de ses plus de 150 sélections, racontant l'avant-Munich: «Les jeunes ne connaissaient pas trop le stade. Alors on leur a montré les images de la victoire de Marseille en 1993 contre Milan. Le coup de boule de Basile Boli.» Et l'après-Munich: «Collectivement on est meilleures, plus complètes, plus techniques.» Ceux du président après Munich: «C'est un moment magique pour l'OL.» Et après le titre national: «Faire ce que seuls Arsenal et Francfort ont réussi en Europe à ce jour est une grande émotion. Recommencer la même aventure ce serait magique, mais il faudrait passer par Lourdes pour y arriver.»

Ceux de Lair au bout de l'aventure: «C'est une apothéose. Si je devais composer une équipe mondiale je prendrais six ou sept Lyonnaises.»

Pourtant, après les élans du bonheur, voici les craintes d'un avenir incertain. Aulas: «Le club va se serrer la ceinture.» Lair, en réponse: «Nous avons conservé nos titres avec un budget qui a baissé. S'il baisse encore ce sera forcément difficile.»

En Europe peut-être. Pas en France où la résistance de Juvisy releva du miracle (en 2011, le PSG avait fini 2e à 14 points de l'OL). À Juvisy, tout le monde travaille en dehors du foot. Le salaire moyen y est inférieur, et de loin, à 1 000 euros. À Lyon, il culmine à 5 000 euros avec une pointe à 12 000 euros pour l'attaquante suédoise Lotta Schelin.

L'argent ne fait pas tout mais quand même. C'est sûr et certain, les lionnes ont tout l'avenir devant elles.

Euphorie: Amandine Thierry, Rosana, Louisa Necibe soulèvent la Coupe d'Europe.

Liga

LE REAL FAIT LE BEAU

La rivalité qui oppose depuis des décennies le Real Madrid au FC Barcelone a atteint des sommets inexplorés cette saison. On n'y respire pas toujours l'air pur des montagnes et l'ivresse de ces cimes-là est souvent synonyme de gueule de bois. Peu de place pour la finesse, rarement pour l'élégance. En revanche, il y a jalousie, guerres d'ego et excès de testostérone à chaque palier.

Depuis trois ans, la suprématie de Barcelone, champion d'Espagne en 2009, 2010, 2011 et champion d'Europe en 2009 et 2011, était une plaie à vif pour le Real Madrid. Avec neuf Ligues des champions (un record), mais la dernière remportée en 2002, le club de la capitale a beau se présenter comme le plus grand de l'histoire du football, il ne peut résister à la déferlante Barça et à l'aura de son Messi, triple Ballon d'Or-*France Football* ces trois dernières années.

Le duel est tellement caricatural que tout ne saurait être vrai. Le bien élevé Pep Guardiola et l'arrogant José Mourinho. L'altruiste Lionel Messi et l'égoïste Cristiano Ronaldo. Barcelone comme symbole d'un football total du XXIe siècle, le Real chantre de la victoire à tout prix, y compris celui de la laideur.

Il faut dire que la relation entre José Mourinho et Barcelone est particulière. Il y fut adjoint de Bobby Robson et Louis van Gaal à la fin des années 1990. Il aurait dû y retourner après son expérience à Chelsea. Au printemps 2008, il s'était mis d'accord avec le président de l'époque, Joan Laporta. Ce dernier l'invita alors à dîner avec Johan Cruyff, l'ancien entraîneur néerlandais du club catalan. Mourinho déclina, estimant que Cruyff n'avait aucun rôle officiel dans le club et qu'il n'avait pas à lui faire passer un entretien d'embauche…

Le technicien portugais a donc beaucoup de raisons de se montrer revanchard à l'égard du Barça et il a savouré son titre 2012 à l'envi. Tout ne fut pourtant pas simple. Plusieurs fois, en cours de saison, des cadres, comme le gardien Iker Casillas ou le défenseur Sergio Ramos, eurent des discussions vives avec lui. Souvent, ils lui reprochaient des traitements de faveur envers certains de ses compatriotes comme Cristiano Ronaldo ou Coentrao.

Mais en protégeant toujours son groupe, en s'appuyant sur les qualités de médiation de Xabi Alonso, Mourinho ne s'est jamais laissé déborder par son vestiaire. Le succès, le 21 avril 2012, au Camp Nou face à Barcelone (2-1), a scellé une union sacrée vers la fin de saison et, surtout, permis au Real d'effectuer un pas décisif vers le titre.

Ronaldo plus haut que Alcantara, Mascherano et Puyol.

Au final, le club a inscrit 100 points, ce qui constitue un record en Liga. «On se souviendra de cette équipe comme celle des 100 points», savoure Mourinho. Contesté en milieu de saison, abattu après l'élimination en demi-finale de la Ligue des champions, aux tirs au but contre le Bayern Munich, il a prolongé son contrat de quatre années, jusqu'en 2016. Avec toujours Barcelone en point de mire. Le jeu du Barça séduit au point d'être devenu la référence mondiale? Mourinho va s'attaquer à cela, désormais. Il suffit de tendre l'oreille: «Rester quatre années ici me semble le défi parfait pour moi. Il faut jouer un football qui ne vise pas seulement à gagner des matches, mais aussi à conquérir plus de supporters. Cette saison, le Real a gagné énormément de supporters dans le monde entier cette année car nous avons joué le meilleur football du monde, même si nous n'avons pas remporté la Ligue des champions.»
Entré dans un cercle fermé d'entraîneur champions dans au moins quatre pays différents (Porto 2003 et 2004, Chelsea 2005 et 2006, Inter 2010, Real 2012), il a rejoint l'Autrichien Ernst Happel (Rapid Vienne 1960, Feyenoord 1971, Hambourg 1982 et 1983, Bruges 1976, 1977 et 1978) et l'Italien Giovanni Trapattoni (six fois avec la Juventus, une fois avec l'Inter, Bayern 1997, Benfica 2005 et Salzbourg 2007). Et il n'oublie pas de distribuer des bons points et des gifles, toujours en direction de la Catalogne. «Messi a marqué cinquante buts en Liga qui n'ont servi à rien, comme Ronaldo en avait marqué quarante pour rien la saison dernière», assène-t-il. Barça-Real, Real-Barça…
On oublierait presque les autres équipes de la Liga. Sauf que depuis dix ans, seul Valence, en 2004, a réussi à chiper le championnat à un des deux géants. Et en 2011-2012, le club valencian, troisième du classement, a terminé à… 40 points du Real avec cinquante-neuf buts marqués contre… cent vingt et un aux Madrilènes.

MOURINHO NE S'EST JAMAIS LAISSÉ DÉBORDER PAR SON VESTIAIRE.

À gauche. Casillas-Mourinho: les tensions dissipées. À droite. Ramos, Özil, Benzema, Ronaldo: les hommes forts du Real.

UP

5 IKER MUNIAIN
L'ESPOIR

Il est le plus jeune joueur à avoir revêtu le maillot de l'Athletic Bilbao : il avait 16 ans, 7 mois et 11 jours lorsqu'il a disputé le match de barrage de la Ligue Europa contre les Suisses des Young Boys de Berne en août 2009. Né en 1992, il est considéré comme le plus grand espoir du football basque et comme un futur leader de la sélection espagnole. Son profil (1,65 m, 58 kg) rappelle Lionel Messi auquel il est très souvent comparé. Son attitude sur le terrain ressemble davantage à celle de l'Anglais de Manchester United, Wayne Rooney. Sous contrat avec son club formateur jusqu'en 2015, il a une clause libératoire qui tourne autour de 40 millions d'euros.

4 KARIM BENZEMA
L'ASCENSION

L'attaquant français n'a pas toujours eu les faveurs de son entraîneur José Mourinho. Mais à force de patience et de travail, il a réussi à l'impressionner et à gagner sa confiance. Vingt et un buts, six passes décisives et le record de buts d'un Français en Liga (44) ravi à Zinedine Zidane qui ne tarit pas d'éloges sur l'ancien Lyonnais : « Il a marqué beaucoup de buts et, surtout, il a été très bon dans le jeu. Il est capable de garder le ballon quand on en a besoin. Il a été constant toute la saison et précieux pour ses collègues. »

3 RADAMEL FALCAO
EL TIGRE

Derrière les deux locomotives à très grande vitesse que sont Lionel Messi et Cristiano, il est compliqué d'exister. L'attaquant colombien de l'Atletico Madrid y est parvenu. Il a inscrit un doublé décisif en finale de la Ligue Europa contre l'Athletic Bilbao (3-0) et il a terminé troisième du classement des buteurs du championnat d'Espagne. Vingt-quatre buts, un total qui le place devant les deux Madrilènes Gonzalo Higuain et Karim Benzema. Arrivé à l'été 2011 du FC Porto, Falcao, 26 ans, a réussi l'exploit d'exister au milieu des étoiles madrilènes et barcelonaises. Au point de les rejoindre ?

2 CRISTIANO RONALDO
9,5/10

Le Portugais vit mal à l'ombre de Lionel Messi. S'il a marqué moins que l'Argentin en championnat d'Espagne, ses quarante-six buts ont été déterminants dans la conquête du titre par le Real Madrid. Pour son entraîneur, José Mourinho, « il mérite le Ballon d'Or 2012 ». L'ancien attaquant de Manchester United ne dit pas cela, mais s'est bien aimé quand même. La preuve : « Je mettrais une note de 10 à ma saison sur un plan personnel, et un 9 sur le plan collectif car je voulais gagner un titre de plus, la Ligue des champions, par exemple. »

1 LIONEL MESSI
LÉGENDAIRE

Il a remporté trois fois le Ballon d'Or-*France Football*. Seuls Michel Platini et Johan Cruyff avaient réussi cela avant lui. À 25 ans, l'Argentin a terminé meilleur buteur de la Liga avec… Cinquante buts. Un total ahurissant auquel il faut ajouter ses quatorze réalisations en Ligue des champions. Pour la quatrième année d'affilée, il a terminé meilleur buteur de la plus prestigieuse des compétitions européennes. Avec soixante-douze buts au total en une saison, il a battu le record d'Archibald Stark, établi dans la Ligue américaine en 1925.

DOWN ↘

5 JOSE MARIA DEL NIDO
ÉNERVÉ

Le président du FC Séville anime souvent l'actualité. Condamné en première instance à sept ans et demi de prison pour corruption et fraudes dans le cadre de ses activités d'avocat pour la ville de Marbella, il s'est aussi illustré en qualifiant la Liga de «championnat de merde, Ligue tiers-mondiste dans laquelle deux clubs (Barcelone et le Real) dérobent l'argent de la télévision aux autres». Il a aussi fait écrire sur le maillot de ses joueurs un slogan, «Liberté, égalité… superioridad», en réponse aux blagues des Guignols de Canal + sur le dopage en Espagne. Il aime donner des leçons, mais n'est pas lui-même irréprochable.

4 PABLO PIATTI
À L'ARRÊT

Grand espoir du football argentin, présenté par Diego Simeone comme «un des meilleurs joueurs du monde», Pablo Daniel Piatti n'est pas parvenu à s'imposer à Valence. Seulement cinq buts en trente-trois matches dont la moitié environ débutée sur le banc des remplaçants. Convoité par Lille et Lyon, l'ancien attaquant d'Almeria avait opté pour Valence contre une indemnité de 7,5 millions d'euros. Sa taille (1,63 m) lui vaut le surnom de El Duende (le lutin) ou La Pulga (la puce). À 23 ans, il doit s'affirmer davantage au sein d'un club qui espère briller en Ligue des champions.

3 JAVIER CLEMENTE
RATÉ

L'ancien entraîneur de l'Olympique de Marseille (2000-2001) a été appelé au secours par les dirigeants de Gijon en février 2012. À ce moment-là, le club occupait la dix-neuvième place. La perspective de la relégation ne plaisant pas au club du nord de l'Espagne, l'ancien sélectionneur de l'Espagne (1992-1998) apparaissait comme un sauveur potentiel. Il a, du coup, fêté son 500e match en Liga sur le banc de Gijon, mais n'a pu empêcher le club de rester à cette dix-neuvième place et, donc, de descendre en deuxième division. Et aussi de le remercier à son tour.

2 NURI SAHIN
LE FANTÔME

Il avait été en 2011 une des attractions du championnat d'Allemagne. Avec onze buts et dix-huit passes décisives, le Turc comptait pour beaucoup dans le titre et le renouveau du Borussia Dortmund. Transféré dans la foulée au Real Madrid, où José Mourinho le voulait absolument, il ne sera apparu qu'une seule fois en Liga, pendant cinquante-deux minutes. C'est extrêmement peu pour un joueur de 24 ans qui n'aura jamais été en mesure de dompter la concurrence féroce au sein de l'effectif madrilène.

1 VILLARREAL
COULÉ

En 2006, le «Sous-marin jaune» disputait les demi-finales de la Ligue des champions. En début de saison 2011-2012, Villarreal, quatrième de la Liga 2011, entamait la Ligue des champions dans la poule du Bayern Munich, de Manchester City et de Naples. Un groupe certes compliqué que les Espagnols quittèrent avec six défaites en autant de matches… Pas leur pire cauchemar puisqu'ils ont achevé le championnat d'Espagne à la dix-huitième place, la première pour un relégable.
Une descente en D2 qui s'explique en partie par les blessures de Nilmar (ex-Lyon), Marcos Senna et Giuseppe Rossi. Villarreal avait aussi raté son recrutement à l'été 2011 (Zapata, en provenance d'Udine pour 7 millions d'euros; De Guzman, transféré de Majorque pour 8 millions).

Premier League

MANCHESTER CITY, MAÎTRE DU SUSPENSE

Le championnat d'Angleterre est un champ de paradoxes perpétuels. De tous les grands championnats, il est celui qui évoque à chacun la nostalgie la plus évidente, celui dont les légendes ont été si souvent contées qu'elles sont devenues des réalités inattaquables. Il est aussi celui qui s'est engouffré le premier dans une vision ultralibérale du football, vécu comme un spectacle absolu.

Il est le championnat où l'argent est devenu indispensable au succès.

Aujourd'hui, la plupart des clubs anglais sont criblés de dettes et les plus prestigieux sont passés dans les mains d'investisseurs étrangers. Les clubs anglais et leurs supporters se moquent de savoir combien de nationalités composent leurs effectifs. Très peu d'Anglais, en fait, évoluent dans les meilleures équipes du pays. Pas parce qu'ils sont à l'étranger, mais surtout parce que leur niveau n'est pas suffisant. Les difficultés de l'équipe d'Angleterre sur le plan international sont, à ce titre, révélatrices. Depuis son succès en Coupe du monde il y a quarante-six ans, l'Angleterre n'a jamais disputé la moindre finale d'un grand tournoi international…

Mais la Premier League, championne du marketing, a su conquérir le monde. Ses clubs les plus prestigieux sont des marques puissantes qui ont su se développer à coups de nostalgie et d'investissements faramineux. Les trois quarts d'entre eux sont en déficit quasi permanent et Manchester City a annoncé des pertes, pour la saison 2010-2011, de 197 millions de livres (245 millions d'euros). C'est le plus gros déficit enregistré dans l'histoire du football anglais, mais cela n'a pas empêché City de conquérir le titre en 2011-2012… On pourrait d'ailleurs considérer que ce succès est étroitement lié à l'argent puisque depuis 2008 et le rachat du club par le cheikh Mansour, membre de la famille royale d'Abu Dhabi, il a investi plus de 1 milliard d'euros dans le recrutement. Heureusement, il y a un peu de légende et beaucoup d'émotion autour de Manchester City. La légende, c'est de considérer que c'est le seul vrai club de la ville de Manchester. Celui des ouvriers, celui du peuple, à l'opposé des arrivistes et des nouveaux riches de Manchester United. Au fil du temps, cette jolie histoire est devenue pratique pour digérer l'insolente réussite des voisins, Red Devils envahissants collectionnant dix-neuf titres de champions dont douze ces vingt précédentes années alors que le dernier titre de City remontait à 1968.

L'émotion est venue au dernier moment. Au tout dernier moment, même. Dernière journée. Dans son

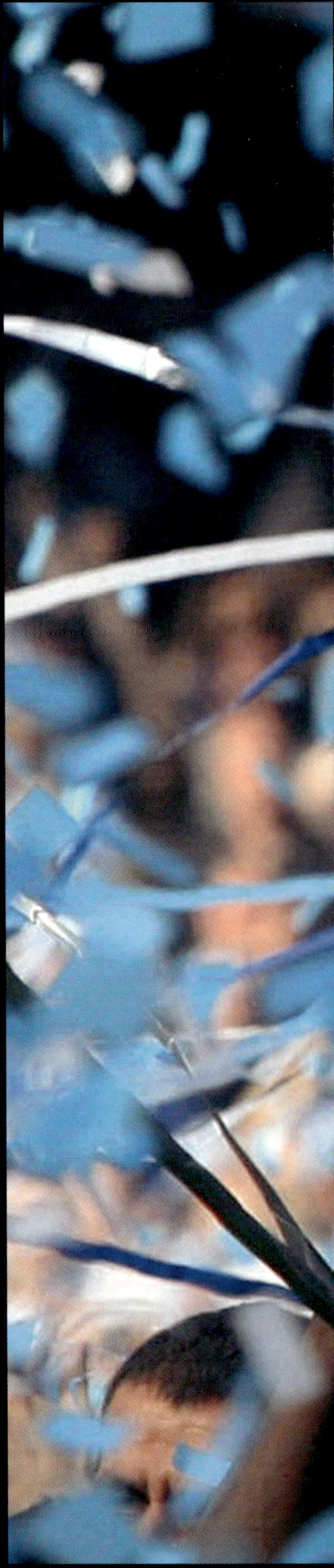

BARCLAYS
BARCLAYS
BARCLAYS

LA LÉGENDE, C'EST DE CONSIDÉRER QUE C'EST LE SEUL VRAI CLUB DE LA VILLE DE MANCHESTER.

Etihad Stadium, Manchester City reçoit les Queen's Park Rangers. À égalité de points, mais avec une différence de buts supérieure de huit unités à celle de Manchester United, qui se rend à Sunderland ; il faut une victoire aux partenaires de Samir Nasri pour assurer le titre. Rien d'insurmontable, a priori, puisque City n'a pas perdu de la saison dans son stade, n'y concédant qu'un nul en dix-huit rencontres. Juste avant la mi-temps, Zabaleta libère d'ailleurs ses coéquipiers et tous les supporters en ouvrant le score (39e, 1-0). Seulement, l'égalisation, signée du Français Djibril Cissé (48e), sème le doute dans les travées. Et lorsque Mackie donne l'avantage à QPR (66e, 1-2), c'est carrément la frousse qui s'installe d'autant que Manchester United mène alors à Sunderland (1-0).
La rencontre est d'ailleurs achevée à Sunderland et les Red Devils s'espèrent champions puisqu'il ne reste que les arrêts de jeu (5 minutes) à l'Etihad Stadium. L'égalisation de Dzeko (90e+2) redonne un espoir fou aux Citizens. Ils finissent par arracher la victoire, et donc le titre, dans les dernières secondes grâce à Sergio Agüero (90e+4, 3-2). À Sunderland, où les sourires étaient de mise, où l'effectif de United et ses supporters s'apprêtaient à célébrer l'incroyable retournement de situation, c'est comme si on entendait l'énorme rugissement en provenance de Manchester. Mais cette fois, le rugissement est bleu, la douleur est rouge. « Je ne pensais pas la victoire possible, commentera Roberto Mancini, l'entraîneur de Manchester City. J'ai l'impression d'avoir 90 ans. »
Son homologue de United, sir Alex Ferguson, digère mal. Et démontre qu'il sait être seigneur dans la victoire, pas forcément dans la défaite. « Personne ne s'y attendait, mais City l'a fait, dit-il. À onze contre dix (expulsion de Joey Barton) et avec 5 minutes de temps additionnel pour les aider. » Sans doute lui est-il difficile d'admettre que son principal rival en Angleterre est désormais son voisin d'en face.

Agüero, sa vitesse d'exécution, son centre de gravité très bas: un calvaire pour les défenseurs de QPR.

UP

NEWCASTLE
COME-BACK

Depuis longtemps, Newcastle traînait sa misère dans un championnat anglais où il vivait dans l'ombre des géants, Manchester United, Arsenal, Chelsea voire Liverpool. En 2011-2012, l'ancien club d'Alan Shearer et David Ginola a retrouvé de son lustre avec Alan Pardew à la manœuvre. Essentiellement grâce à un intelligent recrutement : Yohan Cabaye, en provenance de Lille, Hatem Ben Arfa, qui y a regagné ses galons d'international et Papiss Cissé, l'ancien attaquant d'Hoffenheim, en Allemagne.

DAVID SILVA
LA CLASSE

Il n'est pas si simple d'être le meneur de jeu de Manchester City. Entre l'Argentin Carlos Tevez, capricieux, exigeant, caractériel, qui a refusé d'entrer en jeu et a donc été suspendu pendant plus de quatre mois par son club, l'Italien Mario Balotelli, immature et persuadé d'être le Michel-Ange du football, mais aussi Sergio Agüero, gendre de Maradona, star adulée par l'Argentine et la moitié de l'Europe, l'Espagnol a tout de même réussi à trouver sa place. Au service du collectif, il a permis à ses partenaires de toujours s'exprimer au mieux sur le terrain. Le titre de Manchester City doit beaucoup à l'engagement du champion du monde 2010.

WAYNE ROONEY
CONSTANT

Si Manchester United n'a pu cueillir le titre de champion cette saison, il le doit davantage à l'inconstance de Chicharito ou de Nani qu'aux performances de Wayne Rooney. Avec vingt-sept buts, soit trois de moins que Robin van Persie (Arsenal) et quatre de plus que Sergio Agüero (Manchester City), l'attaquant de l'équipe d'Angleterre a souvent tiré son équipe de mauvais pas. Jugé immature par le passé, caractériel et même limité, il a démontré la saison 2011-2012 qu'il avait l'âme d'un leader et pouvait être décisif à tout moment.

SERGIO AGÜERO
CAMPEONE

Transféré à l'été 2011 de l'Atletico Madrid, avec lequel il a remporté la Ligue Europa en 2010, Sergio Agüero a réussi une très jolie première saison avec Manchester City. Évidemment, il fut l'auteur du but du titre face aux Queen's Park Rangers (3-2) au bout du temps additionnel de la dernière journée. Avec vingt-trois buts et dix passes décisives en trente-quatre matches, l'Argentin de 24 ans, champion olympique en 2008 à Pékin, a été le moteur des Citizens toute la saison.

ROBIN VAN PERSIE
LA RAFALE

Le Néerlandais a porté Arsenal à bout de bras toute la saison. Pour la première fois depuis son arrivée chez les Gunners, en 2004 en provenance du Feyenoord Rotterdam, il termine meilleur buteur du championnat d'Angleterre. Avec trente buts, il est tout proche du record de Cristiano Ronaldo, établi en 2008 (31). À 28 ans, il incarne la puissance de feu de la nouvelle génération des Pays-Bas avec Klaas-Jan Huntelaar, meilleur buteur, lui de la Bundesliga. Convoité par… Manchester City, il est aussi régulièrement annoncé au Real Madrid.

DOWN

5 MARIO BALOTELLI
BAD BOY

À force, la jeunesse n'excuse pas tout. Mario Balotelli a 22 ans et est une sacrée tête à claques. Si Manchester City a réussi à conquérir le titre pour la première fois depuis quarante-deux ans, l'Italien y est un peu pour quelque chose car il a inscrit quinze buts.
Mais s'il était un peu moins stupide, il en aurait sans doute inscrit davantage. Toujours à polémiquer avec son entraîneur, avec ses coéquipiers, à se considérer comme le meilleur joueur du monde, il a un curieux sens de la fête : il a mis le feu à sa maison en tirant des feux d'artifice à l'intérieur.

4 LIVERPOOL
ROUGE DE HONTE

À part *You'll never walk alone*, célèbre hymne des supporters d'Anfield, il ne reste pas grand-chose de Liverpool. L'ancienne terreur du football anglais n'effraie plus grand monde. Si le retour, sur le banc, de l'Écossais Kenny Dalglish, gloire des années 1970 et 1980 du club, était censé incarner un nouvel élan, c'est raté. Huitièmes de la Premier League, les Reds, battus en finale de la Cup par Chelsea (2-1), ne disputent aucune Coupe d'Europe en 2012-2013. Andy Carroll, acheté plus de 40 millions d'euros à Newcastle, a inscrit… quatre buts. Et Stuart Downing, en provenance d'Aston Villa (20 millions d'euros), est passé au travers de la saison.

3 GERVINHO
SANS MUNITION

Adulé à Lille, où il est devenu champion de France en 2011, Gervinho a traversé le désert avec Arsenal. Arsène Wenger comptait sur lui pour épauler Robin van Persie, mais l'Ivoirien, expulsé dès sa première apparition, a semblé courir après le temps avec les Gunners. Il n'a inscrit que quatre buts en championnat d'Angleterre, le dernier au mois de décembre 2011, avant de partir à la Coupe d'Afrique des Nations. Un vrai échec.

2 CHARLES N'ZOGBIA
ENDORMI

Censé incarner les nouvelles ambitions d'Aston Villa cette saison, Charles N'Zogbia s'est noyé dans le club de Birmingham. Alors que ses prestations à Wigan lui avaient ouvert les portes de l'équipe de France (2 sélections), il a disparu de la circulation, jamais entreprenant, jamais décisif. De quoi faire remonter à la surface le surnom que lui avait donné son manager à Newcastle, Joe Kinnear, Charles « Insomnia ».

1 ROMELU LUKAKU
SAISON BLANCHE

Présenté comme un des plus grands espoirs du football européen, le Belge Romelu Lukaku fut transféré à 18 ans d'Anderlecht à Chelsea, à l'été 2011. Pour près de 20 millions d'euros. Une saison plus tard, il n'est apparu que dix fois sous le maillot de Chelsea et n'a inscrit aucun but. Pourtant, entre Fernando Torres qui ne parvient pas à s'imposer, et Nicolas Anelka qui a très vite été poussé sur le banc, il avait une carte à jouer. Sans doute trop de pression sur le jeune Belge.

Serie A

ÉTERNELLE JUVENTUS

En dix ans, le championnat d'Italie semble avoir perdu tellement de son lustre d'antan. Évidemment, vu de la fenêtre française, l'absence de joueurs hexagonaux en Serie A peut expliquer une diminution de l'intérêt.

Seul Philippe Mexès, défenseur au Milan AC, évolue au meilleur de cette Ligue qui compta Youri Djorkaeff, Didier Deschamps, Thierry Henry, David Trezeguet, Laurent Blanc, Christian Karembeu, Vincent Candela, Lilian Thuram, Marcel Desailly et, bien sûr, Zinedine Zidane parmi ses vedettes.

Et puis, l'Italie s'est sabordée seule avec un certain talent. Des problèmes récurrents de violence des supporters, des stades souvent indignes et des soucis de corruption qui ont coûté, en 2006, la relégation à la Juventus en même temps que sa destitution des titres de 2005 et 2006. Concurrencée financièrement par l'Angleterre et l'Espagne, elle a dû se résoudre à y laisser évoluer les plus grandes stars du football mondial. Et comme si cela ne suffisait pas, elle s'est offert un nouveau scandale de matches truqués juste en fin de saison, avant que la sélection nationale ne s'envole vers le championnat d'Europe des Nations.

Une affaire qui est allée jusqu'à éclabousser Antonio Conte, entraîneur de la Juventus Turin, entendu comme témoin. Ennuyeux pour l'homme qui symbolise le renouveau de la Vieille Dame. Le Milan AC était attendu au sommet, l'Inter Milan espérait bien rivaliser, tout comme l'émergent Napoli. Mais finalement la Juventus s'est rappelé au bon souvenir de tous. Trente-huit matches, zéro défaite.

PIRLO
21
10
19

Vingt-trois succès, quinze nuls. Seuls Perugia, en 1979, et le grand Milan d'Arigo Sacchi avaient réalisé une telle performance en championnat d'Italie. « Antonio Conte nous a transmis une détermination, une culture de la souffrance, une culture du travail incroyables, raconte le gardien Gianluigi Buffon. Et il nous a aussi appris à jouer au foot dans un style plus offensif. »

DEL PIERO, LE SYMBOLE

Le portier de la sélection, champion du monde en 2006, est le symbole de cette Juventus éternelle. Arrivé au club en provenance de Parme en 2001, il lui est resté fidèle même dans la tourmente du Calciopoli. À l'époque, en 2006, considéré comme le meilleur du monde à son poste, il aurait pu partir où il le souhaitait. Il a choisi de demeurer à Turin, en deuxième division, et de travailler à la remontée du club avec Didier Deschamps comme entraîneur. « Moi et d'autres, nous sommes restés, car nous étions persuadés que nous remporterions un autre Scudetto avec la Juventus avant la fin de notre carrière », explique-t-il.
Pari gagné, donc, avec ce vingt-huitième titre de la Vieille Dame. Et avec des joueurs emblématiques comme Buffon, mais aussi Alessandro Del Piero, 37 ans. Arrivé dans le Piémont en 1993, il a annoncé son départ en fin de saison après 704 matches et 290 buts. Si le lustre a disparu, les valeurs et la fidélité restent gravés juste en dessous.

TRENTE-HUIT MATCHES, ZÉRO DÉFAITE. VINGT-TROIS SUCCÈS, QUINZE NULS.

TOMMY
BALOCCO
CAMPAGNA NAZIONALE
NO AL RAZZISMO
NELLO SPORT
DIADORA

UP

5

DIEGO MILITO
LE RETOUR

La saison de l'Inter Milan est un échec absolu. Le triplé de 2010 (championnat, Coupe d'Italie, Ligue des champions) semble lointain et l'entraîneur Claudio Ranieri tentera d'oublier sa frustration à la tête de l'AS Monaco, en Ligue 2 la saison prochaine. Alors qu'il était un candidat potentiel au Ballon d'Or il y a deux saisons, avec notamment son doublé en finale de C1 face au Bayern (2-0), Diego Milito avait disparu en 2010-2011. Seulement cinq buts en Serie A. Cette saison, il en a inscrit vingt-quatre, constituant sans doute la seule individualité interiste satisfaisante.

4

UDINESE
LA CONFIRMATION

Terminer troisième du championnat en coiffant Naples, l'Inter Milan, l'AS Rome et la Lazio, est une sacrée performance. L'Udinese la doit en grande partie à son attaquant international, Antonio Di Natale, qui a inscrit vingt-trois buts après en avoir marqué vingt-huit en 2011 et vingt-neuf en 2010… Le club du Frioul, qui révéla l'attaquant allemand Oliver Bierhoff au milieu des années 1990, est entraîné par une vieille connaissance du football français : Francesco Guidolin, qui s'occupa de Monaco lors de la saison 2005-2006.

3

EDISON CAVANI
LA RELÈVE

Il est le symbole de l'émergence du Napoli. Le club du sud de l'Italie, qui avait obtenu son ticket l'an dernier pour la Ligue des champions – se qualifiant même pour les huitièmes de finale derrière le Bayern et aux dépens de Manchester City tout de même –, revient aux avant-postes pour concurrencer les géants du Nord. L'Uruguayen y est pour beaucoup avec ses vingt-trois buts dans la saison. Il avait déjà inscrit vingt-six buts en 2010-2012 et confirme donc ses belles dispositions, reléguant même parfois Diego Forlan sur le banc en sélection.

2

ZLATAN IBRAHIMOVIC
LE LEADER

Le Suédois est parfois une énigme. Son passage éclair au FC Barcelone, où il ne s'est jamais intégré et n'a pas complètement réussi, ses critiques envers Pep Guardiola et Lionel Messi le font parfois émarger dans la catégorie des aigris et des jaloux. Après avoir brillé à la Juventus Turin et à l'Inter Milan, Ibrahimovic inspire le jeu du Milan AC depuis 2010 et a porté ses coéquipiers toute la saison, semblant démontrer que le championnat italien est celui qui lui convient le mieux. Vingt-huit buts à son compteur en trente-deux rencontres, soit près d'un but par match en moyenne, c'est plus que respectable.

1

ANDREA PIRLO
INSAISISSABLE

Le Milan AC n'avait pas souhaité prolonger son contrat après dix saisons en Lombardie. Libre, le milieu formé à Brescia a donc trouvé refuge chez le rival piémontais. Excellent choix puisqu'il est devenu, comme en sélection, la plaque tournante de son équipe. « Conte veut une équipe qui joue, qui a le ballon et qui donne du rythme », définit Buffon, réalisant ainsi le portrait-robot de son milieu de terrain. Avec treize passes décisives, Pirlo a démontré à 33 ans qu'il restait un joueur de classe mondiale.

DOWN

5 LUIS ENRIQUE
MAUVAIS TIMING

Entraîneur de la réserve du Barça, Luis Enrique, l'ancien milieu de terrain blaugrana mais également du Real Madrid, avait été débauché par Di Benedetto, le nouveau propriétaire des Giallorosso, pour installer à la Roma un jeu attractif et collectif. Malgré les arrivées de Bojan, Pjanic, Oswaldo ou Heinze, le club de la Ville Éternelle a dû se contenter d'une petite septième place. Résultat la succession de Guardiola au Barça à laquelle il aurait pu postuler lui échappe tandis que Zdenek Zeman, le remplacera en 2012-2013 sur le banc romain. Dommage.

4 ATALANTA BERGAME
LE SCANDALE

À peine remonté dans l'élite, l'Atalanta a été sanctionné pour son iimplication dans un scandale de paris truqués. Andrea Massiello a notamment avoué avoir marqué contre son camp alors qu'il évoluait à Barin, secouant son vestiaire déjà bien ébranlé par les 6 points de retard infligés à l'entame du championnat d'Italie. Malgré cela, l'Atalanta a terminé la saison en douzième position, constamment sous la menace d'une enquête qui pourrait le ramener en Serie B voire en Serie C. Déplorable…

3 INTER MILAN
LA CRISE

Gian Piero Gasperini, Claudio Ranieri, Andrea Stramaccioni : trois entraîneurs en une seule saison. Échec cuisant pour le champion d'Europe 2010 qui, décidément, ne se remet pas du départ de José Mourinho. Wesley Sneijder fut l'ombre du potentiel Ballon d'Or entrevu il y a deux saisons. Diego Forlan ne s'est absolument pas imposé. Une crise perpétuelle qui pousse le deuxième club lombard à démarrer la saison 2013 en Ligue Europa.

2 PATO
LE BLESSÉ

Il faut reconnaître au Paris SG le mérite d'avoir fait connaître cet attaquant brésilien. Tout l'hiver 2011-2012, les dirigeants du club parisien, à commencer par le directeur sportif brésilien, Leonardo, ont tenté d'enrôler ce joueur dont la particularité est de partager la vie de la fille du propriétaire du club milanais, Silvio Berlusconi. On pourrait légitimement s'interroger sur les raisons de l'enthousiasme parisien tant la saison de Pato fut quelconque. Onze matches, encore une blessure à l'automne, et un seul but…

1 DIEGO FORLAN
AUX ABONNÉS ABSENTS

Meilleur buteur de la Coupe du monde 2010, Diego Forlan devait être celui qui ferait oublier Zlatan Ibrahimovic aux supporters de l'Inter Milan. Pas qualifié pour la Ligue des champions à son arrivée en provenance de l'Atletico Madrid, l'attaquant uruguayen a marqué seulement deux fois en dix-huit rencontres de Serie A. Souvent blessé, il fut fantomatique au cours d'une saison où son club manqua fortement d'efficacité.

Bundesliga

DORTMUND VIENT DÉRANGER LE BAYERN

Dortmund est encerclée. Par les autoroutes. À l'ouest, l'A 42, au nord, l'A 2, à l'est, l'A 1 et au sud, l'A 45. Il y a même l'A 40 qui coupe la ville en deux en la traversant. En regardant bien, sur le côté, lorsqu'on arrive de Düsseldorf et qu'on remonte vers le nord-est, on aperçoit le monument le plus célèbre de la ville: le Signal Iduna Park, plus connu sous le nom de Westfalenstadion.

Un peu plus de 80000 places que le Borussia Dortmund a remplies toute la saison 2011-2012 sauf pour la venue de Nuremberg (78400 entrées). Au final, le BvB a drainé 80508 spectateurs de moyenne pour une capacité de 80720.

La «cathédrale» ou le «temple», pour les Allemands, est le symbole de la puissance actuelle du champion d'Allemagne. En comparaison, le FC Barcelone réunit en moyenne 79000 spectateurs au Camp Nou et Manchester un peu plus de 75000 à Old Trafford. Ce chiffre spectaculaire s'explique par la qualité du jeu proposé par le club de la Ruhr depuis deux saisons. Avec Jürgen Klopp, l'entraîneur, on est dans une philosophie typiquement allemande: le principe du football, c'est de marquer un but de plus que l'adversaire. Mais contrairement au Werder Brême de Thomas Schaaf, cela ne signifie pas que l'on sacrifie tous les principes défensifs… On ne les applique pas forcément avec beaucoup de succès, comme en témoigne la campagne désastreuse du Borussia en Ligue des champions (dernier de son groupe derrière Arsenal, Marseille et Olympiakos), mais les fervents supporters du club expliqueront – sans avoir totalement tort – que cette infortune s'inscrit dans un début de saison manqué.

«Après avoir créé la sensation en 2011 en remportant le championnat, il a fallu digérer une situation nouvelle pour les joueurs qui étaient attendus à chaque match», explique le directeur sportif et ancien capitaine, Michael Zorc. Il est vrai qu'après sept journées de Bundesliga, Dortmund pointait au onzième rang avec 6 points. Le plus mauvais départ en Bundesliga pour un champion en titre depuis Stuttgart, à l'automne 1984.

Dès lors, les hommes au maillot jaune fluo ont enchaîné vingt-six rencontres sans en perdre une seule. Comme devant eux ni le Bayern, ni Schalke,

Lewandowski-
Perisic : la Rhur
de la fortune !

La pyramide
de la joie
au moment
du sacre.

AVEC JÜRGEN KLOPP, L'ENTRAÎNEUR, ON EST DANS UNE PHILOSOPHIE TYPIQUEMENT ALLEMANDE.

ni Leverkusen n'ont réussi à tenir un rythme régulier et soutenu, ils ont fini par revenir et tout écraser. Devenant ainsi les premiers à garder le *Meisterschale* depuis le Bayern Munich (2005, 2006).
C'est un peu comme si Dortmund revenait de l'enfer. Sacré champion d'Europe en 1997, après une finale à Munich où il avait surclassé la Juventus de Del Piero, Zidane et Deschamps (3-1), le club avait eu du mal à s'en remettre.

PAS UN SUCCÈS EN BOURSE...

À l'époque, ses cadres appartenaient à la catégorie des meilleurs joueurs du monde : Matthias Sammer, Ballon d'Or 1996, Jürgen Kohler, champion du monde 1990, tout comme Stefan Reuter et Andreas Möller, également sacrés à l'Euro 1996. Le Brésilien Julio Cesar, le Portugais Paulo Sousa et le Suisse Stéphane Chapuisat complétaient cet effectif très expérimenté où figurait également l'Écossais Paul Lambert, actuel entraîneur de Norwich, en Premier League. Pour n'avoir pas su renouveler l'effectif, avoir tenté une infructueuse entrée en Bourse (l'action valait 11 euros lors de son introduction en 2000, elle est cotée aujourd'hui aux alentours de 2,30 euros...), Dortmund est passé près de la faillite et son titre en 2002, avec Matthias Sammer comme coach, n'a été qu'une respiration dans un long déclin.
Aujourd'hui, avec son huitième titre en poche (seuls le Bayern, 22 fois champion, et Nuremberg, 9 fois, font mieux), le BvB compte bien revenir déranger le Bayern Munich dans sa suprématie nationale mais aussi sur le plan européen. Klopp a prolongé jusqu'en 2016, les jeunes prometteurs comme Mario Götze, Kevin Grosskreutz, Mats Hummels ou Sven Bender qui ont tous accepté de rester jusqu'en 2015 ou 2016. Et le grand espoir allemand, le milieu de Mönchengladbach Marco Reus, a choisi Dortmund (17 millions d'euros de transfert) plutôt que le Bayern ou l'étranger pour la saison 2012-2013. La formation et la jeunesse au pouvoir seront-elles plus efficaces que la folie des grandeurs ?

UP

5 MARC-ANDRÉ TER STEGEN

UN CRACK

Remonté la saison dernière en Bundesliga, le club de la capitale allemande a vécu une saison rocambolesque pendant laquelle il s'est ridiculisé tout seul. Malgré une honnête dixième place à mi-parcours, le manager général du club, Michael Preetz, ancienne gloire du Hertha, a démis de ses fonctions l'ancien international Markus Babbel, qui évolua au Bayern Munich et à Liverpool au début des années 2000. Son successeur, Michael Skibbe, aligna cinq défaites en autant de matches, le club se retrouvant alors en zone de relégation. D'où son éviction après quarante et un jours et son remplacement par Otto Rehhagel, champion d'Europe avec la Grèce en 2004.

4 KAAS-JAN HUNTELAAR

LA RENAISSANCE

Révélé au plus haut niveau avec l'Ajax, il a débarqué en janvier 2009 au Real Madrid. Un transfert autour de 20 millions d'euros pour seulement six mois puisque, à l'été, il a pris la direction du Milan AC contre 15 millions d'euros. Pas plus de réussite en Italie qu'en Espagne pour le Néerlandais, finalement cédé à Schalke, en 2010, pour 12 millions d'euros. Pas très loin de la frontière néerlandaise, qui se trouve à 70 kilomètres de Gelsenkirchen, Huntelaar, 29 ans, s'est imposé à Schalke où il est devenu le meilleur buteur du championnat allemand en 2012 avec un ratio qui le place derrière les infernaux Messi et Ronaldo sur le plan européen : 29 buts en 32 rencontres.

3 FRANCK RIBÉRY

EFFICACE

En difficulté avec l'équipe de France, le Français, 29 ans, a souvent sorti le Bayern de l'ornière en 2012. Tandis qu'Arjen Robben a passé les six premiers mois de l'exercice 2011-2012 blessé ou en méforme, Ribéry a délivré vingt passes décisives et inscrit douze buts. Une entente avec Mario Gomez, l'attaquant du Bayern, qui explique la redoutable efficacité offensive bavaroise.

2 ROBERT LEWANDOWSKI

DÉCISIF

Son père fut champion de Pologne en judo et un très honnête joueur en D2 polonaise, au Hutnik Varsovie. Robert Lewandowski, 24 ans, arrivé du Lech Poznań en 2010, pilier de la sélection de Pologne, a été décisif dans la folle saison du Borussia Dortmund. Troisième du classement des buteurs derrière Huntelaar et Gomez avec vingt-deux buts, il a également donné huit passes décisives. Il est très populaire au Westfalenstadion d'autant que parmi ses joueurs fétiches figuraient l'ancien capitaine et entraîneur du Borussia, Matthias Sammer, et Lars Ricken, buteur avec Karl-Heinz Riedle en finale de la Ligue des champions 1997 face à la Juventus Turin (3-1).

1 MARCO REUS

RÉVÉLATION

Joueur virevoltant pouvant occuper le côté droit ou le côté gauche, il serait parti au Bayern à l'été 2011 si son club était descendu en deuxième division. Avec dix-huit buts et onze passes décisives, il a réalisé une magnifique saison au point que, l'hiver dernier, le Bayern comptait sur lui pour succéder à Robben. L'Inter et Arsenal se sont aussi positionnés mais, à 23 ans, il a choisi de quitter Mönchengladbach l'été 2012 pour rejoindre Dortmund, où il est né et a débuté à l'âge de 7 ans.

DOWN

5

WERDER BRÊME
LE COUP DE MOU

Au début, tout allait bien. À l'issue de la seizième journée de championnat, le Werder Brême était à cinq longueurs du leader, le Bayern Munich, et deux de la deuxième place occupée par Dortmund. Seulement, Brême a réalisé une catastrophique phase retour. Seulement 13 points en dix-sept rencontres ! Et le Péruvien Claudio Pizarro, qui portait l'équipe avec quinze buts lors des vingt premières journées, n'en a inscrit que trois lors des quatorze suivantes. À l'arrivée, le Werder s'est contenté d'une neuvième place sans éclat.

4

MICHAEL BALLACK
CAUCHEMAR

Arrivé de Chelsea en fin de saison 2010, Michael Ballack devrait être le capitaine de route du Bayer Leverkusen, qui l'avait révélé au plus haut niveau au début du siècle. Sa saison a viré au cauchemar. Seulement quinze fois titulaire en Bundesliga, il n'a disputé que cinq rencontres dans leur totalité, et inscrit… deux buts. À 35 ans, il a mal vécu sa relégation sur le banc par un entraîneur, Robin Dutt, provocateur : « C'est un honneur d'être remplaçant au Bayer Leverkusen. » Pas pour l'ancien capitaine de l'équipe d'Allemagne.

3

FC COLOGNE
RIDICULE

Toute la saison, Cologne a tutoyé les sommets du ridicule, notamment en dehors du terrain. Trois fois champion d'Allemagne, dont la dernière en 1978, le FCK a plongé dans les profondeurs du classement pour finalement être relégué. Sans que cela semble troubler grandement les joueurs. En avril, Slawomir Peszko a détruit un taxi alors qu'il était éméché. Une autre fois, Miso Brecko, contrôlé avec 1,6 g d'alcool par litre de sang, a garé sa voiture sur un quai de gare. Lukas Podolski, l'attaquant international revenu au club après avoir été poussé sur le banc du Bayern, n'évoluera pas en D2 puisqu'il a été transféré vers Arsenal. Ça s'arrose.

2

HAMBOURG SV
AMBIANCE

Il y a près de trente ans, le Hambourg SV était champion d'Europe. En 1983, grâce à un but de Felix Magath, il dominait la Juventus Turin de Michel Platini (1-0). Malgré une ambition européenne, le club de la Hanse a ramé toute la saison avec son entraîneur, Thorsten Fink, ancien de Karlsruhe et du Bayern Munich. Symbole du n'importe quoi ambiant : l'attaquant Paolo Guerrero, suspendu huit matches pour avoir agressé par-derrière le gardien de Stuttgart, Sven Ulreich, alors qu'il n'avait aucune chance de toucher le ballon.

1

MICHAEL SKIBBE
RELÉGUÉ

Remonté la saison dernière en Bundesliga, le club de la capitale allemande a vécu une saison rocambolesque pendant laquelle il s'est ridiculisé tout seul. Malgré une honnête dixième place à mi-parcours, le manager général du club, Michael Preetz, ancienne gloire du Hertha, a démis de ses fonctions l'ancien international Markus Babbel, qui évolua au Bayern Munich et à Liverpool au début des années 2000. Son successeur, Michael Skibbe, aligna cinq défaites en autant de matches, le club se retrouvant alors en zone de relégation. D'où son éviction après quarante et un jours et son remplacement par Otto Rehhagel, champion d'Europe avec la Grèce en 2004.

FAITS DIVERS 2011-2012

Cette planète-là est en fusion douze mois sur douze. Elle vous livre ici le reste de tous ses petits secrets.

07/2011

L'équipe de France s'incline face au Mexique (1-2) en quarts de finale de la Coupe du monde des moins de 17 ans.

Gaël Clichy quitte Arsenal pour Manchester City en échange de 8 millions d'euros.

Philippe Montanier quitte Valenciennes pour devenir entraîneur de la Real Sociedad de San Sebastian.

Après avoir sorti l'Angleterre (1-1, 4 tirs au but à 2) en quart de finale de la Coupe du monde féminine, l'équipe de France est éliminée en demi-finales par les États-Unis (3-1) qui seront battus en finale par le Japon (2-2, 3-1 tab).

Djibril Cissé quitte le Panathinaïkos pour la Lazio de Rome.

Patrick Vieira (35 ans, 107 sélections) prend sa retraite de joueur et devient responsable du développement à Manchester City.

À Buenos Aires (Argentine), l'Uruguay remporte la Copa America en battant en finale le Paraguay (3-0, 2 buts de Forlan, 1 but de Suarez).

À Tanger (Maroc), l'OM remporte le Trophée des champions en battant (5-4) Lille qui menait pourtant 3-1 à 6 minutes de la fin.

L'Argentin Sergio « Kun » Agüero est transféré de l'Atletico Madrid à Manchester City en échange de 43 millions d'euros et d'un salaire mensuel de 830 000 euros.

La France hérite de l'Espagne, du Belarus, de la Finlande et de la Géorgie lors du tirage au sort des groupes qualificatifs pour le Mondial brésilien de 2014.

08/2011

L'Espagnol Cesc Fabregas est transféré d'Arsenal à Barcelone en échange de 29 millions d'euros.

En Colombie, la France est éliminée en demi-finale du championnat du monde des moins de 20 ans par le Portugal (2-0), lequel s'inclinera en finale face au Brésil (3-2).

Samir Nasri passe d'Arsenal à Manchester City en échange de 28 millions d'euros et d'un salaire de 200 000 euros par semaine.

Le Camerounais Samuel Eto'o quitte l'Inter Milan pour le club russe d'Anji Makhatchkala avec à la clé un salaire de 20,5 millions d'euros annuels qui en fait le joueur le mieux payé de la planète.

Manchester United écrase Arsenal (8-2, 3 buts de Rooney) lors de la 3e journée du championnat anglais.

09/2011

À Riga, en match qualificatif pour l'Euro 2013, l'équipe de France espoirs bat la Lettonie (3-0, buts de Joseph-Monrose, Mangala, Mbaye. Niang).

Marco Simone remplace Laurent Banide au poste d'entraîneur de Monaco.

À Tel-Aviv, en match qualificatif pour l'Euro féminin 2013, la France bat Israël (5-0).

L'attaquant argentin de Manchester City Carlos Tevez est suspendu quinze jours et contraint de verser une amende de 575 000 euros pour avoir refusé d'entrer en jeu lors d'un match de Ligue des champions contre le Bayern Munich.

10/2011

À Clermont-Ferrand, en match qualificatif pour l'Euro 2013, l'équipe de France espoirs bat le Kazakhstan (2-0, buts de Guilavogui).

À Piatra-Neamt, en match qualificatif pour l'Euro 2013, l'équipe de France espoirs bat la Roumanie (2-0, buts de Rivière).

Auteur d'un coup de pied au visage du dirigeant de Bastia Alain Seghi (fracture du nez, de la pommette et déplacement de la mâchoire), le Vénézuélien de Lens Gabriel Chichero est suspendu cinq mois ferme, puis condamné à cinq mois de prison avec sursis et 10 000 euros d'amende par le tribunal correctionnel de Bastia.

En match de qualification pour l'Euro féminin 2013, la France s'impose au Pays de Galles (4-1).

À Old Trafford, Manchester City écrase (6-1) Manchester United pour le compte de la 9e journée du championnat d'Angleterre. Cela faisait quatre-vingt-un ans que MU n'avait pas encaissé six buts à domicile.

À Troyes, en match qualificatif pour l'Euro féminin 2013, la France bat Israël (5-0).

Décès à l'âge de 70 ans de l'ancien international hongrois Florian Albert qui avait reçu le Ballon d'Or de France Football en 1967.

11/2011

À Nantes, en match qualificatif pour l'Euro 2013, l'équipe de France espoirs bat la Roumanie (3-0, buts de Cabella, Lacazette et Corchia).

L'ancien international Didier Six (57 ans) est nommé sélectionneur du Togo.

L'Espérance de Tunis remporte le titre de champion d'Afrique en battant en finale le WAC Casablanca (0-0, 1-0).

À Angers, en match qualificatif pour l'Euro 2013, l'équipe de France espoirs bat la Slovaquie (2-0, buts de Mangala et Varane).

Le Los Angeles Galaxy de David Beckham est sacré champion des États-Unis après sa victoire en finale sur le Houston Dynamo (1-0).

L'entraîneur du Pays de Galles Gary Speed (42 ans) est retrouvé mort chez lui. Tout indique qu'il s'est suicidé.

12/2011

Décès à 57 ans de l'ancien international brésilien Socrates (60 sélections et 22 buts de 1979 à 1986).

Nicolas Anelka quitte Chelsea et signe au Shanghai Shenshua au tarif de 10 millions d'euros par saison. Jean Tigana devient entraîneur du club.

Karim Benzema est sacré joueur français de l'année par France Football. Rudi Garcia est nommé meilleur entraîneur.

À Yokohama (Japon), Barcelone devient champion du monde des

À l'extérieur:
Bat: Nice (3-1), Dijon (2-1), Auxerre (3-0), Lorient (1-0), Saint-Étienne (1-0), Évian-Thonon (3-1)
Nul avec: Brest (1-1), Marseille (2-2), Rennes (1-1), Ajaccio (1-1)
Battu par: Caen (1-0), Paris SG (2-0), Lille (3-1), Sochaux (2-1), Valenciennes (1-0), Montpellier (1-0), Bordeaux (1-0), Nancy (2-0), Toulouse (3-0)

MARSEILLE
À domicile
Bat: Évian-Thonon (2-0), Ajaccio (2-0), Nice (2-0), Paris SG (3-0), Lorient (2-1), Lille (2-0), Nancy (1-0), Auxerre (3-0)
Nul avec: Sochaux (2-2), Saint-Étienne (0-0), Brest (1-1), Bordeaux (0-0), Lyon (2-2), Valenciennes (1-1), Caen (1-1)
Battu par: Rennes (1-0), Toulouse (1-0), Dijon (2-1), Montpellier (3-1)
À l'extérieur
Bat: Dijon (3-2), Caen (2-1), Nancy (3-1), Rennes (2-1)
Nul avec: Auxerre (2-2), Valenciennes (1-1), Toulouse (0-0), Nice (1-1), Saint-Étienne (0-0)
Battu par: Lille (3-2), Lyon (2-0), Montpellier (1-0), Brest (1-0), Évian-Thonon (2-0), Ajaccio (1-0), Paris SG (2-1), Bordeaux (2-1), Lorient (2-1), Sochaux (1-0)

MONTPELLIER
À domicile
Bat: Auxerre (3-1), Rennes (4-0), Nice (1-0), Dijon (5-3), Nancy (2-0), Marseille (1-0), Lorient (4-0), Lyon (1-0), Brest (1-0), Ajaccio (3-0), Bordeaux (1-0), Caen (3-0), Saint-Étienne (1-0), Sochaux (2-1), Lille (1-0), Valenciennes (1-0)
Nul avec: Toulouse (1-1), Évian-Thonon (2-2)
Battu par: Paris SG (3-0)
À l'extérieur
Bat: Lille (1-0), Ajaccio (3-1), Caen (3-1), Sochaux (3-1), Nice (1-0), Marseille (3-1), Toulouse (1-0), Rennes (2-0), Auxerre (2-1)
Nul avec: Brest (2-2), Bordeaux (2-2), Saint-Étienne (1-1), Paris SG (2-2), Dijon (1-1)
Battu par: Lyon (2-1), Valenciennes (1-0), Évian-Thonon (4-2), Nancy (1-0), Lorient (2-1)

NANCY
À domicile
Bat: Nice (1-0), Brest (2-1), Lyon (2-0), Montpellier (1-0), Paris SG (2-1), Saint-Étienne (3-2)
Nul avec: Lille (1-1), Auxerre (0-0), Valenciennes (1-1), Évian-Thonon (1-1), Ajaccio (2-2), Lorient (2-2), Rennes (0-0), Bordeaux (2-2), Caen (1-1)
Battu par: Sochaux (2-1), Dijon (2-1), Marseille (3-1), Toulouse (3-0)
À l'extérieur
Bat: Paris SG (1-0), Caen (2-1), Auxerre (3-1), Brest (1-0), Dijon (2-0)
Nul avec: Rennes (1-1), Nice (1-1), Ajaccio (0-0)
Battu par: Saint-Étienne (1-0), Lorient (2-1), Toulouse (1-0), Lyon (3-1), Montpellier (2-0), Bordeaux (2-0), Valenciennes (1-0), Évian-Thonon (2-0), Marseille (1-0), Sochaux (1-0), Lille (4-1)

NICE
À domicile
Bat: Ajaccio (3-0), Bordeaux (3-0), Rennes (2-0), Valenciennes (2-0), Caen (1-0), Lorient (2-0), Auxerre (1-0)
Nul avec: Toulouse (1-1), Brest (0-0), Dijon (1-1), Sochaux (1-1), Paris SG (0-0), Nancy (1-1), Marseille (1-1), Évian-Thonon (1-1)
Battu par: Lyon (3-1), Saint-Étienne (2-0), Montpellier (1-0), Lille (1-0)
À l'extérieur
Bat: Saint-Étienne (3-2), Lyon (4-3), Bordeaux (2-1)
Nul avec: Caen (1-1), Lille (4-4), Ajaccio (1-1), Toulouse (0-0)
Battu par: Évian-Thonon (1-0), Montpellier (1-0), Paris SG (2-1), Nancy (1-0), Marseille (2-0), Lorient (1-0), Auxerre (2-1), Brest (1-0), Dijon (3-0), Sochaux (2-0), Rennes (3-1), Valenciennes (2-0)

PARIS SG
À domicile
Bat: Valenciennes (2-1), Brest (1-0), Nice (2-1), Lyon (2-0), Dijon (2-0), Caen (4-2), Auxerre (3-2), Toulouse (3-1), Évian-Thonon (3-1), Ajaccio (4-1), Marseille (2-1), Sochaux (6-1), Saint-Étienne (2-0), Rennes (3-0)

Nul avec: Lille (0-0), Montpellier (2-2), Bordeaux (1-1)
Battu par: Lorient (1-0), Nancy (1-0)
À l'extérieur
Bat: Toulouse (3-1), Montpellier (3-0), Ajaccio (3-1), Sochaux (1-0), Saint-Étienne (1-0), Brest (1-0), Dijon (2-1), Valenciennes (4-3), Lorient (2-1)
Nul avec: Rennes (1-1), Évian-Thonon (2-2), Bordeaux (1-1), Nice (0-0), Lyon (4-4), Caen (2-2), Auxerre (1-1)
Battu par: Marseille (3-0), Nancy (2-1), Lille (2-1)

RENNES
À domicile
Bat: Caen (3-2), Lorient (2-0), Évian-Thonon (3-2), Bordeaux (1-0), Sochaux (1-0), Nice (3-1), Ajaccio (3-1), Dijon (5-0)
Nul avec: Paris SG (1-1), Nancy (1-1), Saint-Étienne (1-1), Valenciennes (1-1), Brest (1-1), Lille (1-1), Auxerre (1-1), Lyon (1-1)
Battu par: Marseille (2-1), Toulouse (1-0), Montpellier (2-0)
À l'extérieur
Bat: Dijon (5-1), Marseille (1-0), Sochaux (6-2), Auxerre (1-0), Lyon (2-1), Caen (2-0), Lorient (2-0), Évian-Thonon (3-1), Brest (1-0)
Nul avec: Nancy (0-0)
Battu par: Montpellier (4-0), Lille (2-0), Toulouse (1-0), Nice (2-0), Ajaccio (1-0), Saint-Étienne (4-0), Valenciennes (1-0), Bordeaux (2-0), Paris SG (3-0)

SAINT-ÉTIENNE
À domicile
Bat: Nancy (1-0), Valenciennes (1-0), Ajaccio (3-1), Caen (2-0), Sochaux (1-0), Rennes (4-0), Lorient (4-2), Brest (2-1), Dijon (1-0)
Nul avec: Toulouse (1-1), Auxerre (1-1), Montpellier (1-1), Marseille (0-0)
Battu par: Lille (3-1), Paris SG (1-0), Évian-Thonon (2-0), Lyon (1-0), Nice (3-2), Bordeaux (3-2)
À l'extérieur
Bat: Bordeaux (2-1), Évian-Thonon (2-1), Nice (2-0), Dijon (2-1), Toulouse (1-0), Valenciennes (2-1), Caen (4-1)
Nul avec: Marseille (0-0), Rennes (1-1), Brest (2-2), Auxerre (0-0), Ajaccio (1-1)
Battu par: Sochaux (2-1), Lorient (3-0), Lyon (2-0), Lille (3-0), Montpellier (1-0), Paris SG (2-0), Nancy (3-2)

SOCHAUX
À domicile
Bat: Saint-Étienne (2-1), Toulouse (3-0), Lyon (2-1), Nice (2-0), Brest (2-1), Dijon (1-0), Nancy (1-0), Marseille (1-0)
Nul avec: Lorient (1-1), Évian-Thonon (1-1), Auxerre (0-0), Valenciennes (1-1)
Battu par: Caen (2-1), Rennes (6-2), Montpellier (3-1), Paris SG (1-0), Ajaccio (2-0), Lille (1-0), Bordeaux (3-0)
À l'extérieur
Bat: Nancy (2-1), Évian-Thonon (3-2), Caen (3-1)
Nul avec: Marseille (2-2), Lille (2-2), Nice (1-1), Dijon (0-0), Lorient (1-1)
Battu par: Auxerre (4-1), Valenciennes (3-0), Brest (2-0), Bordeaux (1-0), Saint-Étienne (1-0), Rennes (1-0), Toulouse (2-0), Lyon (2-1), Montpellier (2-1), Paris SG (6-1), Ajaccio (2-1)

TOULOUSE
À domicile
Bat: Dijon (2-0), Bordeaux (3-2), Nancy (1-0), Rennes (1-0), Valenciennes (2-0), Évian-Thonon (2-1), Caen (1-0), Sochaux (2-0), Auxerre (1-0), Lyon (3-0)
Nul avec: Marseille (0-0), Lille (0-0), Brest (0-0), Lorient (1-1), Nice (0-0)
Battu par: Paros SG (3-1), Saint-Étienne (1-0), Montpellier (1-0), Ajaccio (2-0)
À l'extérieur
Bat: Ajaccio (2-0), Caen (1-0), Nancy (3-0), Marseille (1-0), Rennes (1-0)
Nul avec: Nice (1-1), Saint-Étienne (1-1), Lorient (0-0), Montpellier (1-1), Brest (0-0), Dijon (1-1)
Battu par: Sochaux (3-0), Auxerre (2-0), Lyon (3-2), Paris SG (3-1), Bordeaux (2-0), Lille (2-1), Valenciennes (2-0), Évian-Thonon (2-1)

VALENCIENNES
À domicile
Bat: Dijon (4-0), Sochaux (3-0), Auxerre (2-1), Montpellier (1-0), Lyon (1-0), Nancy (1-0), Lorient (2-0), Rennes (1-0), Toulouse (2-0), Nice (2-0), Caen (3-1), Valenciennes (1-0)
Nul avec: Brest (0-0), Marseille (1-1), Lille (0-0)
Battu par: Bordeaux (2-1), Ajaccio (2-1), Saint-Étienne (2-1), Évian-Thonon (3-0), Paris SG (4-3)
À l'extérieur
Bat: Dijon (2-1)
Nul avec: Nancy (1-1),
(1-1), Sochaux (1-1)
Battu par: Caen (1-0),
(3-1), Lorient (2-0), Tou
(2-1), Nice (2-0), Borde
Auxerre (2-0), Montpell
(1-0)

CHAMPIONNAT DE FRANCE D

Classement final	Pts	J	G	N	P
1. Bastia	71	38	21	8	9
2. Reims	65	38	18	11	9
3. Troyes	64	38	17	13	8
4. Sedan	59	38	15	14	9
5. Clermont	58	38	15	13	10
6. Tours	56	38	15	11	12
7. Guingamp	55	38	15	10	13
8. Monaco	52	38	13	13	12
9. Nantes	51	38	14	9	15
10. Istres	51	38	13	12	13
11. Angers	51	38	13	12	13
12. Lens	48	38	12	12	14
13. Arles-Avignon	48	38	10	18	10
14. Châteauroux	48	38	14	6	18
15. Le Havre	47	38	11	14	13
16. Laval	47	38	12	11	15
17. Le Mans	45	38	11	12	15
18. Metz	42	38	10	12	16
19. Boulogne	36	38	7	15	16
20. Amiens	26	38	4	14	20

Bastia, Reims et Troyes promus en Ligue 1
Metz, Boulogne, Amiens relégués en National

CHAMPIONNAT NATIONAL

Classement final: 1. Nîmes, 68 pts; 2. Niort, 67 pts; 3. GFCO Ajaccio, 66 pts; 4. Vannes, 62 pts; 5. Épinal, 62 pts; 6. Rouen, 60 pts; 7. Orléans, 56 pts; 8. Colmar, 55 pts; 9. Fréjus/St-Raphaël, 51 pts; 10. Créteil, 50 pts; 11. Red Star 93, 50 pts; 12. Le Poiré-sur-Vie, 49 pts; 13. Quevilly, 47 pts; 14. Cherbourg, 46 pts; 15. Luzenac, 45 pts; 16. Paris FC, 44 pts; 17. Beauvais, 42 pts; 18. Martigues, 39 pts; 19. Besançon, 35 pts; 20. Bayonne, 34 pts

COUPE DE LA LIGUE

1er tour:
Amiens bat Nîmes 2-0
Vannes bat Troyes 2-1 a.p.
Le Mans bat Arles-Avignon 1-0
Lens bat Clermont 3-0
Tours bat Angers 2-1 a.p.
Nantes bat Reims 1-0 a.p.
Le Havre bat Metz 5-4
Guingamp bat Laval 2-0
Istres bat Bastia 3-2
Sedan bat Monaco 4-1

2e tour:
Nantes bat Châteauroux 1-0 a.p.
Sedan bat Boulogne 2-1
Amiens bat Le Havre 2-1
Guingamp bat Vannes 2-0
Le Mans bat Istres 2-0
Lens bat Tours 1-0

16e de finale:
Lorient bat Guingamp 3-2 a.p.
Auxerre bat Nancy 2-1
Nice bat Toulouse 2-1
Le Mans bat Ajaccio 1-0
Montpellier bat Amiens 2-2
Caen bat Brest 3-2
Dijon bat Valenciennes 3-2
Sedan bat Nantes 2-0
Saint-Étienne bat Bordeaux
Lens bat Évian-Thonon 1-0

8e de finale:
Marseille bat Lens 4-0
Dijon bat Paris SG 3-2
Lille bat Montpellier 2-1
Lyon bat Saint-Étienne 2-1
Lille bat Sedan 3-1
Nice bat Sochaux 2-1
Caen bat Auxerre 2-1 a.p.
Le Mans bat Rennes 0-0 a.p.

Quarts de finale:
Marseille - Caen 3-0
Nice - Dijon 3-3 a.p. (5 tab à
Lorient - Le Mans 1-0
Lyon - Lille 2-1

Demi-finales:
Lyon bat Lorient 4-2 a.p.
Marseille bat Nice 2-1

Finale:
Marseille bat Lyon 1-0 a.p.
Le 14 avril, au Stade de France
80 000 spectateurs
Arbitre: Stéphane Lannoy
But: Brandao (105)
Exclusion: Lovren (120+1, 2e
Les équipes
Marseille: Mandanda (cap.) -
Nkoulou, Azpilicueta - Cheyrou,
Kaboré (82) - Amalfitano, Valbu
(118), A. Ayew - Rémy puis Bra
Lyon: Lloris - Réveillère, Umtiti
Dabo puis Cissokho (118) - Bria
Källström puis Lacazette (116),
Grenier (65) - Lisandro (cap.), G

clubs en battant le club brésilien de Santos (4-0, 2 buts de Messi, 1 but de Xavi, 1 but de Fabregas).

L'attaquant de Liverpool Luis Suarez est suspendu huit matches pour propos racistes à l'encontre de Patrice Evra.

Quatre ans et demi après son départ du club, Thierry Henry est prêté pour deux mois à Arsenal par les New York Red Bulls.

01/2012

Pablo Correa remplace Bernard Casoni au poste d'entraîneur de l'Évian-Thonon-Gaillard.

Lionel Messi est sacré (devant Ronaldo et Xavi) pour la troisième fois d'affilée Ballon d'Or FIFA-France Football, une performance réalisée seulement dans le passé par Cruyff, Platini et Van Basten.

Djibril Cissé est transféré de la Lazio Rome au club londonien des Queens Park Rangers.

02/2012

73 personnes sont tuées et des centaines d'autres blessés à Por-Saïd (Égypte) à l'issue du match de championnat entre l'équipe locale Al-Masry et Al-Ahly du Caire.

En désaccord avec la Fédération qui décide de retirer le brassard de capitaine à John Terry, accusé d'injures racistes, l'Italien Fabio Capello démissionne de son poste de sélectionneur de l'équipe d'Angleterre.
À Cannes, en match amical, l'équipe de France espoirs et l'Italie font match nul (1-1, but de Lacazette).

Décès à l'âge de 85 ans de l'ancien joueur de Reims Armand Penverne (39 sélections, dont 7 avec le brassard de capitaine).

03/2012

Le quart de finale de Cup Tottenham-Bolton est arrêté en première période, suite au malaise cardiaque du joueur de Bolton Fabrice Muemba (23 ans).

L'équipe de France féminine remporte le Tournoi de Chypre après ses victoires sur la Suisse (3-0), la Finlande (2-1), l'Angleterre (3-0) et le Canada (2-0 en finale).

Chelsea vire son entraîneur portugais André Villas Boas (34 ans) huit mois après son arrivée.

Lionel Messi inscrit cinq buts lors du match retour de huitièmes de finale de Ligue des champions Barcelone-Leverkusen, record de la compétition.

Au Havre en match qualificatif pour l'Euro féminin 2013, la France bat l'Écosse (2-0).

04/2012

À Caen, en match qualificatif pour l'Euro féminin 2013, la France bat le Pays de Galles (4-0).

Nicolas Anelka devient entraîneur-joueur du Shanghai Shenshua qui se sépare de Jean Tigana.

Le joueur de Livourne (L2 italienne) Piermario Morosini décède d'une crise cardiaque en plein match à Pescara.

Dortmund conserve son titre de champion d'Allemagne à quatre journées du terme. C'est le 8e titre national du club qui finira la saison sur une série de trente matches sans défaite (record de la Bundesliga), agrémentée d'une victoire en Coupe d'Allemagne face au Bayern (5-2).

Josep Guardiola (41 ans) annonce qu'il quittera Barcelone à la fin de la saison après quatre ans sur le banc et quatorze titres au compteur. Il sera remplacé par son adjoint Tito Vilanova (42 ans).

05/2012

Le manager de West Bromwich Albion Roy Hodgson est nommé sélectionneur de l'équipe d'Angleterre.

Le Real Madrid est sacré pour la 32e fois champion d'Espagne à deux journées de la fin. José Mourinho devient champion dans quatre pays différents comme avant lui le Hollandais Ernst Happel et l'Italien Giovanni Trapattoni.

La Juventus de Turin décroche son 28e titre de champion d'Italie, son premier depuis 2003 (titres 2005 et 2006 invalidés). C'est la première fois qu'un champion d'Italie finit la saison invaincu dans un championnat à vingt clubs (23 victoires et 15 nuls).

Décès à l'âge de 53 ans de l'ancien joueur de Metz et international sénégalais (51 sélections, 21 buts) Jules Bocandé.

Le Stade de Reims remonte en Ligue 1 trente-trois ans après l'avoir quittée.

Manchester City devient champion d'Angleterre pour la première fois depuis quarante-quatre ans dans le temps additionnel du dernier match de la saison en battant Queens Park Rangers (3-2, buts de Dzeko, 90e+2, et Agüero, 90e+4).

Le FC Metz descend en National (niveau 3) pour la première fois depuis sa création en 1932.

Marco Simone n'est plus entraîneur de l'AS Monaco. Il est remplacé par l'Italien Claudio Ranieri.

Claude Puel succède à René Marsiglia au poste d'entraîneur de l'OGC Nice.

Sabri Lamouchi devient sélectionneur de l'équipe de Côte d'Ivoire.

Eden Hazard quitte Lille pour Chelsea en échange de 40 millions d'euros.

Landry Chauvin est nommé entraîneur de Brest. Il est remplacé à Nantes par Michel Der Zakarian.

06/2012

Lionel Messi inscrit trois des quatre buts de l'Argentine victorieuse du Brésil (4-3) en match amical à East Rutherford (USA). Son bilan personnel de la saison s'établit à quatre-vingt-deux buts pour soixante-neuf matches.

Olivier Pantaloni n'est plus entraîneur de l'AC Ajaccio. Il est remplacé par Alex Dupont.

Didier Drogba quitte Chelsea pour le club chinois de Shanghai Shenhua. Son salaire annuel s'élèvera à 12 millions d'euros.

Olivier Giroud quitte Montpellier. Il signe un contrat de quatre ans en faveur d'Arsenal. Montant du transfert : 12 millions d'euros.

Antoine Kombouaré devient entraîneur d'Al-Hilal (Arabie Saoudite).

Didier Deschamps quitte l'OM deux ans avant le terme de son contrat.

CHAMPIONNAT DE FRANCE DE LIGUE 1

Classement final	Pts	J	G	N	P	bp	bc	dif
1. Montpellier	82	38	25	7	6	68	34	34
2. Paris SG	79	38	23	10	5	75	41	34
3. Lille	74	38	21	11	6	72	39	33
4. Lyon	64	38	19	7	12	64	51	13
5. Bordeaux	61	38	16	13	9	53	41	12
6. Rennes	60	38	17	9	12	53	44	9
7. Saint-Étienne	57	38	16	9	13	49	45	4
8. Toulouse	56	38	15	11	12	37	34	3
9. Évian-Thonon	50	38	13	11	14	54	55	–1
10. Marseille	48	38	12	12	14	45	41	4
11. Nancy	45	38	11	12	15	38	48	–10
12. Valenciennes	43	38	12	7	19	40	50	–10
13. Nice	42	38	10	12	16	39	46	–7
14. Sochaux	42	38	11	9	18	40	60	–20
15. Brest	41	38	8	17	13	31	38	–7
16. Ajaccio	41	38	9	14	15	40	61	–21
17. Lorient	39	38	9	12	17	35	49	–14
18. Caen	38	38	9	11	18	39	59	–20
19. Dijon	36	38	9	9	20	38	63	–25
20. Auxerre	34	38	7	13	18	46	57	–11

Caen, Dijon et Auxerre relégués en Ligue 2

CLASSEMENT DES BUTEURS

21 buts: Giroud (Montpellier), Nene (Paris SG)
20 buts: E. Hazard (Lille)
16 buts: Aubameyang (Saint-Étienne), Lisandro (Lyon)
14 buts: B. Gomis (Lyon), Gouffran (Bordeaux)
13 buts: Pastore (Paris SG)
12 buts: Belhanda (Montpellier), Rémy (Marseille)
11 buts: Gameiro (Paris SG)
10 buts: Kembo (Rennes), Oliech (Auxerre), Sagbo (Évian-Thonon)
9 buts: Briand (Lyon), S. Camara (Montpellier), Grougi (Brest), Jovial (Dijon), M. Maïga (Sochaux), Roux (Lille), S. A. Traoré (Auxerre)
8 buts: A. Ayew (Marseille), Barbosa (Évian-Thonon), Corgnet (Dijon), Diabaté (Bordeaux), Féret (Rennes), Monzon, Mounier (Nice)
7 buts: Cohade, Danic (Valenciennes), Hadji, Pitroipa (Rennes), Ménez (Paris SG), Nivet (Caen), J. Utaka (Montpellier)
6 buts: Aboubakar (Valenciennes), Bastos (Lyon), Berigaud (Évian-Thonon), Boudebouz, Butin (Sochaux), Frau (Caen), Gradel (Saint-Étienne), Ilan (Ajaccio), Jussiê, Obraniak (Bordeaux), Monnet-Paquet (Lorient), Montaño (Rennes), D. Niculae (Nancy), Payet, M. Sow (Lille)
5 buts: Bulut, Riviere (Toulouse), Contout (Auxerre), De Melo, Debuchy (Lille), Dernis (Montpellier), Eduardo, Sammaritano (Ajaccio), Emeghara (Lorient), Erding (Rennes), Heurtaux (Caen), Hoarau (Paris SG), Lacazette (Lyon), Moukandjo, Bak. Traoré (Nancy), Privat (Sochaux), Sako (Saint-Étienne), Valbuena (Marseille)
4 buts: Andre, Cavalli (Ajaccio), Bakar (Nancy), Batlles, Sinama-Pongolle (Saint-Étienne), Ben Basat, Jemâa (Brest), Bulot, Nabab (Caen), Chedjou, J. Cole, Pedretti (Lille), Be. Cheyrou (Marseille), Civelli, Clerc, F. Dja Djédjé, Mouloungui (Nice), Kadir, Samassa (Valenciennes), Kakuta, Sankharé (Dijon), Kapo (Auxerre), Khelifa, Leroy, Wass (Évian-Thonon), Maurice-Belay (Bordeaux), Mvuemba (Lorient)
3 buts: J. Ayew (Marseille), Bakambu (Sochaux), Bauthéac (Dijon), Boukari (Rennes), Cabella (Montpellier), Cambon, Mongongu (Évian-Thonon), Campbell, Jouffre (Lorient), E. Capoue, Machado, Tabanou (Toulouse), F. Diawara, Kinkela (Ajaccio), R. Gomis, Pujol (Valenciennes), Jallet (Paris SG), A. Le Tallec, Sahar (Auxerre), Lesoimier (Brest), Modeste, Plasil (Bordeaux), Mollo (Nancy), Nicolita (Saint-Étienne)
2 buts: Abdennour, A. Devaux, Regattin, Sirieix, Sissoko (Toulouse), Aït-Fana (Montpellier), Alex, Sissoko, Thiago Motta (Paris SG), Aliadière, Autret, Coutadeur, Ecuele Manga, Sunu (Lorient), Andre Luiz Silva, Jo-gook, Karaboué, Lemaître, Puygrenier, S. Sané (Nancy), Angoula, B. Dja Djédjé, Kahlenberg, Sorlin (Évian-Thonon), Balmont, Basa (Lille), Brahimi, Hamed Doumbia, Mangane (Rennes), Chafni, E. Cissé, Dudka (Auxerre), Cris, Ederson, Gonalons, Gourcuff, Koné (Lyon), A. Diarra, Lucho, Mbia (Marseille), Gentiletti, Poyet (Brest), Gonçalves (Nice), Guerbert, Kone, Thil (Dijon), Guilavogui, Marchal, Zouma (Saint-Étienne), Hamouma, Niang, Proment, K. Traoré (Caen), Henrique, L. Sané, Trémoulinas (Bordeaux), Martin, Nogueira (Sochaux), Medjani, Mostefa, Poulard, Socrier (Ajaccio)
1 but: Abraham, K. Coulibaly, Hellebuyck, Pejcinovic (Nice), Alphonse, Baysse, Daf, Lorenzi, Mohamed Kader (Brest), Amalfitano, Azpilicueta, Brandao, S. Diawara, Fanni, Gignac (Marseille), S. Armand, Bisevac, Bodmer, Cearà, Matuidi, Maxwell, Tiéné (Paris SG), Aurier, Ben Yedder, Braaten, Didot, Mbengue, Soukouna (Toulouse), Bedimo, Estrada, Hilton, J. Marveaux, Tinhan, Yanga-Mbiwa (Montpellier), Boly, Hengbart, Ndinga, Y. Sanogo (Auxerre), Bourillon, Quercia, Romao (Lorient), Bruno, Jelen, Mavuba, Rozehnal (Lille), Calvé (Nancy), A.R. Camara, Peybernes, Poujol, Roudet (Sochaux), Tapé Moussé Doubai (Sochaux), Ciani, Nguemo, Planus, Saivet, Ab. Traoré (Bordeaux), Danzé, Kana-Biyik, Tettey (Rennes), Dossevi, Gil, Isimat Mirin, Saez (Valenciennes), Govou, M'Madi (Évian-Thonon), Kumordzi, Mandanne, Méité, Paulle (Dijon), Leca, Nangis, Seube, Vandam, Wague (Caen), Lovren, Pied, Pjanic (Lyon), Mignot, Paulao (Saint-Étienne)

LE CLUB PAR CLUB

AJACCIO
À domicile
Bat: Valenciennes (3-1), Rennes (1-0), Auxerre (2-1), Dijon (2-1), Marseille (1-0), Sochaux (2-1)
Nul avec: Évian-Thonon (1-1), Caen (2-2), Nice (1-1), Brest (0-0), Lorient (1-1), Saint-Étienne (1-1), Nancy (0-0), Lyon (1-1)
Battu par: Toulouse (2-0), Montpellier (3-1), Paris SG (3-1), Bordeaux (2-0), Lille (3-2)
À l'extérieur
Bat: Sochaux (2-0), Valenciennes (2-1), Toulouse (2-0)
Nul avec: Lyon (1-1), Brest (1-1), Dijon (1-1), Nancy (2-2), Bordeaux (1-1), Caen (0-0)
Battu par: Auxerre (4-1), Nice (3-0), Marseille (2-0), Lorient (2-0), Saint-Étienne (3-1), Montpellier (3-0), Paris SG (4-1), Lille (4-1), Rennes (3-1), Évian-Thonon (2-1)

AUXERRE
À domicile
Bat: Ajaccio (4-1), Sochaux (4-1), Toulouse (2-0), Nice (2-1), Valenciennes (2-0), Brest (4-0)
Nul avec: Lorient (1-1), Saint-Étienne (0-0), Paris SG (1-1), Marseille (2-2), Caen (1-1), Dijon (2-2)
Battu par: Lille (3-1), Rennes (1-0), Lyon (3-0), Nancy (3-1), Évian-Thonon (2-0), Bordeaux (4-2), Montpellier (2-1)
À l'extérieur
Bat: Dijon (2-0)
Nul avec: Bordeaux (1-1), Nancy (0-0), Lorient (1-1), Saint-Étienne (1-1), Sochaux (0-0), Lille (2-2), Rennes (1-1)
Battu par: Montpellier (3-1), Évian-Thonon (3-1), Valenciennes (2-1), Paris SG (3-2), Brest (1-0), Ajaccio (2-1), Caen (2-1), Toulouse (1-0), Lyon (2-1), Nice (1-0), Marseille (3-0)

BORDEAUX
À domicile
Bat: Caen (2-0), Nancy (2-0), Sochaux (1-0), Valenciennes (2-1), Toulouse (2-0), Lyon (1-0), Marseille (2-1), Rennes (2-0), Lorient (1-0)
Nul avec: Auxerre (1-1), Évian-Thonon (0-0), Lille (1-1), Montpellier (2-2), Brest (1-1), Paris SG (1-1), Ajaccio (1-1), Dijon (1-1)
Battu par: Saint-Étienne (2-1), Nice (2-1)
À l'extérieur:
Bat: Valenciennes (2-1), Ajaccio (2-0), Lille (5-4), Brest (2-0), Sochaux (3-0), Auxerre (4-2), Saint-Étienne (3-2)
Nul avec: Lorient (1-1), Marseille (0-0), Évian-Thonon (0-0), Paris SG (1-1), Nancy (2-2)
Battu par: Toulouse (3-2), Lyon (3-1), Nice (3-0), Dijon (2-0), Rennes (1-0), Montpellier (1-0), Caen (1-0)

BREST
À domicile
Bat: Lorient (3-1), Sochaux (2-0), Auxerre (1-0), Nice (1-0), Marseille (1-0), Lille (3-1), Valenciennes (1-0)
Nul avec: Évian-Thonon (2-2), Lyon (1-1), Montpellier (2-2), Ajaccio (1-1), Caen (1-1), Saint-Étienne 2-2, Dijon (1-1), Toulouse (0-0)
Battu par: Paris SG (1-0), Bordeaux (2-0), Nancy (1-0), Rennes (1-0)
À l'extérieur
Bat: Évian-Thonon (1-0)
Nul avec: Valenciennes (0-0), Nice (0-0), Marseille (1-1), Bordeaux (1-1), Rennes (1-1), Toulouse (0-0), Ajaccio (0-0), Caen (0-0), Lyon (1-1)
Battu par: Paris SG (1-0), Dijon (1-0), Nancy (2-1), Lille (2-0), Montpellier (1-0), Lorient (2-1), Sochaux (2-1), Saint-Étienne (2-1), Auxerre (4-0)

CAEN
À domicile
Bat: Valenciennes (1-0), Lyon (1-0), Dijon (3-0), Auxerre (2-1), Bordeaux (1-0), Lorient (1-0)
Nul avec: Nice (1-1), Évian-Thonon (2-2), Brest (0-0), Paris SG (2-2), Ajaccio (0-0)
Battu par: Lille (2-1), Toulouse (1-0), Montpellier (3-1), Marseille (2-1), Nancy (2-1), Rennes (2-0), Saint-Étienne (4-1), Sochaux (3-1)
À l'extérieur
Bat: Sochaux (2-1), Évian-Thonon (4-2), Lyon (2-1)
Nul avec: Auxerre (1-1), Brest (1-1), Ajaccio (2-2), Lorient (0-0), Marseille (1-1), Nancy (1-1)
Battu par: Rennes (3-2), Paris SG (4-2), Bordeaux (2-0), Sa[…] (1-0), Nice (1-0), M[…] Lille (3-0), Valencie[…]

DIJON
À domicile
Bat: Lorient (2-0), […] Évian-Thonon (3-1), […]
Nul avec: Ajaccio (1[…] Montpellier (1-1), To[…]
Battu par: Rennes ([…] (3-2), Saint-Étienne […] Paris SG (2-1), Nanc[…] (2-0)
À l'extérieur
Bat: Évian-Thonon ([…] (2-1)
Nul avec: Nice (1-1), […] Bordeaux (1-1), Lorie[…]
Battu par: Toulouse ([…] Montpellier (5-3), Par[…] (2-0), Lyon (3-1), Ajac[…] Saint-Étienne (1-0), R[…]

ÉVIAN-THO[NON]
À domicile
Bat: Nice (1-0), Auxer[…] Valenciennes (2-1), M[…] (2-0), Marseille (2-0), […] (2-1)
Nul avec: Paris SG (2-[…]
Battu par: Dijon (1-0), […] (2-1), Sochaux (3-2), L[…] Lyon (3-1), Brest (1-0)
À l'extérieur
Bat: Saint-Étienne (2-0[…] (1-0), Valenciennes (3-[…]
Nul avec: Brest (2-2), A[…] (0-0), Nancy (1-1), Soc[…] Caen (2-2), Montpellier […]
Battu par: Marseille (2-[…] Toulouse (2-1), Lyon (2-[…] (3-1)

LILLE
À domicile
Bat: Marseille (3-2), Ren[…] Brest (2-0), Dijon (2-0), […] Valenciennes (4-0), Toul[…] Paris SG (2-1), Caen (3-[…]
Nul avec: Sochaux (2-2), […] Thonon (1-1), Nice (4-4), […]
Battu par: Montpellier (1-[…]
À l'extérieur
Bat: Caen (2-1), Saint-Éti[…] (3-1), Ajaccio (3-2), Lorie[…] Évian-Thonon (3-0), Dijon […]
Nul avec: Nancy (1-1), Bo[…] Valenciennes (0-0), Toulo[…] (0-0), Rennes (1-1)
Battu par: Lyon (2-1), Mar[…] Montpellier (1-0)

LORIENT
À domicile
Bat: Nancy (2-1), Saint-Éti[…] Valenciennes (2-0), Ajacci[…] Brest (2-1), Montpellier (2-[…]
Nul avec: Bordeaux (1-1), A[…] (0-0), Caen (0-0), Sochaux […]
Battu par: Lyon (1-0), Lille […] Évian-Thonon (1-0), Paris S[…]
À l'extérieur
Bat: Paris SG (1-0)
Nul avec: Sochaux (1-1), Lil[…] Auxerre (1-1), Toulouse (1-1[…]
Battu par: Dijon (2-0), Renn[…] Évian-Thonon (2-1), Montpel[…] (2-1), Saint-Étienne (4-2), Va[…] Nice (2-0), Lyon (3-2), Caen […] (1-0)

LYON
À domicile
Bat: Montpellier (2-1), Marse[…] (3-1), Nancy (3-1), Saint-Étien[…] (3-2), Évian-Thonon (2-1), Dij[…] Sochaux (2-1), Auxerre (2-1), […] Valenciennes (4-1)
Nul avec: Ajaccio (1-1), Paris […] (1-1)
Battu par: Rennes (2-1), Caen […]

COUPE DE FRANCE

32e de finale:
Quevilly bat Rennes TA 0-0 a.p. (5 tab à 4)
Valenciennes bat Le Mans 2-0
Dijon bat Versailles 5-1
Limoges bat Boulogne 1-0
Nice bat Marck 2-0
Auxerre bat Chambly-Thelle 1-0 a.p.
Bourg-Péronnas bat Montceau 2-1 a.p.
Sablé-sur-Sarthe bat Sedan 3-3 a.p. (4 tab à 2)
Niort bat Brest 2-0
Le Havre bat Lorient 4-3
Compiègne bat La Montagnarde 2-1 a.p.
Tours bat Vitré 2-1
Luçon bat Avranches 2-1
Orléans bat Clermont 0-0 a.p. (5 tab 3)
Châteauroux bat Cherbourg 2-1
Valence bat Laval 1-1 a.p. (7 tat à 6)
Ajaccio bat Fréjus/Saint-Raphaël 3-0
Lille bat Chantilly 6-0
Bordeaux bat Saint-Étienne 1-1 a.p (4 tab à 2)
Bastia bat Sochaux 4-1
Marseille bat Red Star 5-0
Troyes bat Caen 4-2 a.p.
Rennes bat Nancy 3-0
Istres bat Thiers 4-1
Drancy bat Strasbourg ARC 3-3 a.p. (4 tab à 2)
Ajaccio GFCO bat Toulouse 1-0
Lyon bat Lyon-la-Duchère 3-1
Évian-Thonon bat Metz 2-2 a.p. (5 tab à 3)
Créteil bat Mulhouse 3-1
Paris SG bat Locminé 2-1
Montpellier bat Prix-les-Mézières 4-0
Angers bat Monaco 4-3

16e de finale:
Paris SG bat Sablé-sur-Sarthe 4-0
Bourg-Péronnas bat Ajaccio 3-2 a.p.
Drancy bat Limoges 2-0
Lille bat Compiègne 1-0 a.p.
Dijon bat Istres 2-1
Orléans bat Niort 2-1
Bordeaux bat Créteil 2-2 a.p. (4 tat à 3)
Châteauroux bat Auxerre 2-1
Quevilly bat Angers 1-0
Évian-Thonon bat Valence 2-0
Rennes bat Nice 0-0 (5 tat à 4)
Ajaccio GFCO bat Troyes 1-0
Lyon bat Luçon 2-0
Valenciennes bat Bastia 3-1
Marseille bat Le Havre 3-1 a.p.
Montpellier bat Tours 1-0

8e de finale:
Rennes bat Évian-Thonon 3-2
Lyon bat Bordeaux 3-1 a.p.
Valenciennes bat Lille 2-1
Montpellier bat Châteauroux 2-0
GFCO Ajaccio bat Drancy 2-0
Marseille bat Bourg-Péronnas 3-1
Paris SG bat Dijon 1-0
Quevilly bat Orléans 2-0 a.p.

Quarts de finale:
Quevilly bat Marseille 3-2 a.p.
GFCO Ajaccio bat Montpellier 1-0
Rennes bat Valenciennes 3-1
Lyon bat Paris SG 3-1

Demi-finales:
Lyon bat GFCO Ajaccio 4-0
Quevilly bat Rennes 2-1

Finale:
Lyon (L1) bat Quevilly (National) 1-0 (1-0)
Le 28 avril, au Stade de France
76229 spectateurs
Arbitre: M. Piccirillo
But: Lisandro (29)
Les équipes:
Lyon: Lloris - Réveillère, Cris (cap.), Lovren puis B. Koné (18), A. Cissokho - Gonalons, Källström - Lacazette, Gourcuff puis Grenier (67), Lisandro - B. Gomis puis Briand (82)
Quevilly: El Kharroubi - Vardin, Weis, Beaugrard (cap.), Vanoukia - Capelle, Z. Diarra puis Ouahbi (77), Jouan, Valero puis Herouat (57) - Laup puis Ayina (82), J. Colinet

EUROPA LEAGUE

1er tour préliminaire:
FC Shakhter Karagandy - FC Koper 1-1 et 2-1
FC Metalurgi Rustavi - FC Banants 1-0 et 1-1
FC Irtysh Pavlodar - Jagiellonia Bialystok 0-1 et 2-0
Ferencvárosi TC - Ulisses FC 3-0 et 2-0
KS Flaumurtari - FK Buducnost Podgorica 3-1 et 1-2
FC Dinamo Tbilisi - FC Milsami Orhei 2-0 et 3-1
FC Spartak Trnava - FK Zeta 3-0 et 1-2
Qarabag FK - FK Banga 4-0 et 3-0
IL Elfsborg - CS Fola Esch 4-0 et 1-1
FC Honka Espoo - JK Nomme Kalju 0-0 et 2-0
NK Varazdin - FC Lusitans 5-1 et 1-0
Tromso IL - FC Daugava Daugavpils 5-0 et 2-1
BK Häcken - UN Käerjéng 97 1-1 et 5-1
KS Vllaznia - Birkirkara FC 1-0 et 1-1
FC Minsk - Olimpik-Süvälan PFK 1-1 et 2-1
Fulham FC - NSI Runavik 3-0 et 0-0
Paksi SE - UE Santa Coloma 1-0 et 4-0
Aalesunds FK - Neath FC 4-1 et 2-0
FK Rabotnicki - JK Trans Narva 4-1 et 3-0
NK Olimpija Ljubljana - NK Siroki Brijeg 0-0 et 3-0
FK Rad - SP Tre Penne 6-0 et 3è1
Saint Patrick's Athletic FC - IBV Vestmannaeyjar 0-1 et 2-0
The New Saints FC - Cliftonville FC 1-1 et 1-0
Glentoran FC - FK Renova 1-2 et 2-1 a.p (3 tab à 2)
KR Reykjavik - IF Fuglafjordur 3-1 et 5-1

2e tour préliminaire:
Valerenga - 1-0 et 1-0
Metalurgi Rustavi - FC Irtysch 1-1 et 2-0
AS Gaz Metan Medias - KuPS Kuopio 0-1 et 2-0
FC Vaduz - FK Vojvodina 0-2 et 3-1
Maccabi Tel-Aviv FC - Xäzär Länkäran FK 3-1 et 0-0
FK Ventspils - FC Shakhtyor Soligorsk 1-0 et 3-2
Differdange - FC Levadia Tallinn 0-0 et 1-0
Elfsborg - FK Suduva 1-1 et 3-0
FK Zeljeznicar - FC Sheriff 1-0 et 0-0
FC Aktobe - Kecskeméti TE 1-1 et 0-0
BK Häcken - FC Honka Espoo 1-0 et 2-0
Qarabag FK - EB/Streymur 1-1 et 0-0
Anorthosis Famagusta FC - FC Gagra 3-0 et 0-2
Bnei Yehuda Tel-Aviv FC - UE Sant Julià 2-0 et 2-0
Varazdin - FC Iskra-Stal 1-1 et 3-1
FC Vorskla Poltava - Glentoran FC 2-0 et 3-0
FK Sarajevo - Orebro SK 0-0 et 2-0
Dynamo Tbilissi - Llanelli AFC 1-2 et 5-0
AEK Larnaca FC - Floriana FC 8-0 et 1-0
Spartak Trnava - KF Tirana 0-0 et 3-1
Aalesunds FK - Ferencvaros 1-2 et 3-1
FC Salzbourg - SK Liepajas Metalurgs 4-1 et 0-0
Paksi SE - Tromso IL 1-1 et 3-0
FC Midtjylland - New Saints FC 3-1 et 5-2
PFC Lokomotiv Sofia - FC Metalurg Skopje 0-0 et 3-2
KR Reykjavik - MSK Zilina 3-0 et 0-2
FC Thoune - VK Vllaznia 0-0 et 2-1
Gaziantepspor - Minsk 1-1 et 4-1
ADO La Haye - FK Tauras 3-2 et 2-0
Rabotnicki - AC Juvenese-Dogana 1-0 et 3-0
FK Jablonec - KS Flamurtari 2-0 et 5-1
Olympiakos Volos - FK Rad 1-0 et 1-1
KVC Westerlo - TPS Turku 1-0 et 0-0
Fulham FC - Crusaders FC 3-1 et 4-0
RNK Split - NK Domzale 2-1 et 3-1
Olimpia Ljubljana - Bohemians 2-0 et 1-1
WKS Slask Wroclaw - Dundee United FC 1-0 et 2-3
Saint Patrick's - FC Shakhter Karagandy 1-2 et 2-0
CD Nacional - FH Hafnarfjördur 1-1 et 2-0
FK Austria Vienne - FK Rudar Pljevlja 3-0 et 2-0

3e tour préliminaire:
Helsingborg - Bnei Yehuda Tel-Aviv 0-1 et 3-0
Slask Wroclaw - Lokomotiv Sofia 0-0 et 0-0 a.p. (4 tab à 3)
AEK Larnaca - Mlada Boleslav 3-0 et 2-2
Étoile rouge Belgrade - FK Ventspils 2-1 et 7-0
Alania - Kecskeméti TE 1-1 et 1-1 a.p. (4 tab à 2)
Karpaty Lviv - Saint Patrick's 2-0 et 3-1
Austria Vienne - Olimpia Ljubljana 1-1 et 3-2
Aalesunds FK - Elfsborg 4-0 et 1-1
Rennes - Metalurgi Rustavi 5-2 et 2-0
Salzburg - Senica 1-0 et 3-0
Rabotnicki - Anorthosis Famagouste 2-0 et 1-2
Sparta Prague - FK Sarajevo 5-0 et 2-0
Vorskla Poltava - Sligo 0-0 et 2-0
Paok Salonique - Valerenga 2-0 et 3-0
Young Boys Berne - KVC Westerlo 3-1 et 2-0
Bursaspor - Gomel 2-1 et 3-1
Hapoël Tel-Aviv - FC Vaduz 4-0 et 1-2
Omonia - La Haye 3-0 et 0-1
Fulham - RNK Split 0-0 et 2-0
Spartak Trnava - Levski Sofia 1-2 et 2-1 a.p. (5 tab à 4)
AZ Alkmaar - Jablonek 2-0 et 1-1
Legia Varsovie - Gaziantepspor 1-0 et 0-0
Dinamo Bucarest - Varazdin 2-2 et 2-1
Olympiakos Volos - Differdange 3-0 et 3-0
Hearts of Midlothian - Paksi SE 1-1 et 4-1
Maccabi Tel-Aviv - FK Zeljeznicar 2-0 et 6-0
Club Brugge - Qarabag FK 4-1 et 0-1
Gaz Metan Medias - Mayence 1-1 et 1-1 a.p. (4 tab à 3)
FC Thoune - Palerme 2-2 et 1-1
Stoke City - Hajduk Split 1-0 et 1-0
CD Nacional - BK Häcken 3-0 et 1-2
Atletico Madrid - Stromsgodset 2-1 et 2-0
Vitoria Guimaraes - FC Midtjylland 0-0 et 2-1
Ried - Brondby 2-0 et 2-4
Dynamo Tbilissi - KR Reykjavik 4-1 et 2-0

Barrages:
Legia Varsovie - Spartak Moscou 2-2 et 3-2
Vorskla Poltava - Dinamo Bucarest 3-2 et 2-1
Rennes - Étoile Rouge Belgrade 2-1 et 4-0
PSV Eindhoven - Ried 0-0 et 5-0
Besiktas - Alania Vladikavkaz 3-0 et 0-2
Larnaca - Rosenborg 0-0 et 2-1
Lokomotiv Moscou - Spartak Trnava 0-2 et 1-1
Dynamo Kiev - Litex Lovech 2-1 et 1-0
Austria Vienne - CS Gaz Metan Medias 3-1 et 0-1
AEK Athènes - Dinamo Tbilissi 1-0 et 1-1
Hapoël Tel-Aviv - Ekranas 0-1 et 4-0
Steaua Bucarest - CSKA Sofia 2-0 et 1-1
Schalke 04 - HJK Helsinki 0-2 et 6-1
Braga - Young Boys 0-0 et 2-2
Rapid Bucarest - Slask Wroclaw 3-1 et 1-1
FC Vaslui - Sparta Prague 2-0 et 0-1
Maccabi Tel-Aviv - Panathinaïkos 3-0 et 1-2
Standard Liège - Helsingborg 1-0 et 3-1
Atletico Madrid - Vitoria Guimaraes 2-0 et 4-0
Shamrock Rovers - Partizan Belgrade 1-1 et 2-1 a.p.
RSC Anderlecht - Bursaspor 2-1 et 2-2
Athletic Bilbao - Trabzonspor 0-0 qualifié (Trabzonspor remplace Fenerbaçe en Ligue des champions)
NK Maribor - Glasgow Rangers 2-1 et 1-1
Fulham - Dniepropetrovsk 3-0 et 0-1
FC Sion - Celtic Glasgow 0-0 et 3-1
Bruges - FC Zestafoni 3-3 et 2-0
Metalist Kharkov - Sochaux 0-0 et 4-0
Slovan Bratislava - AS Rome 1-0 et 1-1
Lazio Rome - Rabotnicki 6-0 et 3-1
Birmingham - CD Nacional 0-0 et 3-0
Stoke City - FC Thoune 1-0 et 4-1
AZ Alkmaar - Aalesunds FK 1-2 et 6-0
Paris SG - FC Differdange 4-0 et 2-0
PAOK Salonique - FC Karpaty Lviv 2-0 et 1-1
Tottenham - Heart of Midlothian 5-0 et 0-0
FC Salzbourg - Omonia Nicosie 1-2 et 1-0
Hanovre - FC Séville 2-1 et 1-1
Sporting Portugal - Nordsjaelland 0-0 et 2-1

PHASE DE GROUPES

GROUPE A:
Shamrock Rovers (EIR) - Rubin Kazan (RUS) 0 - 3
PAOK Salonique (GRE) - Tottenham (ENG) 0 - 0
Rubin Kazan (RUS) - PAOK Salonique (GRE) 2 - 2
Tottenham (ENG) - Shamrock Rovers (EIR) 3 - 1
Tottenham (ENG) - Rubin Kazan (RUS) 1 - 0
PAOK Salonique (GRE) - Shamrock Rovers (EIR) 2 - 1
Shamrock Rovers (EIR) - PAOK Salonique (GRE) 1 - 3
Rubin Kazan (RUS) - Tottenham (ENG)1 - 0
Rubin Kazan (RUS) - Shamrock Rovers (EIR) 4 - 1
Tottenham (ENG) - PAOK Salonique (GRE) 1 - 2
Shamrock Rovers (EIR) - Tottenham (ENG) 0 - 4
PAOK Salonique (GRE) - Rubin Kazan (RUS) 1 - 1

Classement	Pts	J	G	N	P	bp	bc	dif
1. PAOK Salonique	12	6	3	3	0	10	6	4
2. Rubin Kazan	11	6	3	2	1	11	5	6
3. Tottenham	10	6	3	1	2	9	4	5
4. Shamrock Rovers	0	6	0	0	6	4	19	-15

GROUPE B:
FC Copenhague (DEN) - Vorskla Poltava (UKR) 1 - 0
Hanovre (GER) - Standard Liège (BEL) 0 - 0
Standard Liège (BEL) - FC Copenhague (DEN) 3 - 0
Vorskla Poltava (UKR) - Hanovre (GER) 1 - 2
Standard Liège (BEL) - Vorskla Poltava (UKR) 0 - 0
Hanovre (GER) - FC Copenhague (DEN)2 - 2
FC Copenhague (DEN) - Hanovre (GER)1 - 2
Vorskla Poltava (UKR) - Standard Liège (BEL)1 - 3
Standard Liège (BEL) - Hanovre (GER) 2 - 0
Vorskla Poltava (UKR) - FC Copenhague (DEN) 1 - 1
FC Copenhague (DEN) - Standard Liège (BEL) 0 - 1
Hanovre (GER) - Vorskla Poltava (UKR) 3 - 1

Classement	Pts	J	G	N	P	bp	bc	dif
1. Standard Liège	14	6	4	2	0	9	1	8
2. Hanovre	11	6	3	2	1	9	7	2
3. FC Copenhague	5	6	1	2	3	5	9	-4
4. Vorskla Poltava	2	6	0	2	4	4	10	-6

GROUPE C:
PSV Eindhoven (NED) - KP Legia Varsovie (POL) 1 - 0
Hapoël Tel-Aviv (ISR) - Rapid Bucarest (ROM) 0 - 1
KP Legia Varsovie (POL) - Hapoël Tel-Aviv (ISR) 3 - 2
Rapid Bucarest (ROM) - PSV Eindhoven (NED) 1 - 3
Hapoël Tel-Aviv (ISR) - PSV Eindhoven (NED)0 - 1
Rapid Bucarest (ROM) - KP Legia Varsovie (POL)0 - 1
PSV Eindhoven (NED) - Hapoël Tel-Aviv (ISR)3 - 3
KP Legia Varsovie (POL) - Rapid Bucarest (ROM)3 - 1
KP Legia Varsovie (POL) - PSV Eindhoven (NED) 0 - 3
Rapid Bucarest (ROM) - Hapoël Tel-Aviv (ISR) 1 - 3
PSV Eindhoven (NED) - Rapid Bucarest (ROM) 2 - 1
Hapoël Tel-Aviv (ISR) - KP Legia Varsovie (POL) 2 - 0

Classement	Pts	J	G	NP	bp	bc	dif	
1. PSV Eindhoven	16	6	5	10	135	8		
2. KP Legia Varsovie	9	6	3	0	3	7	9	-2
3. Hapoël Tel-Aviv	7	6	2	1	3	10	9	1
4. Rapid Bucarest	3	6	1	0	5	5	12	-7

GROUPE D:
Zürich (SUI) - Sporting Portugal (POR)0 - 2
Lazio Rome (ITA) - Vaslui (ROM) 2 - 2
Sporting Portugal (POR) - Lazio Rome (ITA) 2 - 1
Vaslui (ROM) - Zürich (SUI) 2 - 2
Sporting Portugal (POR) - Vaslui (ROM)2 - 0
Zürich (SUI) - Lazio Rome (ITA) 1 - 1
Lazio Rome (ITA) - Zürich (SUI) 1 - 0
Vaslui (ROM) - Sporting Portugal (POR)1 - 0
Sporting Portugal (POR) - Zürich (SUI)2 - 0
Vaslui (ROM) - Lazio Rome (ITA) 0 - 0
Lazio Rome (ITA) - Sporting Portugal (POR) 2 - 0
Zürich (SUI) - Vaslui (ROM) 2 - 0

Classement	Pts	J	G	N	P	bp	bc	dif
1. Sporting Portugal	12	6	4	0	2	8	4	4
2. Lazio Rome	9	6	2	3	1	7	5	2
3. Vaslui	6	6	1	3	2	5	8	-3
4. Zürich	5	6	1	2	3	5	8	-3

GROUPE E:
Besiktas (TUR) - Maccabi Tel-Aviv (ISR) 5 - 1
Dynamo Kiev (UKR) - Stoke City (ENG) 1 - 1
Stoke City (ENG) - Besiktas (TUR) 2 - 1
Maccabi Tel-Aviv (ISR) - Dynamo Kiev (UKR) 1 - 1
Stoke City (ENG) - Maccabi Tel-Aviv (ISR)3 - 0
Dynamo Kiev (UKR) - Besiktas (TUR) 1 - 0
Maccabi Tel-Aviv (ISR) - Stoke City (ENG)1 - 2
Besiktas (TUR) - Dynamo Kiev (UKR) 1 - 0
Stoke City (ENG) - Dynamo Kiev (UKR) 1 - 1
Maccabi Tel-Aviv (ISR) - Besiktas (TUR) 2 - 3
Besiktas (TUR) - Stoke City (ENG) 3 - 1
Dynamo Kiev (UKR) - Maccabi Tel-Aviv (ISR) 3 - 3

Classement	Pts	J	G	N	P	bp	bc	dif
1. Besiktas	12	6	4	0	2	13	7	6
2. Stoke City	11	6	3	2	1	10	7	3
3. Dynamo Kiev	7	6	1	4	1	7	7	0
4. Maccabi Tel-Aviv	2	6	0	2	4	8	17	-9

GROUPE F:
Slovan Bratislava (SVK) - Athletic Bilbao (ESP) 1 - 2
Paris SG (FRA) - Salzbourg (AUT)3 - 1
Athletic Bilbao (ESP) - Paris SG (FRA)2 - 0
Salzbourg (AUT) - Slovan Bratislava (SVK)3 - 0
Athletic Bilbao (ESP) - Salzbourg (AUT) 2 - 2
Slovan Bratislava (SVK) - Paris SG (FRA) 0 - 0
Paris SG (FRA) - Slovan Bratislava (SVK) 1 - 0
Salzbourg (AUT) - Athletic Bilbao (ESP) 0 - 1
Salzbourg (AUT) - Paris SG (FRA)2 - 0
Athletic Bilbao (ESP) - Slovan Bratislava (SVK) 2 - 1
Paris SG (FRA) - Athletic Bilbao (ESP)4 - 2
Slovan Bratislava (SVK) - Salzbourg (AUT)2 - 3

Classement	Pts	J	G	N	P	bp	bc	dif
1. Athletic Bilbao	13	6	4	1	1	11	8	3
2. Salzbourg	10	6	3	1	2	11	8	3
3. Paris SG	10	6	3	1	2	8	7	1
4. Slovan Bratislava	1	6	0	1	5	4	11	-7

GROUPE G:
AZ Alkmaar (NED) - Malmö FF (SWE) 4 - 1
Austria Vienne (AUT) - Metalist Kharkov (UKR) 1 - 2
Malmö FF (SWE) - Austria Vienne (AUT) 1 - 2
Metalist Kharkov (UKR) - AZ Alkmaar (NED)1 - 1
AZ Alkmaar (NED) - Austria Vienne (AUT) 2 - 2
Malmö FF (SWE) - Metalist Kharkov (UKR) 1 - 4
Austria Vienne (AUT) - AZ Alkmaar (NED) 2 - 2
Metalist Kharkov (UKR) - Malmö FF (SWE) 3 - 1
Malmö FF (SWE) - AZ Alkmaar (NED) 0 - 0
Metalist Kharkov (UKR) - Austria Vienne (AUT) 4 - 1
AZ Alkmaar (NED) - Metalist Kharkov (UKR) 1 - 1
Austria Vienne (AUT) - Malmö FF (SWE) 2 - 0

Classement	Pts	J	G	N	P	bp	bc	dif
1. Metalist Kharkov	14	6	4	2	0	15	6	9
2. AZ Alkmaar	8	6	1	5	0	10	7	3
3. Austria Vienne	8	6	2	2	2	10	11	-1
4. Malmö FF	1	6	0	1	5	4	15	-11

GROUPE H :
Birmingham (ENG) - Sporting Braga (POR) 1 - 3
FC Bruges (BEL) - NK Maribor (SLO) 2 - 0
Sporting Braga (POR) - FC Bruges (BEL)1 - 2
NK Maribor (SLO) - Birmingham (ENG)1 - 2
NK Maribor (SLO) - Sporting Braga (POR) 1 - 1
FC Bruges (BEL) - Birmingham (ENG) 1 - 2
Sporting Braga (POR) - NK Maribor (SLO) 5 - 1
Birmingham (ENG) - FC Bruges (BEL) 2 - 2
Sporting Braga (POR) - Birmingham (ENG) 1 - 0
NK Maribor (SLO) - FC Bruges (BEL) 3 - 4
Birmingham (ENG) - NK Maribor (SLO)1 - 0
FC Bruges (BEL) - Sporting Braga (POR)1 - 1

Classement	Pts	J	G	N	P	bp	bc	dif
1. FC Bruges	11	6	3	2	1	12	9	3
2. Sporting Braga	11	6	3	2	1	12	6	6
3. Birmingham	10	6	3	1	2	8	8	0
4. NK Maribor	1	6	0	1	5	6	15	-9

GROUPE I :
Atletico Madrid (ESP) - Celtic (SCO) 2 - 0
Udinese (ITA) - Rennes (FRA) 2 - 1
Celtic (SCO) - Udinese (ITA) 1 - 1
Rennes (FRA) - Atletico Madrid (ESP) 1 - 1
Rennes (FRA) - Celtic (SCO) 1 - 1
Udinese (ITA) - Atletico Madrid (ESP) 2 - 0
Celtic (SCO) - Rennes (FRA) 3 - 1
Atletico Madrid (ESP) - Udinese (ITA) 4 - 0
Celtic (SCO) - Atletico Madrid (ESP) 0 - 1
Rennes (FRA) - Udinese (ITA) 0 - 0
Atletico Madrid (ESP) - Rennes (FRA) 3 - 1
Udinese (ITA) - Celtic (SCO) 1 - 1

Classement	Pts	J	G	N	P	bp	bc	dif
1. Atletico Madrid	13	6	4	1	1	11	4	7
2. Udinese	9	6	2	3	1	6	7	-1
3. Celtic	6	6	1	3	2	6	7	-1
4. Rennes	3	6	0	3	3	5	10	-5

GROUPE J :
Steaua Bucarest (ROM) - Schalke 04 (GER) 0 - 0
Maccabi Haïfa (ISR) - AEK Larnaca (CYP) 1 - 0
Schalke 04 (GER) - Maccabi Haïfa (ISR)3 - 1
AEK Larnaca (CYP) - Steaua Bucarest (ROM)1 - 1
Maccabi Haïfa (ISR) - Steaua Bucarest (ROM) 5 - 0
AEK Larnaca (CYP) - Schalke 04 (GER) 0 - 5
Schalke 04 (GER) - AEK Larnaca (CYP) 0 - 0
Steaua Bucarest (ROM) - Maccabi Haïfa (ISR) 4 - 2
Schalke 04 (GER) - Steaua Bucarest (ROM) 2 - 1
AEK Larnaca (CYP) - Maccabi Haïfa (ISR) 2 - 1
Maccabi Haïfa (ISR) - Schalke 04 (GER)0 - 3
Steaua Bucarest (ROM) - AEK Larnaca (CYP)3 - 1

Classement	Pts	J	G	N	P	bp	bc	dif
1. Schalke 04	14	6	4	2	0	13	2	11
2. Steaua Bucarest	8	6	2	2	2	9	11	-2
3. Maccabi Haïfa	6	6	2	0	4	10	12	-2
4. AEK Larnaca	5	6	1	2	3	4	11	-7

GROUPE K :
Fulham (ENG) - FC Twente (NED) 1 - 1
Wisla Cracovie (POL) - Odense (DEN)1 - 3
FC Twente (NED) - Wisla Cracovie (POL)4 - 1
Odense (DEN) - Fulham (ENG) 0 - 2
Odense (DEN) - FC Twente (NED) 1 - 4
Wisla Cracovie (POL) - Fulham (ENG)1 - 0
Fulham (ENG) - Wisla Cracovie (POL)4 - 1
FC Twente (NED) - Odense (DEN) 3 - 2
FC Twente (NED) - Fulham (ENG) 1 - 0
Odense (DEN) - Wisla Cracovie (POL)1 - 2
Fulham (ENG) - Odense (DEN) 2 - 2
Wisla Cracovie (POL) - FC Twente (NED)2 - 1

Classement	Pts	J	G	N	P	bp	bc	dif
1. FC Twente	13	6	4	1	1	14	7	7
2. Wisla Cracovie	9	6	3	0	3	8	13	-5
3. Fulham	8	6	2	2	2	9	6	3
4. Odense	4	6	1	1	4	9	14	-5

GROUPE L :
Anderlecht (BEL) - AEK Athènes (GRE) 4 - 1
Sturm Graz (AUT) - Lokomotiv Moscou (RUS) 1 - 2
AEK Athènes (GRE) - Sturm Graz (AUT) 1 - 2
Lokomotiv Moscou (RUS) - Anderlecht (BEL) 0 - 2
Sturm Graz (AUT) - Anderlecht (BEL)0 - 2
Lokomotiv Moscou (RUS) - AEK Athènes (GRE) 3 - 1
Anderlecht (BEL) - Sturm Graz (AUT) 3 - 0
AEK Athènes (GRE) - Lokomotiv Moscou (RUS) 1 - 3
AEK Athènes (GRE) - Anderlecht (BEL) 1 - 2
Lokomotiv Moscou (RUS) - Sturm Graz (AUT) 3 - 1
Anderlecht (BEL) - Lokomotiv Moscou (RUS) 5 - 3
Sturm Graz (AUT) - AEK Athènes (GRE) 1 - 3

Classement	Pts	J	G	N	P	bp	bc	dif
1. Anderlecht	18	6	6	0	0	18	5	13
2. Lokomotiv Moscou	12	6	4	0	2	14	11	3
3. AEK Athènes	3	6	1	0	5	8	15	-7
4. Sturm Graz	3	6	1	0	5	5	14	-9

Les deux premiers de chaque groupe qualifiés pour les 16e de finale

16e de finale :
Manchester City - Porto 2-1 et 4-0
Valence - Stoke City 1-0 et 1-0
Athletic Bilbao - Lokomotiv Moscou 1-2 et 1-0
Twente - Steaua Bucarest 1-0 et 1-0
Udinese - PAOK Salonique 0-0 et 3-0
PSV Eindhoven - Trabzonspor 2-1 et 4-1
Hanovre - Bruges 2-1 et 1-0
Standard Liège - Wisla Cracovie 1-1 et 0-0
Olympiakos - Rubin Kazan 1-0 et 1-0
Besiktas - Braga 2-0 et 0-1
Manchester United - Ajax Amsterdam 2-0 et 1-2
Metalist Kharkov - Salzbourg 4-0 et 4-1
AZ Alkmaar - Anderlecht 1-0 et 1-0
Atletico Madrid - Lazio Rome 3-1 et 1-0
Schalke 04 - Viktoria Plzen 1-1 et 3-1 a.p.
Sporting Portugal - Legia Varsovie 2-2 et 1-0

8e de finale :
Hanovre - Standard Liège 2-2 et 4-0
AZ Alkmaar - Udinese 2-0 et 1-2
Valence - PSV Eindoven 4-2 et 1-1
Athletic Bilbao - Manchester United 3-2 et 2-1
Sporting Portugal - Manchester City 1-0 et 2-3
Schalke 04 - Twente 0-1 et 4-1
Atletico Madrid - Besiktas 3-1 et 3-0
Metalist Kharkov - Olympiakos 0-1 et 2-1

Quarts de finale :
Valence - AZ Alkmaar 1-2 et 4-0
Athletic Bilbao - Schalke 04 4-2 et 2-2
Sporting Portugal - Metalist Kharkov 2-1 et 1-1
Atletico Madrid - Hanovre 2-1 et 2-1

Demi-finales :
Atletico Madrid - Valence 4-2 et 1-0
Athletic Bilbao - Sporting Portugal 1-2 et 3-1

Finale :
Le 9 mai, à Bucarest
Atletico Madrid bat Athletic Bilbao 3-0 (2-0)
52 347 spectateurs
Arbitre : W. Stark (GER)
Buts : Falcao (7, 34), Diego (85)
Les équipes :
Atletico Madrid : Courtois - Juanfran, Godin, Miranda, Filipe Luis - Diego puis Koke (90), Mario Suarez, Adrian puis Salvio (88), Gabi (cap), Turan puis Dominguez (90+3) - Falcao
Athletic Bilbao : Gorka Iraizoz - Iraola (cap), Javi Martinez, Amorebieta, Aurtenetxe puis Gomez (46) - Susaeta , Herrera puis Toquero (63), Iturraspe puis Iñigo Pérez (46), De Marcos, Muniain - Llorente

LIGUE DES CHAMPIONS

1er tour préliminaire :
Dudelange - FC Santa Coloma 2-0 et 2-0
La Vallette - Tre Fiori 3-0 et 2-1

2e tour préliminaire :
Litex Lovech - Mogren 2-1 et 3-0
Maribor - Dudelange 2-0 et 3-1
Slovan Bratislava - Tobol 2-0 et 1-1
Maccabi Haïfa - Borac Banja Luka 5-1 et 2-3
Aooël Nicosie - Skënderbeu 2-0 et 4-0
Ekranas - La Vallette 3-2 et 1-0
Plzen - Pyunik 4-0 et 5-1
Dinamo Zagreb - Neftçi 3-0 et 0-0
Partizan Belgrade - Skendija 4-0 et 1-0
Sturm Graz - Videoton 2-0 et 2-3
Zestafoni - Dacia Chisinau 3-0 et 0-2
Shamrock Rovers - Flora Tallinn 1-0 et 0-0
HJK Helsinki - Bangor City 3-0 et 10-0
BATE Borisov - Linfield 1-1 et 2-0
Malmö - HB Tórshavn 2-0 et 1-1
Wisla Cracovie - Skonto Riga 1-0 et 2-0
Rosenborg - Breidablik 5-0 et 0-2

3e tour préliminaire :
BATE Borisov - Ekranas 0-0 et 3-1
FC Copenhague - Shamrock Rovers 1-0 et 2-0
OB Odense - Panathinaïkos FC 1-1 et 4-3
Rubin Kazan - Dynamo Kiev 2-0 et 2-1
Glasgow Rangers - Malmö 1-0 et 1-1
Twente - Vaslui 2-0 et 0-0
Apoël Nicosie - Slovan Bratislava 0-0 et 2-0
Plzen - Rosenborg 1-0 et 3-2
FC Zürich - Standard 1-1 et 1-0
Wisla Cracovie - Litex Lovech 2-1 et 3-1
Sturm Graz - Zestafoni 1-1 et 1-0
Maccabi Haïfa - Maribor 2-1 et 1-1
Dinamo Zagreb - HJK Helsinki 2-1 et 1-0
Genk - Partizan Belgrade 2-1 et 1-1
Benfica - Trabzonspor 2-0 et 1-1

Barrages
Bayern Munich - FC Zurich 2-0 et 1-0
Apoël Nicosie - Wisla Cracovie 0-1 et 3-1
Genk - Maccabi Haïfa 2-1 et 1-2 a.p. (4 tat à 1)
Dinamo Zagreb - Malmö 4-1 et 0-2
Villarreal - Odense 0-1 et 3-0
Lyon - Rubin Kazan 3-1 et 1-1
Benfica Lisbonne - FC Twente 2-2 et 3-1
Viktoria Plzen - FC Copenhague 3-1 et 2-1
BATE Borisov - Sturm Graz 1-1 et 2-0
Arsenal - Udinese 1-0 et 2-1

Le 16 août, à Lyon
Lyon bat Rubin Kazan 3-1 (2-1)
35 468 spectateurs
Arbitre : G. Rocchi (ITA)
Buts : B. Gomis (10), Kverkvelia (40 c.s.c.), Briand (71) pour Lyon, Dyadyun (3) pour Rubin Kazan
Les équipes :
Lyon : Lloris - Réveillère, Koné, Lovren, A. Cissokho puis Pjanic (52) - Briand puis Pied (82), Gonalons, Källström, Bastos - B. Gomis, Lisandro (cap)
Rubin Kazan : Ryzhikov - Kuzmin, Kverkvelia, Bocchetti, Sharonov (cap), Kaleshin - Karadeniz, Noboa, Natcho, Kasaev puis Lebedenko (69) - Dyadyun puis Medvedev (36)

Le 24 août, à Kazan
Rubin Kazan et Lyon 1-1 (0-0)
19 000 spectateurs
Arbitre : F. de Bleeckere (BEL)
Buts : Natcho (77) pour Rubin Kazan, Koné (87) pour Lyon
Les équipes :
Rubin Kazan : Ryzhikov - Kaleshin, Kverkvelia, Sharonov (cap) - Kislyak, Noboa, Natcho, Nemov - Karadeniz, Dyadun puis Medvedev (69), Lebedenko puis Martins (69)
Lyon : Lloris - Réveillère, B. Koné, Lovren, A. Cissokho - Briand, Gonalons, Källström, Bastos - Lisandro (cap) puis Pied (90+2), B. Gomis puis Pjanic (84)

1ER TOUR

GROUPE A
Déjà joués :
Manchester City (ENG) - Naples (ITA) 1 - 1
Villarreal (ESP) - Bayern Munich (GER) 0 - 2
Naples (ITA) - Villarreal (ESP) 2 - 0
Bayern Munich (GER) - Manchester City (ENG) 2 - 0
Manchester City (ENG) - Villarreal (ESP) 2 - 1
Naples (ITA) - Bayern Munich (GER) 1 - 1
Villarreal (ESP) - Manchester City (ENG) 0 - 3
Bayern Munich (GER) - Naples (ITA) 3 - 2
Naples (ITA) - Manchester City (ENG) 2 - 1
Bayern Munich (GER) - Villarreal (ESP)3 - 1
Manchester City (ENG) - Bayern Munich (GER) 2 - 0
Villarreal (ESP) - Naples (ITA) 0 - 2

Classement	Pts	J	G	N	P	bp	bc	dif
1. Bayern Munich	13	6	4	1	1	11	6	5
2. Naples	11	6	3	2	1	10	6	4
3. Manchester City	10	6	3	1	2	9	6	3
4. Villarreal	0	6	0	0	6	2	14	-12

GROUPE B
Inter Milan (ITA) - Trabzonspor (TUR) 0 - 1
Lille (FRA) - CSKA Moscou (RUS) 2 - 2
CSKA Moscou (RUS) - Inter Milan (ITA) 2 - 3
Trabzonspor (TUR) - Lille (FRA) 1 - 1
CSKA Moscou (RUS) - Trabzonspor (TUR) 3 - 0
Lille (FRA) - Inter Milan (ITA) 0 - 1
Inter Milan (ITA) - Lille (FRA) 2 - 1
Trabzonspor (TUR) - CSKA Moscou (RUS) 0 - 0
CSKA Moscou (RUS) - Lille (FRA) 0 - 2
Trabzonspor (TUR) - Inter Milan (ITA) 1 - 1
Inter Milan (ITA) - CSKA Moscou (RUS) 1 - 2
Lille (FRA) - Trabzonspor (TUR) 0 - 0

Classement	Pts	J	G	N	P	bp	bc	dif
1. Inter Milan	10	6	3	1	2	8	7	1
2. CSKA Moscou	8	6	2	2	2	9	8	1
3. Trabzonspor	7	6	1	4	1	3	5	-2
4. Lille	6	6	1	3	2	6	6	0

Le 14 septembre, à Lille
Lille et CSKA Moscou 2-2 (1-0)
15 274 spectateurs
Arbitre : O. Benquerença (POR)
Buts : M. Sow (44), Pedretti (56) pour Lille, Doumbia (72, 90) pour CSKA Moscou
Les équipes :
Lille : Landreau - Debuchy, Rozehnal, Basa, Béria - Pedretti puis Gueye (76) Mavuba (cap), Balmont - M. Sow puis Rodelin (85), E. Hazard, Obraniak puis J. Cole (76)
CSKA Moscou : Gabulov - Nababkin, V. Berezutski, Ignashevich (cap), A. Berezutski - Dzagoev, Aldonin puis Mamaev (80), Tosic - Cauna puis Oliseh (66) - Vagner Love, Doumbia puis Semberas (90+2)

Le 27 septembre, à Trabzon
Trabzonspor et Lille 1-1 (0-1)
21 000 spectateurs
Arbitre : B. Kuipers (NED)
Buts : Colman (75 s.p.) pour Tranbzonspor, M. Sow (30) pour Lille
Les équipes :
Trabzonspor : T. Zengin (cap) - Celustka, Glowacki, Kaçar, M. Cech puis Sapara (82) - Balci, Colman, Zokora, Alanzinho puis Mierzejewski (66) - Hal. Altintop puis P. Brozek (90+2), Paulo Henrique
Lille : Landreau - Debuchy, Basa, Rozehnal, Béria - Pedretti, Mavuba (cap), Balmont - J. Cole puis Obraniak (76), M. Sow, E. Hazard

Le 18 octobre, à Lille
Inter Milan bat Lille 1-0 (1-0)
15 000 spectateurs
Arbitre : H. Webb (ENG)
But : Pazzini (21)
Les équipes :
Lille : Enyeama - Debuchy, Basa, Chedjou, Béria - Balmont puis Gueye (81), Mavuba (cap), Pedretti puis Payet (63) - J. Cole puis Obraniak (74), M. Sow, E. Hazard
Inter Milan : Julio Cesar - Maicon, Lucio, Chivu, Nagatomo - Zanetti (cap), Motta, Sneijder puis Stankovic (67) - Cambiasso - Zarate puis Obi (63), Pazzini puis D. Milito (81)

Le 2 novembre, à Milan
Inter Milan bat Lille 2-1 (1-0)
50 000 spectateurs
Arbitre : W. Stark (GER)
Buts : Samuel (18), D. Milito (65) pour Inter Milan, De Melo (83) pour Lille
Les équipes :
Inter Milan : Castellazzi - Zanetti (cap), Lucio, Samuel, Chivu - Stankovic, Motta, Sneijder puis Alvarez (67) - Cambiasso - D. Milito puis Obi (90), Zarate puis Pazzini (79)
Lille : Landreau - Debuchy, Rozehnal, Chedjou, Béria - J. Cole puis Payet (71), Mavuba (cap), Pedretti, E. Hazard - M. Sow puis Obraniak (60), Jelen puis De Melo (46)

Le 22 novembre, à Moscou
Lille bat CSKA Moscou 20 (0-0)
18 000 spectateurs
Arbitre : P. Královec (CZE)
Buts : V. Berezutski (49 c.s.c.), M. Sow (64)
Les équipes :
CSKA Moscou : Gabulov - Nababkin, V. Berezutski, Ignashevich (cap) puis Shennikov (74), A. Berezutski - Oliseh, Mamaev, Dzagoev, Aldonin, Cauna puis Serderov (87) - Vagner Love
Lille : Landreau - Debuchy, Rozehnal, Chedjou, Béria - Mavuba (cap), Balmont, Gueye - J. Cole puis Payet (87), M. Sow puis Jelen (74), E. Hazard puis De Melo (90+2)

Le 7 décembre, à Lille
Lille et Trabzonspor 0-0
16 000 spectateurs
Arbitre : P. Proença (POR)
Les équipes :
Lille : Landreau - Debuchy, Basa, Chedjou, Béria puis Bonnart (84) - Balmont, Mavuba (cap) - Payet puis Rodelin (89), J. Cole puis Obraniak (69), E. Hazard - M. Sow
Trabzonspor : T. Zengin (cap) - Celustka puis Mierzejewski (34), Kaçar, Glowacki, M. Cech - Balci, Zokora, Alanzinho puis Paulo Henrique (65), Colman, Hal. Altintop - B. Yilmaz puis Yumlu (90+1)

GROUPE C
Benfica (POR) - Manchester United (ENG) 1 - 1
Bâle (SUI) - Otelul Galati (ROM) 2 - 1
Manchester United (ENG) - Bâle (SUI) 3 - 3
Otelul Galati (ROM) - Benfica (POR) 0 - 1
Bâle (SUI) - Benfica (POR) 0 - 2
Otelul Galati (ROM) - Manchester United (ENG) 0 - 2
Benfica (POR) - Bâle (SUI) 1 - 1
Manchester United (ENG) - Otelul Galati (ROM) 2 - 0
Manchester United (ENG) - Benfica (POR) 2 - 2
Otelul Galati (ROM) - Bâle (SUI) 2 - 3
Benfica (POR) - Otelul Galati (ROM) 1 - 0
Bâle (SUI) - Manchester United (ENG) 2 - 1

Classement	Pts	J	G	N	P	bp	bc	dif
1. Benfica	12	6	3	3	0	8	4	4
2. Bâle	11	6	3	2	1	11	10	1
3. Manchester United	9	6	2	3	1	11	8	3
4. Otelul Galati	0	6	0	0	6	3	11	-8

GROUPE D
Dinamo Zagreb (CRO) - Real Madrid (ESP) 0 - 1
Ajax Amsterdam (NED) - Lyon (FRA) 0 - 0
Lyon (FRA) - Dinamo Zagreb (CRO) 2 - 0
Real Madrid (ESP) - Ajax Amsterdam (NED) 3 - 0
Dinamo Zagreb (CRO) - Ajax Amsterdam (NED) 0 - 2
Real Madrid (ESP) - Lyon (FRA) 4 - 0
Lyon (FRA) - Real Madrid (ESP) 0 - 2
Ajax Amsterdam (NED) - Dinamo Zagreb (CRO) 4 - 0
Lyon (FRA) - Ajax Amsterdam (NED) 0 - 0
Real Madrid (ESP) - Dinamo Zagreb (CRO) 6 - 2
Dinamo Zagreb (CRO) - Lyon (FRA) 1 - 7
Ajax Amsterdam (NED) - Real Madrid (ESP) 0 - 3

Classement	Pts	J	G	N	P	bp	bc	dif
1. Real Madrid	18	6	6	0	0	19	2	17
2. Lyon	8	6	2	2	2	9	7	2
3. Ajax Amsterdam	8	6	2	2	2	6	6	0
4. Dinamo Zagreb	0	6	0	0	6	3	22	-19

Le 14 septembre, à Amsterdam
Ajax Amsterdam et Lyon 0-0
49 504 spectateurs
Arbitre: W. Stark (GER)
Les équipes:
Ajax Amsterdam: Vermeer - van der Wiel, Alderweireld, Vertonghen (cap), Boilesen - de Jong, Th. Janssen puis Anita (70), Eriksen - Sulejmani puis Ebicilio (85), Sigthórsson puis Bulykin (81), Boerrigter
Lyon: Lloris - Réveillère (cap), Koné, Lovren, A. Cissokho - Grenier, Gonalons puis G. Fofana (89), Källström - Briand, B. Gomis puis Belfodil (85), Bastos

Le 27 septembre, à Lyon
Lyon bat Dinamo Zagreb 2-0 (2-0)
34 432 spectateurs
Arbitre: P. Královec (CZE)
Buts: Gomis (23), B. Koné (42)
Les équipes:
Lyon: Lloris - Réveillère (cap), B. Koné, Lovren, Cissokho - Gonalons, Källström - Grenier puis Pied (79), Briand, Bastos - Gomis puis Lacazette (63)
Dinamo Zagreb: Kelava - Leko, Vida, Tonel, Ibáñez - Kovacic puis Simunic (45+1), Badelj (cap) puis Tomecak (45+1), Sammir, Calello, Pokrivac puis Rukavina (74) - Beciraj

Le 18 octobre, à Madrid
Real Madrid bat Lyon 4-0 (1-0)
68 000 spectateurs
Arbitre: C. Çakir (TUR)
Buts: Benzema (19), Khedira (47), Lloris (55 c.s.c.), Sergio Ramos (81)
Les équipes:
Real Madrid: Casillas (cap) - Arbeloa, Pepe, Sergio Ramos, Marcelo - Khedira puis Coentrao (61), Xabi Alonso - Di Maria, Özil puis Kaka (66), Cristiano Ronaldo - Benzema puis Higuain (72)
Lyon: Lloris - Réveillère (cap), Lovren, B. Koné, A. Cissokho - G. Fofana, Gourcuff puis Ederson (66) - Källström - Briand, B. Gomis puis Dabo (80), Bastos

Le 2 novembre, à Lyon
Real Madrid bat Lyon 2-0 (1-0)
35 000 spectateurs
Arbitre: N. Rizzoli (ITA)
Buts: Cristiano Ronaldo (24, 69 s.p.)
Les équipes:
Lyon: Lloris - Réveillère, Cris (cap), Lovren puis Koné (38), Dabo - Gonalons, Källström - Briand, Gourcuff, Ederson puis Belfodil (84) - B. Gomis puis Lacazette (76)
Real Madrid: Casillas (cap) - L. Diarra, Pepe, Sergio Ramos, Coentrao puis Albiol (64) - Khedira, Xabi Alonso - Di Maria puis José Callejón (83), Özil, Cristiano Ronaldo - Benzema puis Higuain (71)

Le 22 novembre, à Lyon
Lyon et Ajax Amsterdam 0-0
36 000 spectateurs
Arbitre: J. Eriksson (SWE)
Les équipes:
Lyon: Lloris - Réveillère, Cris (cap), Lovren, A. Cissokho - Briand puis Lacazette (85), Gourcuff, Källström, Bastos - B. Gomis, Lisandro puis Ederson (73)
Ajax Amsterdam: Vermeer - van der Wiel puis Blind (67), Alderweireld, Vertonghen (cap), Anita - Eriksen, Enoh, Th. Janssen - Sulejmani, Lodeiro puis Lukoki (89), Ebicilio puis Klaassen (85)

Le 7 décembre, à Zagreb
Lyon bat Dinamo Zagreb 7-1 (1-1)
20 000 spectateurs
Arbitre: M. Clattenburg (ENG)
Buts: Kovacic (40) pour Dinamo Zagreb, B. Gomis (45, 48, 52, 70), Gonalons (47), Lisandro (64), Briand (75) pour Lyon
Exclusion: Leko (28, 2e carton) pour Dinamo Zagreb
Les équipes:
Dinamo Zagreb: Kelava - Vrsaljko, Vida, Ademi, Ibáñez - Badelj (cap), Calello, Sammir puis Alispahic (66) - Leko, Beciraj puis Situm (55), Kovacic puis Pokrivac (80)
Lyon: Lloris (cap) - Dabo, Koné, Lovren puis Lisandro (54), A. Cissokho - Briand, Gonalons, Gourcuff, G. Fofana, Lacazette puis Ederson (65) - B. Gomis

GROUPE E
Chelsea (ENG) - Bayer Leverkusen (GER)2 - 0
RC Genk (BEL) - Valence CF (ESP)0 - 0
Bayer Leverkusen (GER) - RC Genk (BEL)2 - 0
Valence CF (ESP) - Chelsea (ENG)1 - 1
Chelsea (ENG) - RC Genk (BEL)5 - 0
Bayer Leverkusen (GER) - Valence CF (ESP)2 - 1
Valence CF (ESP) - Bayer Leverkusen (GER)3 - 1
RC Genk (BEL) - Chelsea (ENG)1 - 1
Bayer Leverkusen (GER) - Chelsea (ENG)2 - 1
Valence CF (ESP) - RC Genk (BEL)7 - 0
Chelsea (ENG) - Valence CF (ESP)3 - 0
RC Genk (BEL) - Bayer Leverkusen (GER)1 - 1

Classement	Pts	J	G	N	P	bp	bc	dif
1. Chelsea	11	6	3	2	1	13	4	9
2. Bayer Leverkusen	10	6	3	1	2	8	8	0
3. Valence CF	8	6	2	2	2	12	7	5
4. RC Genk	3	6	0	3	3	2	16	-14

GROUPE F
Dortmund (GER) - Arsenal (ENG) 1 - 1
Olympiakos (GRE) - Marseille (FRA) 0 - 1
Arsenal (ENG) - Olympiakos (GRE) 2 - 1
Marseille (FRA) - Dortmund (GER) 3 - 0
Marseille (FRA) - Arsenal (ENG) 0 - 1
Olympiakos (GRE) - Dortmund (GER) 3 - 1
Arsenal (ENG) - Marseille (FRA) 0 - 0
Dortmund (GER) - Olympiakos (GRE) 1 - 0
Arsenal (ENG) - Dortmund (GER) 2 - 1
Marseille (FRA) - Olympiakos (GRE) 0 - 1
Dortmund (GER) - Marseille (FRA) 2 - 3
Olympiakos (GRE) - Arsenal (ENG) 3 - 1

Classement	Pts	J	G	N	P	bp	bc	dif
1. Arsenal	11	6	3	2	1	7	6	1
2. Marseille	10	6	3	1	2	7	4	3
3. Olympiakos	9	6	3	0	3	8	6	2
4. Dortmund	4	6	1	1	4	6	12	-6

Le 13 septembre, au Pirée
Marseille bat Olympiakos 1-0 (0-0)
33 000 spectateurs
Arbitre: P. Proença (POR)
But: Lucho (50)
Exclusion: Fanni (90) pour Marseille
Les équipes:
Olympiakos: F. Costanzo - Torosidis (cap), Papadopoulos, Mellberg, Holebas - Abdoun, Modesto, Fuster puis Makoun (67), Fejsa puis Ibagaza (66), Yeste puis Djebbour (55) - Mirallas
Marseille: Mandanda (cap) - Azpilicueta, S. Diawara, Nkoulou, D. Traoré - Amalfitano, A. Diarra, Lucho puis Kaboré (76), Cheyrou puis Fanni (81), Morel - L. Rémy puis J. Ayew (68)

Le 28 septembre, à Marseille
Marseille bat Dortmund 3-0 (1-0)
26 142 spectateurs
Arbitre: J. Eriksson (SWE)
Buts: A. Ayew (20, 69 s.p.), L. Rémy (62)
Exclusion: J. Ayew (90+3, 2e carton) pour Marseille
Les équipes:
Marseille: Mandanda (cap) - Azpilicueta, S. Diawara, Nkoulou, Morel - Valbuena, A. Diarra, Lucho puis Amalfitano (72), Kaboré, A. Ayew puis Sabo (88) - L. Rémy puis J. Ayew (71)
Dortmund: Weidenfeller - Pizczek, Subotic, Hummels, Schmelzer - Gotze, S. Bender, Kagawa puis Blasczykowski (62), Kehl (cap), Grosskreutz puis Perisic (62) - Lewandowski puis Barrios (72)

Le 19 octobre, à Marseille
Arsenal bat Marseille 1-0 (0-0)
24 534 spectateurs
Arbitre: D. Skomina (SLO)
But: Ramsey (90+2)
Les équipes:
Marseille: S. Mandanda (cap) - Azpilicueta, S. Diawara, Nkoulou, J. Morel - Lucho puis Amalfitano (73), A. Diarra, Be. Cheyrou puis Kaboré (87) - Valbuena, L. Rémy puis Gignac (69), A. Ayew
Arsenal: Szczesny - Jenkinson puis Djourou (62), Mertesacker, Koscielny, Andre Santos - Song, Rosicky - Arteta - Walcott puis Gervinho (67), van Persie (cap), Arshavin puis Ramsey (78)

Le 1er novembre, à Londres
Arsenal et Marseille 0-0
59 961 spectateurs
Arbitre: P. Tagliavento (ITA)
Les équipes:
Arsenal: Szczesny - Jenkinson, Mertesacker, Vermaelen (cap), Andre Santos - Walcott, Song, Ramsey puis Rosicky (66), Arteta, Gervinho puis Arshavin (77) - Park Chu-young puis van Persie (62)
Marseille: S. Mandanda (cap) - Fanni, S. Diawara, Nkoulou, J. Morel - A. Diarra - J. Ayew puis Gignac (84), Valbuena puis Lucho (74), Be. Cheyrou, A. Ayew - L. Rémy puis Amalfitano (69)

Le 23 novembre, à Marseille
Olympiakos bat Marseille 1-0 (0-0)
41 000 spectateurs
Arbitre: N. Rizzoli (ITA)
But: Fetfazidis (82)
Les équipes:
Marseille: S. Mandanda (cap) - Kaboré, S. Diawara, Nkoulou, D. Traoré - Valbuena puis Lucho (73), A. Diarra, Be. Cheyrou puis Mbia (61) - L. Rémy, J. Ayew puis Gignac (61), A. Ayew
Olympiakos: Megyeri - Torosidis (cap), Mellberg, Papadopoulos, Marcano - Mirallas, Modesto, Fuster puis Yeste (54), Maniatis, Holebas puis Fetfazidis (75) - Djebbour puis Potouridis (88)

Le 6 décembre, à Dortmund
Marseille bat Dortmund 3-2 (1-2)
65 590 spectateurs
Arbitre: H. Webb (ENG)
Buts: Blasczykowski (23), Hummels (32 s.p.) pour Dortmund, L. Rémy (45+4), A. Ayew (85), Valbuena (87) pour Marseille
Les équipes:
Dortmund: Weidenfeller - Pizczek, Felipe Santana, Hummels, Löwe - Kehl (cap) puis A. da Silva (33), Gündogan - Blasczykowski, Lewandowski, Götze puis Perisic (46) - Barrios puis Kagawa (63)
Marseille: S. Mandanda (cap) - Azpilicueta, Nkoulou, S. Diawara, D. Traoré - Mbia puis Be. Cheyrou (46), A. Diarra - Amalfitano, Lucho puis J. Ayew (67), A. Ayew - L. Rémy puis Valbuena (73)

GROUPE G
FC Porto (POR) - Shakhtar Donetsk (UKR) 2 - 1
APOEL Nicosie (CYP) - Saint-Pétersbourg (RUS) 2 - 1
Saint-Pétersbourg (RUS) - FC Porto (POR) 3 - 1
Shakhtar Donetsk (UKR) - APOEL Nicosie (CYP) 1 - 1
FC Porto (POR) - APOEL Nicosie (CYP) 1 - 1
Shakhtar Donetsk (UKR) - St-Pétersbourg (RUS) 2 - 2
St-Pétersbourg (RUS) - Shakhtar Donetsk (UKR) 1 - 0
APOEL Nicosie (CYP) - FC Porto (POR) 2 - 1
Saint-Pétersbourg (RUS) - APOEL Nicosie (CYP) 0 - 0
Shakhtar Donetsk (UKR) - FC Porto (POR) 0 - 2
FC Porto (POR) - Saint-Pétersbourg (RUS) 0 - 0
APOEL Nicosie (CYP) - Shakhtar Donetsk (UKR) 0 - 2

Classement	Pts	J	G	N	P	bp	bc	dif
1. APOEL Nicosie	9	6	2	3	1	6	6	0
2. Saint-Pétersbourg	9	6	2	3	1	7	5	2
3. FC Porto	8	6	2	2	2	7	7	0
4. Shakhtar Donetsk	5	6	1	2	3	6	8	-2

GROUPE H
FC Barcelone (ESP) - AC Milan (ITA) 2 - 2
Viktoria Plzen (CZE) - BATE Borisov (BLR) 1 - 1
AC Milan (ITA) - Viktoria Plzen (CZE) 2 - 0
BATE Borisov (BLR) - FC Barcelone (ESP) 0 - 5
AC Milan (ITA) - BATE Borisov (BLR) 2 - 0
FC Barcelone (ESP) - Viktoria Plzen (CZE) 2 - 0
BATE Borisov (BLR) - AC Milan (ITA) 1 - 1
Viktoria Plzen (CZE) - FC Barcelone (ESP) 0 - 4
AC Milan (ITA) - FC Barcelone (ESP) 2 - 3
BATE Borisov (BLR) - Viktoria Plzen (CZE) 0 - 1
FC Barcelone (ESP) - BATE Borisov (BLR) 4 - 0
Viktoria Plzen (CZE) - AC Milan (ITA) 2 - 2

Classement	Pts	J	G	N	P	bp	bc	dif
1. FC Barcelone	16	6	5	1	0	20	4	16
2. AC Milan	9	6	2	3	1	11	8	3
3. Viktoria Plzen	5	6	1	2	3	4	11	-7
4. BATE Borisov	2	6	0	2	4	2	14	-12

Les deux premiers de chaque groupe en 8e de finale.
Le 3e en Europa League.

8e de finale:
AC Milan - Arsenal 4-0 et 0-3
Benfica - Zenit Saint-Pétersbourg 3-2 et 2-0
Apoel Nicosie - Lyon 0-1 et 1-0 a.p. (4 tab à 3)
FC Barcelone - Bayer Leverkusen 3-1 et 7-1
Bayern Munich - FC Bâle 0-1 et 7-0
Marseille - Inter Milan 1-0 et 1-2
Real Madrid - CSKA Moscou 1-1 et 4-1
Chelsea - Naples 1-3 et 4-1 a.p.

Le 14 février, à Lyon
Lyon bat APOEL Nicosie 1-0 (0-0)
37 000 spectateurs
Arbitre: P. Tagliavento (ITA)
But: Lacazette (58)
Les équipes:
Lyon: Lloris - Réveillère, Koné, Cris (cap), A. Cissokho - Lacazette puis Briand (58), Gonalons, Ederson puis Gourcuff (71), Källström, Bastos - Lisandro
APOEL Nicosie: Chiotis - Poursaitidis, Kaka, Paulo Jorge, William - Charalambides (cap) puis Manduca (82), Nuno Morais, Sousa puis Marcinho (72), Pinto, Trickovski - Aílton puis Solari (67)

Le 7 mars, à Nicosie
APOEL Nicosie bat Lyon 1-0 a.p. (4 tab à 3)
18 500 spectateurs
Arbitre: A. Undiano (ESP)
But: Manduca (9)
Tirs au but réussis: Aílton, Nuno Morais, Alexandrou, Trickovski pour Apoel Nicosie, Källström, Lisandro , B. Gomis pour Lyon
Tirs au but manqués: Lacazette, Bastos pour Lyon
Exclusion: Manduca (115, 2e carton) pour Apoel Nicosie
Les équipes:
APOEL Nicosie: Chiotis - Poursaitidis, Oliveira, Paulo Jorge, William - Charalambides (cap) puis Marcinho (77), Nuno Morais, Sousa puis Alexandrou (94), Manduca - Solari puis Trickovski (74), Aílton
Lyon: Lloris - Réveillère, Koné, Cris (cap), A. Cissokho - Briand puis Lacazette (100), Gonalons, Ederson puis B. Gomis (73), Källström, Bastos - Lisandro

Le 22 février, à Marseille
Marseille bat Inter Milan 1-0 (0-0)
37 346 spectateurs
Arbitre: C. Çakir (TUR)
But: A. Ayew (90+3)
Les équipes:
Marseille: Mandanda (cap) - Azpilicueta puis Fanni (80), S. Diawara, Nkoulou, J. Morel - Amalfitano, A. Diarra, Valbuena, Be. Cheyrou puis Kaboré (84), A. Ayew - Brandao puis J. Ayew (73)
Inter Milan: Julio Cesar - Maicon puis Nagatomo (46), Lucio, Samuel, Chivu - Zanetti (cap), Stankovic, Sneijder, Cambiasso, Zarate puis Obi (63) - Forlan

Le 13 mars, à Milan
Inter Milan bat Marseille 2-1 (0-0)
50 000 spectateurs
Arbitre: P. Proença (POR)
Buts: D. Milito (75), Pazzini (90+6 s.p.) pour Inter Milan, Brandao (90+2) pour Marseille
Exclusion: Mandanda (90+3, 2e carton) pour Marseille
Les équipes:
Inter Milan: Julio Cesar - Maicon, Lucio, Samuel, Nagatomo - Poli puis Cambiasso (74), Stankovic, Sneijder puis Obi (58) - Zanetti (cap) - D. Milito, Forlan puis Pazzini (58)
Marseille: Mandanda (cap) - Azpilicueta, S. Diawara, Nkoulou, J. Morel - Amalfitano, A. Diarra, Valbuena puis Be. Cheyrou (76), Mbia, A. Ayew puis Bracigliano (90+5) - Rémy puis Brandao (88)

Quarts de finale:
Bayern Munich - Marseille 2-0 et 2-0
FC Barcelone - AC Milan 0-0 et 3-1
Real Madrid - APOEL Nicosie 3-0 et 5-2
Chelsea - Benfica Lisbonne 1-0 et 2-1

Le 3 avril, à Munich
Bayern Munich bat Marseille 2-0 (2-0)
60000 spectateurs
Arbitre : S.O. Moen (NOR)
Buts : Olic (13, 37)
Les équipes :
Bayern Munich : Neuer - Lahm (cap), Boateng, Badstuber, Alaba - Tymoschuk, Luiz Gustavo - Müller puis Rafinha (39), Kroos puis Pranjic (67), Ribéry - Olic puis Gomez (74)
Marseille : Mandanda - Azpilicueta, Fanni, Nkoulou, J. Morel puis Amalfitano (46) - Mbia, Cheyrou - Rémy puis Kaboré (63), Valbuena, A. Ayew - Brandao puis Gignac (74)

Le 28 mars, à Marseille
Bayern Munich bat Marseille (2-0)
31683 spectateurs
Arbitre : C. Velasco (ESP)
Buts : Gomez (44), Robben (70)
Les équipes :
Marseille : Andrade - Azpilicueta, Fanni, Nkoulou, J. Morel - Amalfitano puis Brandao (68), A. Diarra puis Be. Cheyrou (71), Valbuena (cap), Mbia, A. Ayew - Rémy
Bayern Munich : Neuer - Lahm (cap), Boateng, Badstuber, Alaba - Robben, Luiz Gustavo, Müller puis Schweinsteiger (71), Kroos puis Tymoschuk (63), Ribéry puis Pranjic (78) - Gomez

Demi-finales
Chelsea - FC Barcelone 1-0 et 2-2
Bayern Munich - Real Madrid 2-1 et 1-2 (3 tab à 1)

Finale
Le 19 mai, à Munich
Chelsea bat Bayern Munich-Chelsea 1-1 a.p. (4 tab. à 3)
66000 spectateurs
Arbitre : P. Proença (POR)
Buts : Müller (83) pour Bayern Munich, Drogba (88) pour Chelsea
Tirs au but réussis : Bayern Munich : Lahm, Gomez, Neuer pour Bayern Munich, David Luiz, Lampard, Cole, Drogba pour Chelsea
Tirs au but manqués : Olic, Schweinsteiger pour Bayern Munich, Mata pour Chelsea
Les équipes :
Bayern Munich : Neuer - Lahm (cap), Boateng, Tymoschuk, Contento - Robben, Schweinsteiger, Müller puis Van Buyten (87), Kroos, Ribéry puis Olic (97) - Gomez
Chelsea : Cech - Bosingwa, David Luiz, Cahill, Cole - Kalou puis Torres (84), Mikel, Mata, Lampard (cap), Bertrand puis Malouda (73) - Drogba

LA SAISON DE L'ÉQUIPE DE FRANCE

Le 10 août, à Montpellier
France et Chili 1-1 (1-0)
30000 spectateurs
Arbitre : Stuart Attwell (ENG)
Buts : Rémy (20) pour la France, Cordova (76) pour le Chili
Les équipes :
France : Lloris - Sagna puis Réveillère (81), Kaboul, Abidal (cap.), Clichy - Martin puis Matuidi (77), Mvila, Nasri puis Cabaye (66) - Rémy, Benzema puis Gameiro (66), Malouda puis Ménez (66)
Chili : Bravo (cap.) - Contreras puis Jarra (90), Ponce, Vidal - Isla, Carmona puis Estrada (85), Medel puis Seymour (46), Beausejour puis Orellana (81)- Valvidia - Jimenez puis Sanchez (46), Rubio puis Cordova (66)

Le 2 septembre, à Tirana (Qualif. Euro-2012)
France bat Albanie 2-1 (2-0)
19000 spectateurs
Arbitre : A. Nikolaev (RUS)
Pelouse : en mauvais état
Buts : Bogdani (46) pour l'Albanie, Benzema (11), Mvila (18) pour la France
Les équipes :
Albanie : Ujkani - Dallku, Cana (cap), Teli, Vangjeli - Bulku puis Bakaj (69), Curri puis Lala (24), Agolli - Skela puis Hyka (45+1), Bogdani, Salihi
France : Lloris - Réveillère, Kaboul, Abidal, Evra - Malouda puis Mar. Martin (82), Mvila, Nasri, A. Diarra (cap), Ribéry - Benzema

Le 6 septembre, à Bucarest (Qualif. Euro-2012)
Roumanie et France 0-0
49182 spectateurs
Arbitre : H. Webb (ENG)
Les équipes :
Roumanie : Tatarusanu - Sapunaru, Goian, Chiriches, Rat (cap) - Nicolita, Bourceanu, Tanase, Lazar puis Stancu (44), Cocis - Marica puis Bucur (90+1)
France : Lloris (cap) - Sagna, Rami, Abidal, Evra - Cabaye puis Nasri (75), Mvila, Mar. Martin - Valbuena puis Rémy (71), Benzema, Ribéry

Le 7 octobre, au Stade de France (Qualif. Euro-2012)
France bat Albanie 3-0 (2-0)
65239 spectateurs
Arbitre : M. Koukoulakis (GRE)
Buts : Malouda (11), L. Rémy (38), Réveillère (67)
Les équipes :
France : Lloris (cap) - Debuchy, Rami, Kaboul, Evra puis Réveillère (45+1) - Nasri, Cabaye puis Mar. Martin (47), Mvila, Malouda - L. Rémy, B. Gomis puis D. Cissé (79)
Albanie : Ujkani - Dallku, Cana (cap), Lila, Vangjeli - Rroshi, Duro, Hyka puis Bakaj (63), Lika puis Lila (81), Muzaka puis Januzi (74) - Salihi

Le 11 octobre, au Stade de France (Qualif. Euro 2012)
France et Bosnie 1-1 (0-1)
78457 spectateurs
Arbitre : M. Thomson (SCO)
Buts : Nasri (77 s.p.) pour la France, Dzeko (40) pour la Bosnie
Les équipes :
France : Lloris (cap.) - Réveillère, Rami, Abidal, Evra - Cabaye puis Gameiro (62), Mvila - Ménez, Nasri, Malouda puis Martin (62) - Rémy puis A. Diarra (82)
Bosnie : Hasagic puis Begovic (46) - Mujdza puis Maletic (62), Pandza, Spahic (cap.), Papac - Rahimic, Medunjanin puis Zahirovic (71) - Pjanic, Misimovic, Lulic - Dzeko

Le 11 novembre, au Stade de France
France bat États-Unis 1-0 (0-0)
70018 spectateurs
Arbitre : M. Koukoulakis (GRE)
But : Rémy (72)
Les équipes :
France : Lloris (cap.) - Debuchy, Rami, Koscielny, Mathieu - Ménez, Mvila puis Gonalons (59), Diarra, Ribéry puis Martin (65) - Gameiro puis Giroud (59), Benzema puis Rémy (65)
États-Unis : Howard - Chandler, Bocanegra (cap.), Goodson, Cherundolo - Shea puis Beasley (71), Beckerman puis Jones (66), Edu puis Buddle (77), Williams puis Johnson (71) - Dempsey, Altidore

Le 15 novembre, au Stade de France
France et Belgique 0 à 0
52825 spectateurs
Arbitre : M. Muniz Fernandez (ESP)
Les équipes :
France : Lloris (cap.) - Réveillère, Rami, M. Sakho, Abidal - Cabaye, Mvila puis Gonalons (42), Martin - Rémy puis Giroud (72), Benzema puis Ménez (72), Ribéry puis Malouda (72)
Belgique : Courtois - Alderweireld, Van Buyten, Kompany (cap.), Vermaelen - Witsel, Simons, Fellaini - M. Dembelé puis Chadli (63), Vossen puis Mirallas (69), Hazard

Le 29 février, à Brême
France bat Allemagne 2-1 (1-0)
37000 spectateurs
Arbitre : M. Tagliovento (ITA)
Buts : Cacau (90+1) pour l'Allemagne, Giroud (21), Malouda (71) pour la France
Les équipes :
Allemagne : Wiese - Boateng, Hummels, Badstuber puis Höwedes (46), Aogo - Khedira puis Bender (70), Kroos - Reus puis Cacau (71), Özil, Schürrle puis Müller (45) - Klose (cap.) puis Gomez (46)
France : Lloris (cap.) - Debuchy, Rami, Mexès, Abidal - Mvila puis A.Diarra (62), Cabaye puis Malouda (62) - Valbuena puis Amalfitano (67), Nasri, Ribéry puis Ménez (46) - Giroud puis Saha (76)

Le 27 mai, à Valenciennes
France bat Islande 3-2 (0-2)
20.580 spectateurs
Arbitre : M. Delferiere
Buts : Debuchy (52), Ribéry (86), Rami (87) pour la France, Bjarnason (28), Sigthorsson (33) pour l'Islande
Les équipes :
France : Mandanda - Debuchy, Rami, Mexès (cap.), Evra - Cabaye puis Diarra (59), Nasri puis Martin (60), Gourcuff puis Ribéry (75) - Ben Arfa puis Giroud (59), Benzema puis Malouda (60), Ménez puis Valbuena (75)
Islande : Halldorsson - Jonasson, Arnason, R. Sigurdsson, Valgardsson puis Skulason (58) - Gislajson puis Gudmundsson (75), Gunnarsson (cap.), Jonsson puis Danielsson (65), G. Sigurdsson - Bjarnason - Sigthorsson puis Hedinsson (46)

Le 31 mai, à Reims
France bat Serbie 2-0 (2-0)
18.000 spectateurs
Arbitre : M. Kircher (GER)
Buts : Ribéry (10), Malouda (15)
Les équipes :
France : Lloris (cap) - Reveillère, Koscielny, Mexès puis Rami (72), Clichy - Cabaye puis Martin (61), Mvila puis A. Diarra (5), Malouda - Nasri, Benzema puis Giroud (61), Ribéry puis Ménez (61)
Serbie : Brkic - Ivanovic, Maksimovic, Rajkovic - Ninkov, Fejsa puis Radovanovic (60), Matic puis Mijailovic (60), Mladenovic puis Kolarov (60) - Tadic puis Tomic (80), Jankovic puis Lazovic (75) - Scepovic

Le 5 juin, au Mans
France bat Estonie 4-0 (2-0)
23500 spectateurs
Arbitre : L. Liany (ISR)
Buts : Ribéry (25), Benzema (37, 47), Ménez (90+1)
Les équipes :
France : Lloris (cap) - Debuchy, Rami, Mexès, Evra - Cabaye puis Valbuena (51), A. Diarra puis Koscielny (65), Malouda puis Giroud (73) - Nasri puis Ben Arfa (73), Benzema puis Ménez (74), Ribéry puis Martin (65)
Estonie : Pareiko - Jääger, Klavan (cap), Rähn, Teniste puis Kruglov (46) - Dmitrijev, Puri, Vassiljev - Kink puis Purje (68), Oper puis Voskoboinikov (67), Ojamaa puis Saag (61)

EURO 2012

PREMIER TOUR

GROUPE A :
Pologne - Grèce 1 - 1
Russie - République tchèque 4 - 1
Grèce - République tchèque 1 - 2
Pologne - Russie 1 - 1
Grèce - Russie 1 - 0
République tchèque - Pologne 1 - 0

Classement final	Pts	J	G	N	P	bp	bc	dif
1. Rép. tchèque	6	3	2	0	1	4	5	-1
2. Grèce	4	3	1	1	1	3	3	0
3. Russie	4	3	1	1	1	5	3	2
4. Pologne	2	3	0	2	1	2	3	-1

GROUPE B :
Pays-Bas - Danemark 0 - 1
Allemagne - Portugal 1 - 0
Danemark - Portugal 2 - 3
Pays-Bas - Allemagne 1 - 2
Portugal - Pays-Bas 2 - 1
Danemark - Allemagne 1 - 2

Classement final	Pts	J	G	N	P	bp	bc	dif
1. Allemagne	9	3	3	0	0	5	2	3
2. Portugal	6	3	2	0	1	5	4	1
3. Danemark	3	3	1	0	2	4	5	-1
4. Pays-Bas	0	3	0	0	3	2	5	-3

GROUPE C :
Espagne - Italie 1 - 1
Eire - Croatie 1 - 3
Italie - Croatie 1 - 1
Espagne - Eire 4 - 0
Croatie - Espagne 0 - 1
Italie - Eire 2 - 0

Classement final	Pts	J	G	N	P	bp	bc	dif
1. Espagne	7	3	2	1	0	6	1	5
2. Italie	5	3	1	2	0	4	2	2
3. Croatie	4	3	1	1	1	4	3	1
4. Eire	0	3	0	0	3	1	9	-8

GROUPE D :
France - Angleterre 1 - 1
Ukraine - Suède 2 - 1
Ukraine - France 0 - 2
Suède - Angleterre 2 - 3
Suède - France 2 - 0
Angleterre - Ukraine 1 - 0

Classement final	Pts	J	G	N	P	bp	bc	dif
1. Angleterre	7	3	2	1	0	5	3	2
2. France	4	3	1	1	1	3	3	0
3. Ukraine	3	3	1	0	2	2	4	-2
4. Suède	3	3	1	0	2	5	5	0

Les 2 premiers qualifiés pour les quarts de finale.

Le 11 juin, à Donetsk
France et Angleterre 1-1 (1-1)
50000 spectateurs
Arbitre : N. Rizzoli (ITA)
Buts : Nasri (39) pour la France, Lescott (30) pour l'Angleterre
Les équipes :
France : Lloris (cap) - Debuchy, Rami, Mexès, Evra - Cabaye puis Ben Arfa (84), A. Diarra, Malouda puis Martin (85) - Nasri, Benzema, Ribéry
Angleterre : Hart - Johnson, Terry, Lescott, Cole - Milner, Gerrard (cap), Parker puis Henderson (78), Oxlade-Chamberlain puis Defoe (77) - Young, Welbeck puis Walcott (90)

Le 15 juin, à Donetsk
France bat Ukraine 2-0 (0-0)
50000 spectateurs
Arbitre : B. Kuipers (NED)
Buts : Ménez (53), Cabaye (56)
Les équipes :
Ukraine : Pyatov - Gusev, Mikhalik, Khacheridi, Selin - Tymoschuk, Voronin puis Devic (46) - Yarmolenko puis Aliyev (68), Nazarenko puis Milevskiy (60), Konoplyanka - Shevchenko (cap)
France : Lloris (cap) - Debuchy, Rami, Mexès, Clichy - Cabaye puis Mvila (68), A. Diarra, Nasri - Ménez puis Martin (73), Benzema puis Giroud (76), Ribéry

Le 19 juin, à Kiev
Suède bat France 2-0 (0-0)
63000 spectateurs
Arbitre : P. Proença (POR)
Buts : Ibrahimovic (54), Larsson (90+1)
Les équipes :
Suède : Isaksson - Granqvist, Mellberg, J. Olsson, M. Olsson - Larsson, Svensson puis Holmen (78), Ibrahimovic (cap), Källström, Bajrami puis Wilhelmsson (46) - Toivonen puis Wernbloom (78)
France : Lloris (cap) - Debuchy, Rami, Mexès, Clichy - Nasri puis Ménez (77), A. Diarra, Mvila puis Giroud (83) - Ben Arfa puis Malouda (59), Benzema, Ribéry

QUARTS DE FINALE :
Portugal - République Tchèque 1-0
Allemagne - Grèce 4-2
Espagne - France 2-0
Italie - Angleterre 0-0 a.p. (2 tab à 4)

Le 23 juin, à Donetsk
Espagne bat France 2-0 (1-0)
48000 spectateurs
Arbitre : N. Rizzoli (ITA)
Buts : Xabi Alonso (19, 90+1 s.p.)
Les équipes :
Espagne : Casillas (cap) - Arbeloa, Piqué, Ramos, Alba - Xavi, Busquets, Xabi Alonso - Silva (Pedro 65), Fabregas puis Torres (67), Iniesta puis Cazorla (84)
France : Lloris (cap) - Réveillère, Rami, Koscielny, Clichy - Cabaye, Mvila puis Giroud (79), Malouda puis Nasri (65) - Debuchy puis Ménez (64), Benzema, Ribéry

DEMI-FINALES
Espagne - Portugal 0-0 a.p. (4 tab à 2)
Italie - Allemagne 2-1

FINALE
Le 1er juillet, à Kiev
Espagne bat Italie 4-0 (2-0)
63000 spectateurs
Arbitre : M. Proença (POR)
Buts : Silva (14), Alba (41), Torres (84), Mata (88)
Les équipes :
Espagne : Casillas (cap) - Arbeloa, Piqué, Ramos, Alba - Xavi, Busquets, Xabi Alonso - Silva puis Pedro (59), Fabregas puis Torres (75), Iniesta puis Mata (86)
Italie : Buffon - Abate, Barzagli, Bonucci, Chiellini puis Balzaretti (21) - Marchisio, Pirlo, Montolivo puis Motta (57), De Rossi - Cassano puis Di Natale (46), Balotelli

Merci Renaud

Renaud de Laborderie nous a quittés le 24 juin dernier à l'âge de 82 ans. Il fut un grand journaliste du *Parisien*, spécialiste incomparable de sport automobile, de rugby, de tennis, de golf, mais avant tout et par-dessus tout, passionné du sport en général, de tous les sports, et des champions dont il était l'un des confidents préférés.

Il fut aussi un grand directeur de collection et c'est à lui que nous devons notre présence dans ces pages car les fameux *Livres d'Or* c'est lui. C'est d'abord à ce titre que nous souhaitons lui rendre hommage.

Le premier *Livre d'Or du football* vit le jour, en 1975 : ses auteurs furent Charles Biétry (qui était alors chef du service des sports à l'Agence France Presse avant de réaliser la brillante carrière que l'on sait dans l'audiovisuel) et Dominique Mignon.

C'est avec la bienveillance de Renaud que nous avons repris au fil des ans ce prestigieux flambeau. De simples journalistes, Renaud a donc fait de nous des auteurs, nous permettant d'être sans doute plus grands que nous sommes. Comme par une sorte de miracle, plus les années passaient et plus Renaud faisait preuve d'enthousiasme et d'imagination dans la supervision, la réalisation et l'évolution des ouvrages qu'il dirigeait.

Nous savons tout ce que nous devons à ce parfait gentleman, à cet homme de cœur.

C'est dans son souvenir ému que nous avons bouclé cet opus et que nous poursuivrons dans les années futures pour offrir à nos lecteurs des ouvrages de qualité dont Renaud aurait été fier, lui qui détestait tant la médiocrité.

Gérard Ejnès et Fabrice Jouhaud